AMÉRICA LATINA Y ESPAÑA:
UN FUTURO COMPARTIDO

AMÉRICA LATINA Y ESPAÑA: UN FUTURO COMPARTIDO

ANTONI M. GÜELL Y MAR VILA (COORD.)

JOSÉ ALEJANDRO BERNHARDT, LAURA LAMOLLA,
CARLOS LOSADA, JOSEP M. LOZANO,
JUAN FRANCISCO MEJÍA BETANCOURT, CARLOS MONDRAGÓN
LIÉVANA, MARK PAYNE, JAVIER PÉREZ FARGUELL,
FERNANDO RAYÓN, LUIS DE SEBASTIÁN, ESTEBAN SERRA
MONT, ÁNGEL SIMÓN, JOSÉ M. TOMÁS UCEDO,
AGUSTÍ ULIED I MARTÍNEZ, JOSEP-FRANCESC VALLS,
ESTEBAN ZÁRATE

EDICIONES
DEL BRONCE

PRIMERA EDICIÓN: OCTUBRE DE 2000
PROYECTO GRÁFICO: COLUMNA COMUNICACIÓ, S. A.
© 2000, JOSÉ ALEJANDRO BERNHARDT, LAURA LAMOLLA, CARLOS LOSADA,
JOSEP M. LOZANO, JUAN FRANCISCO MEJÍA BETANCOURT, CARLOS MONDRAGÓN LIÉVANA,
MARK PAYNE, JAVIER PÉREZ FARGUELL, FERNANDO RAYÓN, LUIS DE SEBASTIÁN,
ESTEBAN SERRA MONT, ÁNGEL SIMÓN, JOSÉ M. TOMÁS UCEDO, AGUSTÍ ULIED I MARTÍNEZ,
JOSEP-FRANCESC VALLS, ESTEBAN ZÁRATE

EDICIONES DEL BRONCE, 2000

ISBN: 84-8453-033-7
DEPÓSITO LEGAL: B-44.394-2000
IMPRESIÓN: HUROPE, S.L.
CALLE LIMA 3 BIS - 08030 BARCELONA

© EDITORIAL PLANETA, S.A., 2000
CÓRCEGA 273-279 - 08008 BARCELONA

Edición especial con motivo
de la Jornada Anual 2000
de la Asociación de Antiguos
Alumnos de ESADE

Edición patrocinada por

OBRA SOCIAL

ÍNDICE

AMÉRICA LATINA Y ESPAÑA: UN FUTURO COMPARTIDO

PRESENTACIÓN

Javier Pérez Farguell

C omo en años anteriores y con ocasión de la Jornada Anual, la Asociación de Antiguos Alumnos de ESADE ha promovido la publicación de este libro, que es resultado —como los anteriores— de una rica colaboración de autores relacionados directa o indirectamente con ESADE.

Su contenido es fruto de una excelente oportunidad-temporal y de la misma actualidad del tema. La oportunidad en el tiempo ha sido la celebración en ESADE de la XXXV Asamblea General de CLADEA (Consejo Latinoamericano de Escuelas de Administración) a finales del mes de septiembre del 2000. Es la segunda vez que dicha asamblea se celebra en ESADE; la primera fue en 1984. La actualidad se refleja en el título de esta obra: en los últimos años, América Latina y España han estrechado de forma importante sus vínculos económicos y empresariales.

El libro se mueve en dos niveles complementarios: el análisis y la reflexión. Casi podríamos decir que pertenece al género del análisis reflexivo o de la reflexión analítica. La afirmación anterior queda avalada tanto por las características de los temas tratados como por la personalidad de los autores.

En efecto, los distintos temas han sido redactados desde distintos países de América Latina, de modo que la riqueza plural del continente no queda uniformizada a través de análisis generales estereotipados, sino que se concreta en escritos realizados desde países concretos, cada uno con sus peculiaridades específicas. A los capítulos producto de esta variedad geográfica se añaden los capítulos cuyo contenido es un análisis riguroso más global, aplicable a la totalidad del continente latinoamericano.

Por lo que se refiere a los autores, el libro contiene ricas aportaciones de profesores de ESADE que —como en publicaciones anteriores— sitúan su dialéctica en un nivel académico y dentro de un análisis riguroso de la realidad: institucionalización y desarrollo económico, sectores de la actividad económica, globalización y ética, y en el marco de la «buena vecindad» citada en la introducción.

Nos complace destacar el grupo de antiguos alumnos de ESADE que, desde su situación profesional, presentan sus particulares experiencias empresariales y las unen a los capítulos de sus antiguos profesores: Costa Rica, México, Venezuela.

Desde un nivel más institucional, ESADE y la Universidad Católica de Córdoba, de Argentina, presentan el trabajo realizado por la primera durante largos años en el continente latinoamericano; la segunda aporta realidades presentes y perspectivas futuras de colaboración.

Hay que agradecer de manera especial que dos empresas muy vinculadas a ESADE —Iberdrola y Aguas de Barcelona—, con fuerte implantación en América Latina, se hayan querido sumar, desde su propia andadura empresarial, a los contenidos y análisis citados anteriormente.

En resumen, *América Latina y España: un futuro compartido* constituye un amplio y prometedor paisaje en movimiento al más puro estilo de Van Gogh, en el cual los autores expresan en la mayoría de los casos sus reflexiones y análisis pero, de manera muy especial, exponen sus propias vivencias personales.

El Forum de Opinión de la Asociación de Antiguos Alumnos de ESADE plantea en su tercera encuesta una amplia serie de preguntas sobre las relaciones empresariales entre América Latina y España, así como sobre otras cuestiones acerca de la realidad presente y las expectativas futuras del continente. Los resultados se conocerán poco después de la publicación de este libro y constituirán un valioso complemento del contenido del mismo. Algunos de los temas planteados en el Forum de Opinión se refieren a aspectos que van más allá del exclusivo ámbito económico y empresarial: entornos culturales, sociales, políticos, etc. Estos aspectos tienen también una importancia decisiva en el momento de dibujar el panorama latinoamericano, del cual se hablaba más arriba, porque son ellos los que proporcionan —para bien y para mal— el color y el movimiento del paisaje latinoamericano.

España debe colaborar también en el diseño de estos entornos con criterios que definan la «buena vecindad» de la que se habla en la introducción de este libro. América Latina debe ser para nuestro país algo más que un *continente de negocios* o la *frontera* del siglo XXI, equivalente a lo que fue el Oeste americano en el siglo XIX. El autor de la introducción describe de forma resumida la problemática de las estructuras socioeconómicas y políticas de muchos de los países de la zona y los peligros, por parte de la inversión española, de consagrar una *sociedad dual*. Las inversiones por parte de nuestras compañías serán más a largo plazo y, seguramente, más rentables, si no se limitan a ser, de forma exclusiva, de índole económica, y lo son también en cultura democrática y en estructuras sociopolíticas justas. Los milagros económicos —concluye la introducción— tienen protagonistas; los milagros sociales y políticos, también.

ESADE - Barcelona
Septiembre de 2000

INTRODUCCIÓN

Luis de Sebastián

Los editores de este libro me han pedido como introducción una reflexión sobre América Latina en el año 2000. Como escrutador de las realidades latinoamericanas desde hace más de treinta años, no me podía negar a poner mi granito de arena en esta obra tan importante y meritoria. Lo pongo con la ilusión y la esperanza de que mi aportación sea realmente una reflexión constructiva para el encuentro de escuelas de administración de América Latina y España, porque no nace ni de la amargura ni del desaliento, sino del amor a estos queridos pueblos hermanos con los que tengo tanto en común y de mi dolor por sus sufrimientos que no cesan.

AMÉRICA LATINA, CONTINENTE PARA LOS NEGOCIOS

Nos estamos acostumbrando en España a mirar a América Latina desde una perspectiva de corto plazo. Los informes económicos que nos llegan de los bancos, que tanto han invertido en la región, y de las agencias de *rating*, que tratan de informar y orientar a los inversores financieros, tienen esta perspectiva. Incluso los informes bianuales del Fondo Monetario Internacional sobre el estado del mundo se ponen también en el punto de mira de las inversiones a corto plazo. Los análisis de coyuntura, como su nombre indica, versan sobre lo que está pasando en ese momento y lo que puede pasar en el futuro inmediato.

Puestos en el corto plazo, con un horizonte de un año, la visión que ofrece América Latina en el año 2000 es moderadamente optimista, sobre todo si se compara con el período 1998-1999, en que la crisis asiática, los problemas cambiarios de Brasil y las tensiones en el Mercosur, aparte de los problemas políticos de algunos países (Venezuela, Ecuador, Colombia), impidieron que el producto nacional bruto de la región tuviera un crecimiento positivo. Durante la década de los noventa el ingreso per cápita en términos reales creció en un 1,5%, lo que contrasta fuertemente con el descenso registrado en la década anterior. Pero al final de la década las cosas se complicaron. En 1999 Brasil prácticamente no creció (0,5%), Chile y Argentina tuvieron tasas negativas del –0,7% y –4,1% respectivamente. Sólo el impulso de México (4%), cada vez más integrado en el NAFTA, contribuyó a mantener la tasa global de crecimiento de América Latina por encima de cero.[1] En el último trimestre del último año, se recuperó el crecimiento en Brasil y en Chile,

---

1 Banco Bilbao Vizcaya, *Situación*, diciembre de 1999, p. 59.

y las expectativas para el 2000 están en torno a un crecimiento del 3%. La recuperación, sin embargo, no es sólida ni segura, porque los problemas persisten. La CEPAL,[2] en mayo de 2000, señalaba: «El margen de la recuperación seguirá limitado por los problemas de balanza de pagos y por la situación fiscal en muchos países». Es decir, por la dificultad de mantener el equilibrio externo e interno, con una dependencia total de los capitales extranjeros. En el año 2000 vencen una serie grande de préstamos que pondrán otra vez en primer plano el problema de la deuda externa. En resumen, el corto plazo no trae cambios espectaculares, ni anuncia el inicio de una situación nueva.

Hay, naturalmente, otros puntos de vista, además de las consideraciones del año próximo. Algunas de las inversiones que las empresas españolas han realizado en América Latina son por su naturaleza a largo plazo. Las compañías de gas, agua, petróleo y electricidad, por ejemplo, están ahí para obtener una rentabilidad a largo plazo. Sin embargo, el afán de recuperar pronto la inversión en dólares puede llevar a estas empresas a pensar y actuar en un plazo más corto de lo que piensan y actúan en España, o en otro contexto de estabilidad monetaria y política. Estas inversiones, que son las más grandes que ha hecho España en América Latina, debieran ser administradas con una mentalidad de más largo plazo, aunque el miedo permanente a una posible crisis financiera hace a sus responsables cultivar el análisis del corto plazo.

En general, cuando se contempla la realidad latinoamericana desde la perspectiva de hacer negocios en ella, no solamente se tiende a acortar los plazos del análisis, sino que también

2 Comisión Económica para América Latina y el Caribe, Naciones Unidas, Santiago de Chile.

se simplifica el modelo explicativo que se aplica a la sociedad, y se pasan por alto o se menosprecian ciertos rasgos sociales, que son constitutivos de la realidad latinoamericana (y que tarde o temprano acaban incidiendo en los negocios), como pueden ser la desigualdad en el reparto de riqueza, del ingreso, de la educación y todos los bienes materiales y muchos del espíritu, o como la discriminación y marginación de los pueblos indígenas, originarios de esas tierras, que comenzó con la Conquista y continuó, después de la Independencia, hasta nuestros días. Pero todo eso no parece ser interesante ni relevante para la inversión.

El *Gestalt*[3] de América Latina, como destino de la inversión extranjera, se puede describir como un espacio enorme, de países grandes con muchos recursos naturales, una población creciente, con muchas necesidades sin satisfacer y muchas posibilidades de hacer negocios. Es un concepto tan vago y atractivo como el de «frontera», como lo fue en el siglo XIX el Oeste para Estados Unidos. Es por otra parte un espacio, bajo unas influencias políticas favorables a la economía de mercado, cuyos gobernantes invitan calurosamente a las empresas de todo el mundo a establecerse en su suelo y hacer en él sus negocios. Así, vista a grandes rasgos, América Latina es una tierra de oportunidades, aunque a simple vista no aparece claro por qué lo es y por qué lo viene siendo desde hace más de un siglo, cuando los capitales ingleses y franceses la integraron en los circuitos del comercio internacional, sin que haya llegado todavía a producir una serie de países con los mismos niveles económicos y sociales y la misma estabilidad política que los

---

3 Uso este término de la psicología en un sentido amplio, como visión de conjunto, algo lejana y borrosa, pero lo suficientemente concreta como para delatar una forma o una configuración.

países de Europa y Asia, que eran claramente inferiores en dotaciones de la naturaleza hace no muchos años.

LA SITUACIÓN SOCIAL COMO CONTEXTO DE LOS NEGOCIOS

Cuando se mira a América Latina, como un «continente de negocios», como El Dorado —o la «frontera» de Europa— del siglo XXI, no se tiende a considerar la situación social, el entorno material y espiritual en el que viven la mayoría de sus ciudadanos. Y si se considera, la situación social es un *constraint*, una limitación institucional o natural (como los terremotos, los huracanes o la invasión de las marinas, como diría Gabriel García Márquez), una circunstancia, en fin, que puede perjudicar a la inversión y reducir su rendimiento. Y si se desea su eliminación, no es por sí misma (por ser la situación contraria a la dignidad y a los derechos humanos), sino por lo que puede beneficiar a los rendimientos de la inversión directa. En realidad, si la situación social se pudiera separar limpiamente de los negocios, de manera que las injusticias sociales no afectaran al normal desarrollo de los mismos, los inversores internacionales no tendrían por qué preocuparse ni mucho ni nada de la situación social en América Latina. Entonces ni se mencionaría en los informes de los bancos.

Pero como las operaciones de las grandes empresas extranjeras no se pueden separar ni aislar de la situación social, con sus secuelas de inestabilidad política, protestas sociales, corrupción, violencia, etc., éstas no tienen más remedio que reseñar en sus análisis e informes la situación social como un peligro (concepto opuesto a oportunidad) y abogar (sin comprometerse mucho con el cambio del *statu quo*, claro) por su

19

eliminación o reducción. Son en todo caso agentes de cambio débiles y poco convincentes. Las empresas extranjeras en América Latina, por otra parte, se están acostumbrando a trabajar en el entorno particular de la región, aunque con un costo mayor que en entornos menos peligrosos, aceptado a regañadientes. Pero poco a poco se van integrando en el tejido empresarial de los países (tejido que tiene muchos hilos españoles, en varios casos), de manera que se confunden con el panorama empresarial de los países, sin constituir en modo alguno un fermento para cambiar la cultura empresarial y el comportamiento ciudadano que allí encuentran, hacia formas más justas y humanas, a las que esas empresas están acostumbradas en sus países. Con este comentario no se les está pidiendo que sean empresas «misioneras», simplemente que se porten en América Latina como se portan en sus países.

El concepto de «buena vecindad», como compendio ético para las empresas extranjeras, aplicado a esta situación social, debiera llevarlas en América Latina (y en otras partes del mundo donde haga falta) a ser fermentos de cambio ciudadano y empresarial, dando ejemplo en prácticas y comportamientos cívicos, como pagar impuestos (por lo menos en la medida en que sea equitativa), entrar en contratos limpios y transparentes, respetar en lo posible a los *stakeholders*[4] de la empresa, y no entrar en el juego de la corrupción (donde siempre hace falta alguien que corrompa). La «buena vecindad»,

---

4 Todos los que tienen un interés, *stake* en inglés, en el funcionamiento de la empresa, aparte de los accionistas (*shareholders*). Entre ellos se cuentan: los trabajadores de la empresa, los clientes, los proveedores, otras empresas relacionadas, la ciudad en que están establecidas, el «vecindario», etc. Hoy en día se afirma que las empresas deben mirar no solamente por el bien de los accionistas, sino también por el de los interesados, porque es correcto y por la cuenta que les tiene.

además de ser lo que deben hacer, acaba repercutiendo en la credibilidad de las empresas y en sus oportunidades a largo plazo. Esto es válido, sobre todo, para aquellas empresas de distribución que poseen un gran número de usuarios, los cuales tienen fuentes alternativas de oferta de los servicios. Desgraciadamente, pocas empresas se preocupan en ser «buenas vecinas», en el sentido explicado; sólo procuran actuar de manera que no les salpique la inestabilidad, las protestas o la violencia.

EL ENFOQUE HUMANITARIO Y EL ANÁLISIS COMPLEJO

Hay otros que miramos a América Latina con la curiosidad y el dolor que nos causa el largo y el larguísimo plazo. Curiosidad y dolor ante el hecho de que América Latina no acabe de despegar con un crecimiento económico y un desarrollo social autosuficiente, sostenible y exitoso, y no se terminen los sufrimientos de las espléndidas gentes que pueblan ese continente. Hoy por hoy, las expectativas sobre América Latina a medio y largo plazo no tienen bases y razones para ser muy optimistas. Por un momento se pensó que, una vez solucionado el problema de la deuda (o reducida la urgencia del mismo) y dejada atrás la década perdida de los ochenta, en los noventa se iban a recoger los frutos del ajuste y las reformas tan profundas que se llevaron a cabo entre 1985 y 1995. Pero en realidad no se dio tal cosecha.

En 1997, que fue un año maravilloso para las economías de América Latina, se pensó que el desarrollo sostenido estaba asegurado. Al final de ese año, sin embargo, la incidencia de la lejana crisis asiática sobre las economías del continente puso fin al sueño y nos recordó una vez más lo que significa la dependencia (como nos enseñaron Cardoso y Faletto), y cómo la globalización había exacerbado los efectos nefastos de la dependencia externa y de la integración en los mercados internacionales en condiciones de precariedad y vulnerabilidad. Total, que se terminó la década y el siglo con la conocida sensación de que, a fin de cuentas y en el corto plazo, las cosas se habían deteriorado de nuevo. Una vez más un problema de corto plazo daba al traste con las esperanzas. Y así, por la acumulación de problemas en el corto plazo, resultaba, como ha resultado siempre en América Latina, que se frenaba el crecimiento y se posponía la reforma política y social para mejores tiempos. «Los resultados en cuanto a crecimiento, productividad y equidad social han sido desilusionantes», sentencia la CEPAL[5] en mayo de 2000. En los albores del siglo XXI, América Latina aparece estancada en una situación de «esperanza permanente» nunca cumplida, como una eterna promesa para el futuro y poco más.

La aparente incapacidad de las economías latinoamericanas de caminar por una senda de desarrollo sostenido bajo diversos, y aun opuestos (populismo-neoliberalismo), modelos de conducción económica apunta a una incapacidad radical de las sociedades, tal como están organizadas, para ser protagonistas del proceso de desarrollo; esta incapacidad les impide actuar de acuerdo con la lógica económica y social conducente al crecimiento económico y al desarrollo social. En cierto sentido, las sociedades latinoamericanas no tienen, o mejor no muestran, una voluntad colectiva de desarrollo económico y progreso social, que beneficie al conjunto de la población y a cada uno de los grupos humanos que la componen. Puede ser que esa voluntad colectiva exista, pero, en todo caso, está mediatizada y bloqueada por los intereses particulares de quienes mueven la sociedad y de quienes desde el exterior se benefician de sus recursos.

5 *Notas de la CEPAL*, «Equidad, desarrollo y ciudadanía», mayo de 2000, p. 1.

Porque hay que reconocer que el funcionamiento de las sociedades latinoamericanas depende mucho de la forma histórica particular como sus economías se integraron en el mercado mundial, y de las influencias reales e ideales que pesan sobre ellas como *constraint* o hipoteca de su racionalidad y su voluntad colectiva para alcanzar objetivos nacionales de desarrollo. Las medidas aplicadas en los últimos años para conseguir la estabilidad macroeconómica, desde las contenidas en el Consenso de Washington hasta las necesarias para la dolarización en todas sus formas, han dejado a las economías latinoamericanas más abiertas y dependientes del exterior de lo que eran, por ejemplo, en los años setenta, cuando se endeudaron fuertemente. La integración de los débiles mercados financieros latinoamericanos en los complejos mercados internacionales, y la libre circulación de capitales que ello implica, no ha fortalecido a aquéllos, sino que les ha dejado más expuestos a las crisis internacionales (y a sus propios defectos). Si algo se han fortalecido los sectores financieros en los últimos años, se ha conseguido a expensas de vender bancos, seguros e instituciones financieras a otras instituciones de los países ricos, con lo cual la dependencia estructural del exterior ha avanzado un paso más en un sector vital. La gente, que ha tenido que hacer grandes sacrificios personales y de grupo como resultado de las medidas de reforma económica, no percibe los beneficios que se les prometía y se inquieta. En un reciente informe del Banco Mundial se dice con alarma que «las percepciones de inseguridad económica son altas en la región»,[6] que es una forma elegante y aséptica de decir que hay mucha gente desesperada por el deterioro de sus condiciones de vida.

---

6 «World Bank calls for stronger social policy in Latin America», *Financial Times*, 20 de junio de 2000, p. 6. Véase también el editorial de ese número.

«El principal desafío que afronta la región al iniciarse el nuevo siglo es el de construir sociedades más equitativas», dijo la Comisión Económica para América Latina y el Caribe (CEPAL) a sus gobiernos miembros durante su vigésimo octavo período de sesiones, realizado en abril pasado en Ciudad de México.[7] En efecto, la equidad y la justicia social continúan siendo, a pesar de los innegables progresos que se han hecho en áreas como educación y salud en el conjunto de la región, una fuente de inestabilidad e ineficiencia económica, de debilidad política y la razón última de la falta de credibilidad y confianza en las redes sociales. América Latina tiene una sociedad fragmentada, dividida a causa de intereses materiales concretos, en la que impera la ley del más fuerte sin mayor respeto a los derechos de los demás. En esa sociedad, caricaturizada por Hobbes, en que cada persona es un lobo para su prójimo, ahí no puede haber paz, ni estabilidad, ni progreso.

El moderno consenso sobre el desarrollo, que ha redescubierto la importancia de las instituciones para que las mejores políticas tengan efecto, está dando mayor importancia (que antes sólo daban los marxistas) a las reglas escritas o implícitas que configuran el comportamiento económico, y cívico en general, de los agentes sociales, sean éstos personas o grupos sociales, y a las formas organizativas por medio de las cuales se desarrolla en concreto la actividad económica. Según este consenso, las instituciones y las organizaciones, y la manera como se entrelazan, desempeñan un papel esencial en el desarrollo. Su funcionamiento es vital para el progreso. No sería exagerado afirmar que en los países latinoamericanos fallan en esto, quizá porque la estructura social no permita otra cosa.

7 *Notas de la CEPAL*, mayo de 2000, p. 1.

Las instituciones y organizaciones que tienen que ver con el progreso social y personal y las que afectan a la vida económica y cívica tendrían que funcionar en red, conectadas por la confianza de unos con otros y la responsabilidad de cada persona por el bien de todas las demás. Los mercados, por ejemplo, tendrían que funcionar en un entorno de legalidad, de confianza, de transparencia y verdad. Estas redes de sostenimiento social son esenciales para que los mercados funcionen bien y contribuyan al progreso del país. Por eso precisamente, en América Latina, antes de nada habría que establecer, y robustecer donde las haya, redes de solidaridad creíbles, respetadas, mantenidas con esfuerzo y usadas con sinceridad. El funcionamiento de esas redes es lo que hace país a un grupo de ciudadanos y de organizaciones diversas, integrados en una división social del trabajo y, por lo tanto, con intereses materiales diversos —en algunos casos contrapuestos—; también es lo que hace que puedan ponerse de acuerdo para llegar eficientemente, participando todos en los esfuerzos y repartiendo equitativamente las cargas y los beneficios, a objetivos comunes. El magnífico capítulo de Carlos Losada y Mark Payne se mueve en este orden de cosas.

Las sociedades de América Latina, sin embargo, son mosaicos humanos, sociedades fragmentadas, donde estas redes de solidaridad o no existen o están hechas pedazos. Sólo así se puede explicar el aumento de la desigualdad y la pobreza. Los niveles de vida difieren enormemente unos de otros, de manera que no es raro encontrar grupos con un nivel de renta media que es veinte y treinta veces superior al de otros grupos. Los niveles de pobreza son todavía elevadísimos para todo lo que se ha invertido y reformado (en torno al 40% para toda la región), y han aumentado entre 1990 y 1997 en algunos países relativamente ricos, como Venezuela y México. El coeficiente de Gini, que mide el sesgo de la distribución del ingreso, ha aumentado de valor entre 1990 y 1997 en casi todos los países, lo que indica desigualdad creciente, y arroja valores del 0,55 en Brasil (el país más desigual de América Latina), 0,48 en Chile y Colombia, 0,46 en Bolivia, etc. (En los países más igualitarios de Europa el valor está en torno al 0,30.) La desigualdad es un problema tan grave, incluso para efectos del desarrollo económico, que el Banco Interamericano de Desarrollo dedicó a este tema su informe anual 1998-1999,[8] donde se ilustra hasta la saciedad las dimensiones del fenómeno. Una sociedad con semejante grado de desigualdad nunca funcionará eficientemente, entre otras cosas, porque nunca tendrá las redes de confianza y solidaridad que son necesarias para ello.

LA SOCIEDAD DUAL SE CONSOLIDA

Obviamente, las empresas extranjeras que invierten en América Latina no lo ven así. Pero ¿qué ven las empresas extranjeras que les atrae tanto? Ven que, además de una gran masa de consumidores potenciales —que parecen no pasar nunca al acto de consumir—, hay un segmento importante de la población que ya ahora consume a un buen nivel. Las empresas extranjeras encuentran una parte de la sociedad moderna y acostumbrada a los servicios de las grandes ciudades del mundo rico, una comunidad globalizada en los gustos y la cultura del consumo, con suficiente poder adquisitivo para satisfacer necesidades, gustos y caprichos con los bienes y servicios que les pueden ofrecer. Estos latinoamericanos con poder adquisitivo constituyen un

---

8 Banco Interamericano de Desarrollo, «América Latina frente a la desigualdad», *Progreso económico y social en América Latina, Informe 1998-1999*, 1998.

excelente mercado que complementa a los más desarrollados y saturados de Europa y América del Norte.

Junto a esta parte de la sociedad, existe otra que no puede pagar los servicios de las empresas extranjeras, que no tiene teléfono (sólo usa los públicos), ni traída de agua a su domicilio, ni cocina con gas, ni usa tarjetas de crédito, ni hace seguros ni invierte en pensiones. Esta parte de la sociedad, que puede ser desde el 20 al 60% del total según los países, no constituye una clientela importante para las empresas extranjeras. Aunque son muchos, sólo les interesan en proporción a su capacidad de integrarse en la parte moderna y adinerada de la sociedad. De esta manera, las empresas extranjeras se insertan en una *sociedad dual*, que fue en la Colonia y sigue siendo actualmente el pecado capital de las naciones latinoamericanas. La dualidad consiste en que son en realidad dos sociedades distintas, que viven bajo el caparazón común de la jurisdicción de un Estado, que tienen vínculos culturales tenues y en cualquier caso asimétricos, que están relacionados funcionalmente en algunos sectores económicos (agricultura estacional, servicio doméstico, sector informal), y que son utilizados vergonzosamente para validar el funcionamiento del juego democrático en las elecciones. En muchas áreas económicas, sin embargo, son como compartimentos estancos: la parte rica puede funcionar perfectamente sin la pobre —o sin gran parte de ella—, mientras la pobre siempre necesita a la otra para sobrevivir. Dualidad significa esencialmente desigualdad, asimetría, explotación y desprecio. Malos ingredientes para una estrategia de desarrollo en cualquier país.

Las empresas extranjeras se integran en la sociedad dual que encontraron a su llegada, pactando con los caciques como los conquistadores, para aprovecharse de las divisiones de unos y otros y hacer avanzar sus propios intereses. En cierta manera, y en la medida en que contribuyen a consolidar la dualidad, estas empresas ponen las cosas peor, aunque no sea ésa su intención ni les convenga a largo plazo. En todo caso, no son agentes de cambio para importar más equidad y menos discriminación en el país. No se las puede condenar por ello. Las empresas multinacionales no tienen incentivos para cambiar las cosas en los países en que se establecen; sólo aquellos cambios que les benefician a ellos en corto plazo, como ya dijimos anteriormente. El argumento keynesiano a favor de la redistribución del ingreso para ampliar el mercado se queda sin fuerza ante el hecho de que las empresas multinacionales no necesitan el mercado de ningún país en particular, porque siempre pueden exportar sus bienes y servicios o establecerse en otros países. No le hace falta a Telefónica, por ejemplo, agotar el potencial consumidor del Brasil. La empresa puede expandir sus operaciones yéndose a Bolivia o a Guatemala, y eventualmente siempre le queda China. A ninguna de estas empresas le faltarán países antes de que toque sus límites internos de expansión.

EXPORTEMOS DEMOCRACIA Y JUSTICIA

Se puede suponer que a ninguno de los directivos y accionistas de las empresas españolas que operan en América Latina —y mucho menos a la opinión pública— les gustaría que les acusaran de defensores y perpetuadores de la sociedad dual, y con ello del subdesarrollo, la desigualdad y la marginación que todavía hoy existen en los países donde estas empresas trabajan. Creo, más bien, que a todos les gustaría que el establecimiento o el paso de empresas españolas por el continente americano sirviera para incrementar los niveles de democracia, de equidad y de eficiencia de esas sociedades. Los hombres de empresa que más han triunfado durante estos últimos años, aparte de algunas excepciones clamorosas que pasaron por la cárcel, son personas que han contribuido mucho a la modernización de España y a su transición de un Estado retrógrado políticamente, retrasado tecnológicamente, cerrado y poco eficiente en economía, a una España democrática, moderna y eficiente, donde la equidad, a pesar de todo lo que todavía le falta, ha hecho grandes progresos. Los empresarios no son santos y no se les puede pedir que vayan a América Latina como misioneros de la equidad, sacrificando su posición competitiva en la arena internacional para reducir la pobreza de esos países. Pero sí se les puede pedir que lleven a esas tierras los estándares de decencia, transparencia y seriedad, de protección social y trato a los empleados que son normales en sus empresas en España.

Cuando los empresarios españoles logren, quizás en ratos perdidos, preocuparse del largo plazo en América Latina verán claro el argumento de conveniencia para un comportamiento más solidario. Porque si hoy ven posibilidades en América Latina, las posibilidades que resultarían si evolucionaran en los próximos veinte años hasta un nivel de estabilidad, eficiencia, democracia y equidad como tenemos en España (que no es lo máximo que se puede alcanzar) serían inmensas.

Los que no somos empresarios ni hemos invertido en América Latina queremos que evolucione, dejando atrás este siglo de esperanzas y decepciones, con un proceso continuado de mejora institucional, de crecimiento en democracia, de progreso económico y de reparto de la riqueza, un proceso del que no cabe esperar grandes revoluciones, fuera de la revolución de la continuidad en el esfuerzo y la perseverancia. Los milagros económicos que han existido realmente se han debido a la voluntad colectiva de producirlos.

INSTITUCIONES DE DESARROLLO EN AMÉRICA LATINA: ENFOQUE HACIA UNA DESCRIPCIÓN CUANTITATIVA DE LA CAPACIDAD INSTITUCIONAL EN LA ZONA*

Mark Payne
Carlos Losada

INTRODUCCIÓN

En los últimos años, las instituciones han desempeñado un papel más decisivo en la determinación del nivel de progreso económico y social y de la calidad y estabilidad de los sistemas democráticos de gobierno. Los cambios radicales en los antiguos países comunistas, que han pasado de la economía autoritaria a economías de mercado, y en gran parte de los países en vías de desarrollo, que han pasado del intervencionismo estatal a políticas de mercado más orientadas al libre mercado, han llamado la atención hacia la indispensabilidad de las instituciones para una operación eficiente de los mercados y el fomen-

* Estudio técnico auspiciado por el Banco Interamericano de Desarrollo (Departamento de Desarrollo Sostenible y División de Estado y Sociedad Civil). Traducción al castellano: Angie Larrosa.

to efectivo de un desarrollo económico y social sostenido. Marcos legales válidos, cumplimiento fiable de los contratos, protección de los derechos de propiedad, un sistema fuerte de contrapesos y salvaguardas institucionales y una inversión eficiente, equitativa y generosa en los seres humanos son elementos cada vez más aceptados como fundamentos necesarios en una economía de mercado dinámica. La coincidencia de estas transformaciones económicas, con transiciones hacia sistemas políticos más abiertos y competitivos, ha supuesto también que los ciudadanos hayan ampliado sus exigencias de una mayor transparencia y accesibilidad gubernamental y de mejoras en la prestación de servicios públicos, como una mejor calidad en la enseñanza y en la sanidad, y sistemas judiciales más fiables y justos.

Simultáneamente, un cuerpo creciente de investigaciones empíricas ha detectado pruebas empíricas de la importancia de los factores institucionales en el crecimiento económico a largo plazo y la actuación positiva respecto a otros resultados sociales y económicos. Factores institucionales, como el respeto por el precepto legal, la calidad de la burocracia, la ausencia de corrupción, el cumplimiento fiable de contratos y la protección de los derechos de propiedad, el grado de predecibilidad de las políticas y el nivel de libertades democráticas, han estado vinculados a diversos resultados relativos al desarrollo, entre ellos el índice de inversión, la tasa de crecimiento de la productividad, el crecimiento económico, el índice de formación del capital humano, la profundidad de los mercados financieros y la reducción de la pobreza.[1] Aunque estos estu-

---

1 Para ejemplos de estos estudios, véase North (1990); Knack y Keefer (1995); Clague *et al.* (1997); Levine (1997); Mauro (1995); Mauro (1997); Brunetti, Kisunko y Weder (1997); Henisz (1998); Huther y Shah (1998); Campos y Nugent (1998); Pritchett y Kaufmann (1998); Chong y Calderon (1999).

dios abordan ampliamente todo lo referente a la conceptualización de las instituciones y a cómo las instituciones están presumiblemente vinculadas al desarrollo, no existe una teoría ampliamente aceptada, ni mucho menos los conjuntos válidos y fiables de medidas institucionales necesarios para verificar de manera segura hipótesis sobre la relación entre instituciones y desarrollo. Así, aunque se reconoce ampliamente la importancia de las instituciones, no hay un cuerpo de conocimiento o un marco teórico disponibles para identificar qué instituciones, en qué combinaciones y con qué composición específica son más importantes para fomentar el desarrollo. Es dudoso que puedan desarrollarse por completo teorías como éstas, no sólo debido a dificultades de medición, sino también porque las características culturales, sociales e históricas de cada país tienen una importante influencia en los diseños institucionales concretos que, probablemente, sean los más eficientes y duraderos.

Sin embargo, existe la necesidad apremiante de desarrollar mejores herramientas conceptuales para ampliar la capacidad de diagnóstico de obstáculos institucionales al desarrollo económico y social presentes en países concretos. Estas herramientas permitirían que las agencias multilaterales de desarrollo incorporasen cuestiones institucionales al proceso de programación, y ampliasen la capacidad de cooperación efectiva con los Gobiernos de los países deudores en el diseño de proyectos y la supervisión y valoración del impacto de esos proyectos. Este progreso analítico no sólo conlleva el desarrollo de algunos medios para valorar la calidad de las instituciones, sino también una mejor comprensión de los vínculos entre variables institucionales y los patrones de desarrollo de la zona. Este estudio representa un modesto primer esfuerzo por desarrollar algunos enfoques cuantitativos para medir la capacidad institucional de los países de la zona. Esperamos que estos enfoques, combinados con indicadores sectoriales más precisos que podrían desarrollarse en el futuro, sean una aportación útil al debate general sobre reforma institucional que tiene lugar en la zona y que sirvan como base para posteriores investigaciones.

DEFINICIÓN DE LOS TÉRMINOS

Claramente, el primer paso que debemos dar en esta empresa es definir los conceptos básicos: especialmente, *instituciones* y *capacidad institucional*. Las definiciones y enfoques teóricos que hemos encontrado en la literatura especializada difieren en el grado en que consideran las *instituciones* como leyes o como organizaciones, y en la importancia otorgada al papel de las reglas y normas formales e informales. En función del marco explicativo de cada autor, también se destacan distintos propósitos de las instituciones, con una gama que va desde el gobierno del comportamiento social y económico hasta el fomento de la confianza mutua y la construcción de consenso. O, en caso de las instituciones entendidas como organizaciones, se afirma un objetivo más concreto, como el de cumplir los objetivos básicos o fundacionales de la institución.

En este trabajo definimos las instituciones como el conjunto de normas formales (leyes, normativas, procedimientos, etc.) y normas y reglas informales (costumbres, convenciones sociales, valores, etc.),[2] así como las organizaciones que las crean, mantienen y aplican (véase la Figura 1 a conti-

2 Para ejemplos de diferentes enfoques respecto a la conceptualización de las instituciones ver North (1990); Ruttan y Hayami (1984); Ostrom

nuación).[3] Las reglas y normas crean una estructura de incentivos que influye en el comportamiento de los actores sociales.

FIGURA 1: TIPOLOGÍA DE LAS INSTITUCIONES Y EJEMPLOS

		Nivel de formalidad		
		Formal		Informal
		Pública	Privada	
Reglas y normas		Leyes de supervisión bancaria	Normas autorreguladoras de un sector de la sociedad (por ejemplo, reglas entre sindicatos y empleados en un sector industrial)	Usos y costumbres
Naturaleza	Organizaciones que tienen como principal objetivo la creación de reglas y normas para la sociedad en general	Senado, sistema judicial	Comité Olímpico Internacional	Agrupaciones sociales no formalizadas
	Organizaciones que *no* tienen como objetivo la creación de reglas y normas para la sociedad en general	Hospital público	Empresas	Familia

Las *organizaciones* son entidades compuestas por individuos que actúan colectivamente para alcanzar un objetivo común. Los miembros individuales y las organizaciones están regulados

(1986); Borner, Brunetti y Weder (1992); Putnam (1993); Uphoff (1986); Burki y Perry (1999).

3 Para estudios centrados en la calidad organizativa de las instituciones ver Israel (1989); Weaver y Rockman (1993); Haggard y Kaufmann (1995); Mainwaring y Scully (1995); Linz y Valenzuela (1994); Hall (1986).

por normas internas (como las correspondientes a selección de personal, adquisiciones y procedimientos de decisión, etc.) así como por reglas y normas externas a ellos. Algunas de estas organizaciones crean, mantienen y velan por el cumplimiento de leyes y normas diseñadas para configurar el comportamiento de los individuos fuera de la organización, en cuyo caso son una forma de institución tal como hemos definido el término.[4]

Capacidad institucional implica la capacidad de una organización concreta o de un conjunto de normas y reglas para conseguir sus objetivos y propósitos fundacionales. En el ámbito de la sociedad en general, la noción de *capacidad institucional* puede relacionarse con el concepto de *buen gobierno*, que podemos definir como:

- Capacidad para «coordinar la agregación de intereses divergentes y así fomentar políticas que puedan adoptarse para representar el interés público».[5]
- Y/o capacidad de emprender y fomentar acciones colectivas de manera eficiente (como mantener los preceptos legales, garantizar la sanidad pública y crear y mantener infraestructuras básicas).[6]

Lograr un *buen gobierno* depende, entre otros factores, de la efectividad de la configuración general de las instituciones (normas y reglas formales e informales, y organizaciones) que ordenan las interacciones humanas dentro de una sociedad. Por tanto, en este estudio, definimos *capacidad institucional* como: *la competencia o suficiencia de la configuración de las instituciones de una*

---

4 Esta definición es similar a la utilizada por Burki y Perry (1999).
5 Frischtak (1994).
6 Banco Mundial (1997).

sociedad (entendidas como las normas y reglas formales e informales así como el conjunto de organizaciones que las crean, mantienen, aplican y modifican) que permiten la resolución efectiva de los problemas colectivos presentes y futuros a que se enfrenta una sociedad, de modo que ésta pueda experimentar un desarrollo social y económico sostenido en un contexto en que las libertades básicas, garantías constitucionales y derechos humanos estén razonablemente asegurados.

Así, el concepto de *capacidad institucional* se define de modo que la efectividad de todas las normas y reglas formales e informales que afectan de manera significativa al comportamiento de los actores sociales sea pertinente. En cambio, los conceptos *instituciones del sector público* y *capacidad institucional del sector público* tienen un ámbito más restringido. Definimos las instituciones del sector público como aquellas que sólo incluyen las normas y reglas formales e informales que tienen la característica de estar creadas, mantenidas y aplicadas por organizaciones públicas estatales o subestatales, así como a esas mismas organizaciones. Así pues, la capacidad institucional del sector público constituye la competencia o suficiencia de la configuración de las instituciones del sector público (que acabamos de definir), tanto para permitir la coordinación y la suma de intereses divergentes con el fin de fomentar políticas que reflejen el interés público como para facilitar el suministro eficiente de bienes colectivos. Así, este concepto excluye aquellas instituciones que no han sido creadas, mantenidas y/o aplicadas por organizaciones públicas, así como organizaciones no públicas. Entre estas instituciones que quedan excluidas al centrar el enfoque en la capacidad institucional del sector público están los usos, valores y convenciones sociales, las normas formales creadas por organizaciones privadas (como las creadas y mantenidas por sindicatos y empresarios en un sector industrial determinado) y asociaciones cívicas.

TABLA 1. DEFINICIONES

Instituciones: conjunto de normas formales e informales, así como el conjunto de organizaciones que las crean y mantienen. Este conjunto de normas formales e informales, y sus fundamentos organizativos, crean una estructura determinada de incentivos que configura el comportamiento de los diversos actores sociales.

Organizaciones: son entidades compuestas por individuos que actúan colectivamente para lograr un objetivo común. Los miembros individuales y las organizaciones están regulados por normas internas (como las que corresponden a selección de personal, adquisiciones y procedimientos de decisión, etc.), así como por las normas y reglas externas a ellas. Algunas de estas organizaciones crean, mantienen y aplican normas y reglas diseñadas para configurar el comportamiento de los individuos fuera de la organización, en cuyo caso constituyen una forma de institución según nuestra definición del término.

Capacidad institucional (específica): suficiencia de una organización concreta o de un conjunto de normas y reglas para lograr sus objetivos y metas, elegidos o fundacionales.

Capacidad institucional (social): competencia o suficiencia de la configuración de las instituciones para permitir que la sociedad resuelva sus problemas colectivos presentes y futuros de modo que pueda experimentar un crecimiento económico y social sostenido en un contexto en que las libertades básicas, las garantías constitucionales y los derechos humanos estén razonablemente asegurados.

Instituciones del sector público: normas y reglas formales que se caracterizan por haber sido creadas, mantenidas y aplicadas por organizaciones públicas estatales y subestatales, así como estas mismas organizaciones. El objetivo de las normas y reglas asociadas a estas organizaciones puede consistir en regular el comportamiento de personas y organizaciones en la sociedad, y controlar o regular el comportamiento de los miembros de organizaciones gubernamentales o la interacción entre grupos de organizaciones gubernamentales.

ENFOQUES PROPUESTOS
PARA MEDIR LA CAPACIDAD INSTITUCIONAL

Nuestra definición del concepto de *capacidad institucional* es bastante abstracta e indeterminada. Consideramos que las instituciones de una sociedad (normas, reglas y organizaciones) tienen mucha capacidad cuando estructuran incentivos de comportamiento, de modo que el proceso de decisión colectiva, así como otros aspectos de la actividad individual y organizativa, tiene como consecuencia el desarrollo social y económico sostenible en un contexto democrático. Esta definición no especifica qué cualidades deberían tener las distintas instituciones por separado, ni cuál tendría que ser la configuración de las instituciones de una sociedad para poder fomentar estos resultados.

La propia definición sugiere un primer nivel en el que intentaremos medir la *capacidad institucional* de un país (en el apéndice se muestra un esquema detallado de los distintos niveles de análisis para medir la capacidad institucional). De acuerdo con esta definición, la capacidad para conseguir y mejorar un nivel determinado de desarrollo social y económico debería reflejar el nivel de capacidad institucional. Por tanto, si queremos juzgar el grado de desarrollo institucional de un país determinado, la calidad de los resultados sanitarios, educativos, económicos y políticos y el ritmo de mejora de esos resultados en años o décadas anteriores, deberían ofrecernos algunas pistas.

Pero los factores subyacentes en la evolución del desarrollo también proporcionan otro posible nivel de análisis para valorar el desempeño institucional. La teoría del crecimiento económico sugiere algunos de los factores importantes para el desarrollo y que, presumiblemente, están muy ligados a la calidad de las instituciones. Entre los factores de desarrollo mencionados se encuentran: el nivel de inversión en capital humano (especialmente enseñanza y sanidad), el mantenimiento de un entorno macroeconómico estable, el predominio de mercados abiertos y bien regulados y el grado en que los individuos confían en las leyes y las respetan.

Otro nivel de análisis, más alejado de los resultados del desarrollo pero más próximo a la configuración institucional de una sociedad, es el de los *rendimientos institucionales*. De nuevo sobre la base de la existente teoría del desarrollo, seleccionamos varios rendimientos de la configuración institucional de la sociedad como medidas representativas de su capacidad: respeto por los preceptos legales, corrupción, grado de libertades democráticas, nivel de contrapesos y salvaguardas, efectividad del Gobierno para regular el mercado y eficiencia del Gobierno en la prestación de bienes y servicios.

Enfoque basado en los indicadores de desarrollo humano

a) Descripción

El elemento básico de nuestra medida de resultados de desarrollo es una versión modificada del índice de desarrollo humano del PNUD (Programa de las Naciones Unidas para el Desarrollo). Como ocurre en el índice del PNUD, nuestro índice modificado de desarrollo humano (IMDH) también está compuesto de medidas de renta, logros educativos y resultados sanitarios. Las principales diferencias entre nuestro IMDH y el índice del PNUD son: 1) para el componente de renta se utiliza una fórmula de rendimientos decrecientes (propuesta en Noorbakhsh, 1998) que da como resultado una reducción menos drástica de la contribución de las rentas superiores al umbral de la pobreza para el índice de desarrollo humano;[7] 2) hemos utilizado la medida de matrícula en secundaria en lugar de la matrícula conjunta en primaria, secundaria y universitaria para el componente de nivel educativo del índice de desarrollo humano,[8] y 3) y otorgamos a la alfabetización y la matrícula en secundaria una contribución igual a 1/2 en el componente de logro educativo, en lugar de dar a la alfabetización un peso de 2/3 y a la matrícula de secundaria un peso de 1/3.[9]

El supuesto subyacente tras la medida propuesta en este nivel de análisis es que la *capacidad institucional* de una sociedad

---

7 El PNUD aplica una versión de la fórmula Atkinson que tiene el efecto de, prácticamente, anular la contribución de la renta al índice de desarrollo humano por encima de determinado nivel mínimo de renta *per cápita* (un nivel equivalente al umbral medio de pobreza de los países industriales avanzados). Hemos optado por una reducción menos drástica de la contribución de la renta al índice de desarrollo humano por tres motivos principales: 1) la renta superior al umbral elegido eleva todavía más las opciones disponibles para que las personas disfruten de las oportunidades de la vida, incluyendo la ampliación de conocimientos y la mejora de la salud; 2) dada la desigualdad de ingresos, alcanzar la renta umbral acumulada implica necesariamente que una gran proporción de la población viva muy por debajo de esta línea de pobreza y podría, por tanto, beneficiarse de un aumento de la renta acumulada del país, aunque sólo una fracción de ese incremento vaya a ese grupo, y 3) una reducción más gradual en la contribución de la renta facilita distinguir entre países que se encuentran en niveles medios de desarrollo, como muchos de los que están en la zona de Latinoamérica.

8 Esto se debe a que hemos querido construir el IMDH cada cinco años, desde 1975 hasta la actualidad, y la antigua medida, por lo visto, no estaba disponible para el período completo.

9 En lugar de la matrícula en secundaria, como segunda medida, hubiese sido preferible la media de años de escolarización de la población mayor de 25 años, pero no estaba disponible para todo ese período y para una amplia muestra global de países. Otorgamos a ambos indicadores un peso de 1/2 ya que esto facilita distinguir entre países y, especialmente, entre los países de ingresos medios encontrados en Latinoamérica.

se refleja tanto en la capacidad para *conseguir* y *mantener* un nivel determinado de desarrollo humano como en la capacidad de *mejorar* el nivel de desarrollo humano a lo largo del tiempo. Por tanto, el índice de capacidad institucional que proponemos para el nivel de análisis de resultados de desarrollo está compuesto de dos partes: 1) el nivel del IMDH en el año de la medida y 2) una medida del grado de mejora en el IMDH durante los quince años anteriores.[10]

Uno de los puntos débiles de este enfoque es que, especialmente a corto plazo, intervienen factores no institucionales (tanto estructurales como coyunturales) que afectan a los resultados de desarrollo; entre ellos, fluctuaciones en los precios internacionales de exportaciones clave, dotaciones de recursos naturales, conflictos internacionales, etc. Además, las opciones políticas, que pueden tener un importante impacto en los resultados de desarrollo, no son únicamente un producto de las características institucionales. Pero el enfoque sobre los resultados de desarrollo todavía podría parecer válido ya que, como mínimo a largo plazo, podemos afirmar que la capacidad de la sociedad para afrontar conmociones externas y gestionar las limitaciones y oportunidades que presentan los

---

10 El componente de cambio del índice de resultados se calcula obteniendo la media de los cambios absolutos en el IMDH para los períodos 1980-1985, 1985-1990 y 1990-1995, al tiempo que se da un mayor peso al período más reciente. El cambio medio en el IMDH se normaliza entonces de 0 a 1 y se multiplica por el nivel de IMDH en 1980 para dar mayor peso a las mejoras que tienen lugar en niveles de partida más elevados del IMDH (puesto que los umbrales de medida y límites biológicos reducen el potencial de cambio por encima de determinados niveles del IMDH). Entonces, el nivel de IMDH para 1995 se combina con esta medida del cambio en el IMDH desde 1980-1995 otorgando al nivel un peso de 0,75 y al cambio un peso de 0,25.

recursos naturales del país (como sus dimensiones y situación geográfica) está influida por su capacidad institucional. Son numerosos los ejemplos de países que tienen relativamente pocos recursos o que están fuertemente expuestos a la economía internacional y que han salido adelante, del mismo modo que también puede observarse lo contrario. Sin embargo, debemos admitir que existen complejos vínculos históricos entre las instituciones de una sociedad y sus características estructurales, como geografía, orígenes coloniales, dotaciones de recursos, etc.

A corto plazo, las conmociones y conflictos externos pueden tener un impacto en el desarrollo de una sociedad independientemente de su capacidad institucional. No obstante, desde una perspectiva de medio a largo plazo, un índice de resultados de desarrollo parecería útil como indicador representativo de capacidad institucional.

Como los autores del Índice de Desarrollo Humano del PNUD reconocen abiertamente y con posterioridad han expuesto los críticos, la medida del nivel (y, para nuestros objetivos, el cambio en el nivel) del desarrollo humano está obstaculizada por la imprecisión de las medidas utilizadas en el índice de desarrollo humano (IDH) —y el IMDH— para capturar el concepto de desarrollo humano previsto en el informe *Human Development Report*. La renta, el conocimiento y la salud disfrutados por la sociedad en general quedan sólo parcialmente capturados en el PIB *per cápita*, la alfabetización y escolarización y la esperanza de vida. Además, las medidas de educación y sanidad simplemente no son capaces de responder de una forma completa a variaciones en la *calidad* de la enseñanza o la asistencia sanitaria suministradas, y están sujetas a techos que limitan su capacidad para diferenciar entre países y niveles bastante avanzados de desarrollo.

Por otro lado, la medida de cambio en el desarrollo humano es inevitablemente una función inversa del nivel inicial del IMDH para niveles más elevados de IMDH inicial (véase la Figura 4). Por tanto, dadas estas limitaciones de medida, si esperamos que el cambio en el IMDH refleje parcialmente *capacidad institucional*, tiene sentido otorgar mayor peso al cambio en niveles iniciales más elevados de IMDH. Proponemos un enfoque para conseguirlo, pero no resulta fácil determinar qué forma debería adoptar la función (la relación del nivel inicial de IMDH como el factor de ponderación).

Otra deficiencia del IDH y del IMDH es que no tienen en cuenta las variaciones en la distribución de los atributos del desarrollo humano en los distintos países. Cuanto más equitativamente compartido, mejor será para la población general un nivel acumulado determinado de desarrollo humano. Pero no se dispone de medidas internacionalmente comparables en cuanto a la distribución de los resultados de enseñanza y sanidad, e incluso son escasas en el caso de la distribución de ingresos, que puede utilizarse como medida representativa de la distribución del desarrollo humano como un todo. Así, hasta que estas medidas de la distribución del desarrollo humano no estén más ampliamente disponibles y puedan compararse entre distintos países, no es posible construir a partir de ellas un índice aplicado a una muestra global.

b) Resultados

Como podemos observar en la Figura 2, la media para Latinoamérica en cuanto a este índice de desempeño del desarrollo humano queda por debajo de la de los países con rentas elevadas (High Income Countries, HIC) y, en menor grado, de Asia oriental (AO), pero ligeramente superior a Oriente Medio y norte de África (OMNA) y considerablemente mayor que Asia meridional (AM) y el África subsahariana (ASS). La media para Latinoamérica y el Caribe (LAC) es superior a la media de los 91 países incluidos en la muestra mundial.

Estrictamente en cuanto a evolución en desarrollo humano para el período 1980-1995, Asia oriental y Asia meridional parecen tener los mejores resultados (Figura 3). En este gráfico, estas zonas muestran buenos resultados con relación a lo que cabía esperar dado su nivel de desarrollo humano al inicio del período. Los países de Oriente Medio y norte de África no tuvieron tan buenos resultados como esas dos zonas, pero lo hicieron algo mejor de lo que cabía esperar dado su nivel inicial de desarrollo humano. Por otra parte, el África subsahariana y Latinoamérica y el Caribe tuvieron resultados inferiores a los esperados. Los países con rentas elevadas tuvieron los resultados esperados.

Sin embargo, la Figura 4 pone de relieve que Latinoamérica y el Caribe es una zona muy variada en cuanto a desarrollo humano. Mientras que el componente de mejora del índice de resultados de desarrollo permite que Chile se aproxime a la media de los países con rentas elevadas, países como Guatemala y Honduras se encuentran entre las medias de Asia meridional, de Oriente Medio y norte de África.

FIGURA 2. COMPARACIONES DEL ÍNDICE DE RESULTADOS
DE DESARROLLO EN DISTINTAS ZONAS, 1995

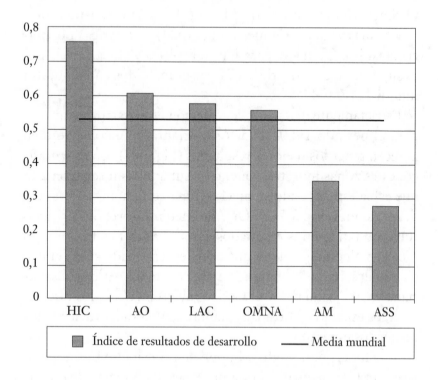

Figura 2. Las barras representan la media del índice de resultados de desarrollo para cada región, formado por dos componentes: 1) el nivel del índice modificado de desarrollo humano (IMDH), y 2) una medida del cambio en el IMDH entre 1980 y 1995. La línea indica la media para toda la muestra global de 92 países. Las abreviaturas de las zonas corresponden a: ASS = África subsahariana; AM = Asia meridional; OMNA = Oriente Medio y norte de África; LAC = Latinoamérica y Caribe (países deudores del BID); AO = Asia oriental; HIC = países con rentas elevadas. Europa central y del este (ECE) y las antiguas repúblicas soviéticas (ARS) no aparecen, puesto que no ha sido posible construir el índice de resultados para la mayoría de los países de esas zonas.

FIGURA 3. CAMBIO EN EL IMDH ENTRE 1980-1995
FRENTE AL NIVEL DEL IMDH EN 1980

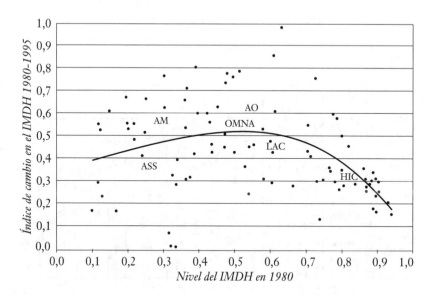

Figura 3. Esta figura traza un índice normalizado de la mejora absoluta en el IMDH entre 1980 y 1995 frente al nivel del IMDH en 1980. Es obvio que el rango de mejora es mayor en niveles inferiores y medios del IMDH inicial y disminuye de manera considerable tras un nivel inicial del IMDH superior a 0,800. Las siglas de las zonas representan las medias por zona para el índice de cambio del IMDH y el nivel del IMDH en 1980. HIC = países con rentas elevadas; LAC = Latinoamérica y Caribe (países deudores del BID); AO = Asia oriental; OMNA = Oriente Medio y norte de África; AM = Asia meridional; ASS = África subsahariana. Europa central y del este (ECE) y las antiguas repúblicas soviéticas (ARS) no aparecen, puesto que no ha sido posible construir el índice de resultados para la mayoría de los países de esas zonas.

FIGURA 4. COMPARACIÓN DEL ÍNDICE DE RESULTADOS DE
DESARROLLO EN DISTINTOS PAÍSES LATINOAMERICANOS, 1995

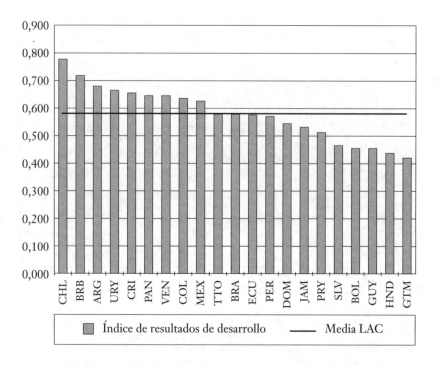

Figura 4. Este gráfico compara el índice de resultados de desarrollo de países latinoamericanos
y caribeños, formado por dos componentes: 1) el nivel del índice modificado de desarrollo
humano (IMDH), y 2) una medida del cambio en el IMDH entre 1980 y 1995. La línea muestra la media para Latinoamérica. Cinco de los veintiséis países deudores del BID no aparecen,
ya que no estaban disponibles algunos de los datos necesarios para la construcción del índice.

Enfoque basado en los factores de desarrollo

El segundo enfoque, centrado en los factores de desarrollo,
sigue relegando el concepto de *capacidad institucional* a una caja
negra, pero requiere como mínimo un modelo teórico aproximado para identificar los factores que, al parecer, fomentan el

proceso de desarrollo humano. Tras un amplio estudio de la literatura empírica y teórica, seleccionamos cuatro factores de desarrollo generales que hemos identificado como variables y que influyen en el índice de evolución del desarrollo social y económico: 1) nivel de inversión en capital humano, 2) grado de adherencia a los preceptos legales (protección fiable de los derechos de propiedad y cumplimiento de contratos, ausencia de corrupción), 3) grado de estabilidad macroeconómica, y 4) predominio de mercados abiertos y bien regulados. Los supuestos que subyacen tras la selección de estas variables como medidas de la capacidad institucional de una sociedad son: primero, que estos factores son importantes, si no necesarios, para la evolución sostenida del desarrollo humano y, segundo, que la actuación respecto a estos factores varía proporcionalmente a la capacidad de las instituciones de un país. Las medidas utilizadas son las siguientes:

TABLA 2. ÍNDICES DEL FACTOR DE DESARROLLO

Índice de inversión en capital humano
    Índice de matrícula en enseñanza primaria
    Índice de matrícula en enseñanza secundaria
    Índice de esperanza de vida
    Índice de mortalidad infantil

Índice de preceptos legales
    Índice de corrupción (*International Country Risk Guide*, Political Risk
      Service)
    Índice de calidad burocrática (*International Country Risk Guide*, Poli-
      tical Risk Service)
    Índice de ley y orden (*International Country Risk Guide*, Political Risk
      Service)

                                      .../...

Índice de estabilidad macroeconómica
    Índice de la tasa de inflación para una media de cinco años
    Índice del déficit fiscal del Gobierno central como porcentaje de los
    ingresos reales para una media de cinco años

Índice de mercados bien regulados
    Índice de competitividad del Foro Económico Mundial

Obviamente se produce cierto solapamiento entre los índices del factor de desarrollo y el índice de resultado del desarrollo, especialmente con relación a las medidas de educación y sanidad. Si dispusiéramos de datos adecuados, sería deseable incluir en el índice de inversión en capital humano sólo medidas de «rendimiento» o «flujo» (como matrícula de enseñanza y varias medidas de rendimiento sanitario, como vacunas por cada 1.000 niños, nivel y calidad de la formación de médicos, número de médicos y enfermeras formados *per cápita*, etc.)[11] y en el índice de resultado del desarrollo sólo medidas finales de resultado, o *stock* (como alfabetización, media de años de escolarización, esperanza de vida, mortalidad infantil, etc.). Pero, aun con datos adecuados, no podríamos evitar cierto grado de duplicidad entre ambos niveles de análisis.

Puesto que el índice de resultado de desarrollo se basa casi exclusivamente en variables *stock* y se da mayor peso al componente *nivel* que al componente *cambio*, el índice sólo captura

---

11 Aunque para la educación se utilizan medidas «flujo» (niveles de matrícula en primaria y secundaria), para la sanidad hemos decidido utilizar la mortalidad infantil y la esperanza de vida, ya que la fiabilidad, validez y disponibilidad de los datos era mayor que para otras medidas que, no obstante, son medidas del tipo «flujo» (relacionadas con el rendimiento inmediato del sector y que no incorporan el impacto de antiguas inversiones).

cambios en la capacidad institucional de un país tras un considerable lapso de tiempo. Al tener en cuenta una mayor proporción de variables «flujo» (la inflación y el déficit fiscal podrían incluirse también en esta categoría) y al incluir una medida más directa de rendimientos institucionales, los índices del factor de desarrollo deberían ser sensibles a cambios en las capacidades institucionales y, quizás, más capaces de predecir futuros cambios en el desarrollo humano.

Factor de inversión en capital humano

a) Descripción

El índice de inversión en capital humano se construye de manera similar al índice de resultado del desarrollo. Los componentes básicos son los niveles brutos de matrícula en enseñanza primaria y secundaria, la tasa de esperanza de vida y la tasa de mortalidad infantil. El nivel de inversión en capital humano representa una media simple de índices normalizados basados en estos cuatro componentes. A continuación, como ocurre con el índice de resultado del desarrollo, el índice de inversión en capital humano se construye sobre la base del *nivel de inversión en capital humano* durante el año en cuestión y de una *medida del cambio en la inversión en capital humano* a lo largo de los 15 años anteriores.

b) Resultados

Como podemos ver en la Figura 5, como media, Latinoamérica está justo por encima de la media mundial y entre las zonas en vías de desarrollo sólo destaca significativamente Asia oriental. La

51

Figura 6 muestra que el rango de inversión en capital humano en Latinoamérica oscila desde un nivel próximo al de los países con rentas elevadas hasta un nivel inferior al de Asia meridional.

FIGURA 5. COMPARACIÓN DEL ÍNDICE DE INVERSIÓN
EN CAPITAL HUMANO EN DISTINTAS ZONAS, 1995

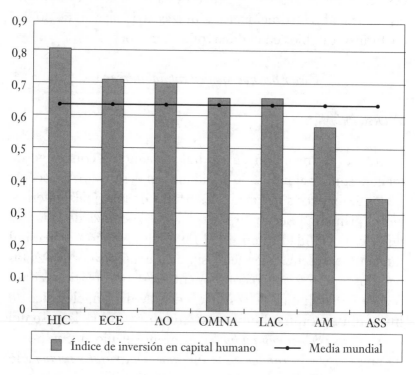

Figura 5. Las barras representan la media del índice de inversión en capital humano para esas zonas. Este índice está basado en un componente que mide el *nivel* de la inversión en capital humano (que es una media simple de medidas normalizadas de esperanza de vida, mortalidad infantil, matrícula en primaria y matrícula en secundaria) y un componente que mide el grado de mejora en el *nivel* de inversión en capital humano entre 1980 y 1995. Las antiguas repúblicas soviéticas (ARS) no aparecen porque no se ha podido construir una serie temporal de inversión en capital humano para ellas. Las otras siglas para las zonas corresponden a: ASS = África subsahariana; AM = Asia meridional; OMNA = Oriente Medio y norte de África; LAC = Latinoamérica y Caribe (países deudores del BID); AO = Asia oriental; ECE = Europa central y del este, y HIC = países con rentas elevadas.

FIGURA 6. COMPARACIÓN DEL ÍNDICE DE INVERSIÓN EN CAPITAL
HUMANO EN LATINOAMÉRICA, 1995

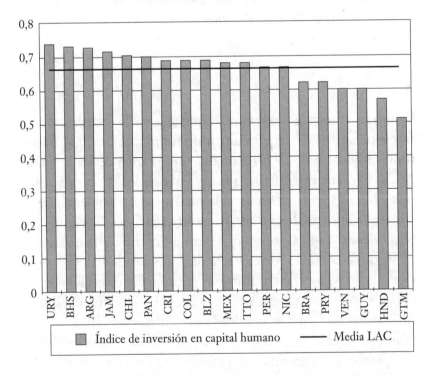

Figura 6. Las barras representan las medias para cada país del índice de inversión en capital humano. Este índice está basado en dos componentes, uno que mide el *nivel* de la inversión en capital humano (que es una media simple de medidas normalizadas de esperanza de vida, mortalidad infantil, matrícula en primaria y matrícula en secundaria) y un componente que mide el *grado de mejora* en el nivel de inversión en capital humano entre 1980 y 1995.

Factor de precepto legal

a) Descripción

El grado en que se respetan las leyes y se aplican de manera imparcial representa un segundo factor de desarrollo para el que hemos elaborado un índice. Este índice de precepto legal es una

53

media simple de los valores normalizados de tres medidas tomadas de *International Country Risk Guide* de Political Risk Service:
ley y orden, corrupción y *calidad burocrática*.

b) Resultados

Como se observa en la Figura 7, que expone la distribución de
frecuencias del índice para una muestra mundial de 130 países
utilizando datos de 1998, la media para la zona de Latinoamérica es ligeramente inferior a la media mundial. Con relación a
otras zonas, según este índice, la media para Latinoamérica se
sitúa por encima de la del África subsahariana y las antiguas
repúblicas soviéticas; se acerca, pero es inferior, a la de Oriente Medio y norte de África y a la de Asia meridional; y es inferior a la de Asia oriental, Europa central y del este y a la de los
países con rentas elevadas.[12] Pero los países latinoamericanos
(identificados por los cuadrados sombreados) abarcan una
gran proporción de la distribución global. Mientras que algunos países se sitúan cerca de la media de Europa central y del
este y de los países con rentas elevadas, otros quedan por debajo de la media del África subsahariana.

12 Por motivos que comentamos más adelante, las medidas institucionales,
   especialmente cuando recurrimos a una única fuente, carecen de fiabilidad estadística. Así, debemos ser muy prudentes al interpretar clasificaciones entre distintas zonas y, aún más, cuando se trata de países individuales. Se puede dar mayor importancia a posiciones relativas de zonas,
   cuando la distancia entre ellas es relativamente grande. Cuando las puntuaciones medias entre un determinado grupo de zonas son muy similares, entonces no es posible afirmar sus clasificaciones con confianza estadística.

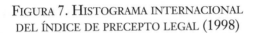

FIGURA 7. HISTOGRAMA INTERNACIONAL
DEL ÍNDICE DE PRECEPTO LEGAL (1998)

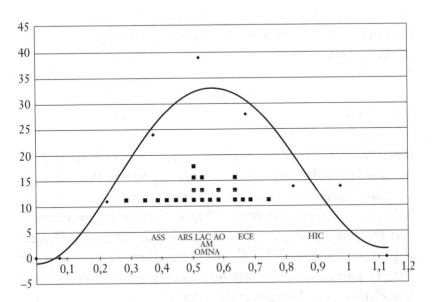

Figura 7. Este gráfico muestra la distribución de frecuencia global de un índice de precepto legal, que es una media de las tres medidas publicadas por Political Risk Services en la *International Country Risk Guide*: «corrupción», «ley y orden» y «calidad burocrática». Un total de 130 países están representados en la muestra. La situación de la puntuación media de cada zona en la distribución global se muestra a través de las siglas de la zona: ASS = África subsahariana; AM = Asia meridional; ARS = antiguas repúblicas soviéticas; OMNA = Oriente Medio y norte de África; LAC = Latinoamérica y Caribe (países deudores del BID); AO = Asia oriental; ECE = Europa central y del este; HIC = países con rentas elevadas. Las posiciones de los distintos países latinoamericanos están señaladas mediante cuadrados sombreados.

Factor de estabilidad macroeconómica

a) Descripción

El tercer factor de desarrollo es el grado en que predomina un entorno económico con precios relativamente estables y cuentas del sector público relativamente equilibradas. Para medir la estabilidad macroeconómica desarrollamos un índice con dos componentes: uno basado en la tasa de inflación media anual y el otro basado en el tamaño del déficit fiscal del Gobierno central como parte de los ingresos totales del Gobierno central.[13]

b) Resultados

Respecto a este índice de estabilidad macroeconómica, la puntuación media de Latinoamérica para el período 1993-1997 se acercaba a la media de una muestra global de 91 países[14] (véase la Figura 8). Como se observa en la Figura 9, durante este período varios países latinoamericanos eran tan estables como el país medio de la OCDE o de Asia oriental, mientras que algunos países eran tan inestables como el país medio del Asia meridional o del África subsahariana.

---

13 El componente de la inflación es un índice normalizado del logaritmo natural del índice de inflación medio anual de los cinco años anteriores. El componente del déficit fiscal es un índice normalizado del déficit fiscal sobre los ingresos totales (incluyendo ayudas) del gobierno central para los cinco años anteriores.

14 Deberíamos mencionar que 24 de estos 91 países son países con rentas elevadas (HIC) y 26 son países latinoamericanos (o, más concretamente, países deudores del BID). Por tanto, las demás zonas están menos representadas en la muestra.

FIGURA 8. COMPARACIÓN DEL ÍNDICE DE ESTABILIDAD
MACROECONÓMICA EN DISTINTAS ZONAS, 1997

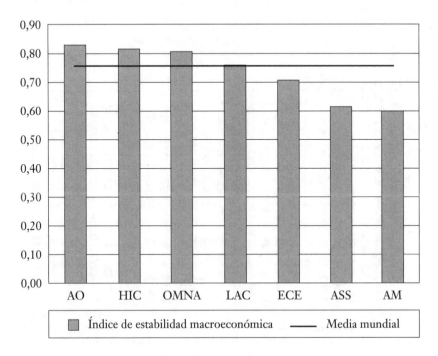

Figura 9. Las barras representan la media del índice de estabilidad macroeconómica entre las distintas zonas y la línea muestra la media mundial. El índice es una media simple de dos componentes: 1) un índice normalizado del logaritmo natural de la tasa de inflación media anual de los cinco años anteriores, y 2) un índice normalizado del déficit fiscal sobre los ingresos totales (incluyendo ayudas) del gobierno central para los cinco años anteriores. Las siglas correspondientes a las zonas son: AO = Asia oriental; HIC = países con rentas elevadas; OMNA = Oriente Medio y norte de África; LAC = Latinoamérica y Caribe (países deudores del BID); ECE = Europa central y del este; AM = Asia meridional; ASS = África subsahariana. Las antiguas repúblicas soviéticas (ARS) no se incluyen, ya que sólo se ha podido calcular el índice para Lituania.

FIGURA 9. COMPARACIÓN DEL ÍNDICE DE ESTABILIDAD
MACROECONÓMICA EN LATINOAMÉRICA, 1997

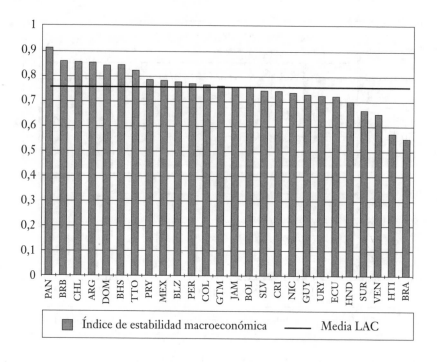

Factor de mercados abiertos y bien regulados

a) Descripción

El predominio de mercados abiertos y bien regulados es el
cuarto factor de desarrollo que se supone que afecta a las perspectivas de evolución del desarrollo humano. El índice que
hemos escogido como medida aproximada de este concepto es
el índice de competitividad global del Foro Económico Mundial publicado anualmente en su informe *Global Competitiveness Report.*

b) Resultados

Como se muestra en la Figura 10, la media de los siete países latinoamericanos es inferior a la de los países con rentas elevadas y Asia oriental, aproximadamente comparable a la de Oriente Medio y norte de África y superior a la de las demás zonas en vías de desarrollo. De los 51 países que aparecen en el estudio del Foro Económico Mundial, 25 pertenecen al grupo de los países con rentas elevadas, con lo que la muestra está fuertemente sesgada y muy pocos países de la mayoría del resto de zonas están representados (Oriente Medio y norte de África sólo están representados por Egipto y Jordania; África subsahariana por Sudáfrica y Zimbabwe; Asia meridional por India, y antiguas repúblicas soviéticas por Rusia). Para los siete países latinoamericanos, la Figura 11 muestra que, mientras que la puntuación de Chile está por encima de la media de los países con rentas elevadas, los otros seis países de Latinoamérica y Caribe quedan por debajo de la media en toda la muestra.

FIGURA 10. COMPARACIÓN DEL ÍNDICE DE COMPETITIVIDAD EN DISTINTAS ZONAS, 1998

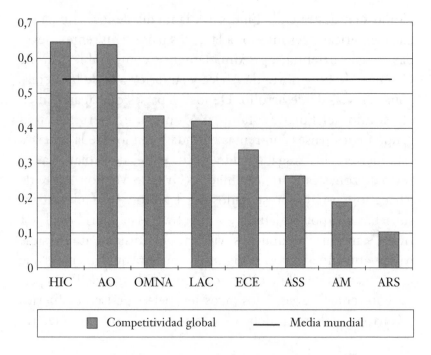

Figura 10. Las barras representan la media del índice de competitividad global de cada región para 1998, publicada por el Foro Económico Mundial en el informe *Global Competitiveness Report.* En la muestra están representados 51 países, pero 25 de ellos proceden de los países con rentas elevadas. Como consecuencia, muchas de las zonas están representadas por muy pocos países. La muestra se distribuye como sigue: HIC = 25; AO = 8; OMNA = 2; LAC = 7; ECE = 4; ASS = 2; AM = 1 y ARS = 1. Las siglas correspondientes a las zonas son: HIC = países con rentas elevadas; AO = Asia Oriental; OMNA = Oriente Medio y norte de África; LAC = Latinoamérica y Caribe (países deudores del BID); ECE = Europa central y del este; ASS = África subsahariana; AM = Asia meridional, y ARS = antiguas repúblicas soviéticas.

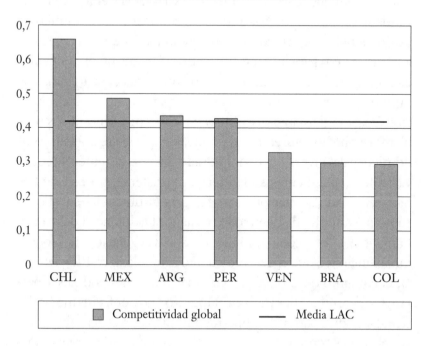

Figura 11. Las barras representan los valores del índice de competitividad global en 1998 para cada uno de los países latinoamericanos incluidos en el estudio del Foro Económico Mundial. La línea representa la media para los siete países latinoamericanos que aparecen en el gráfico.

Enfoque basado en el rendimiento institucional

En el tercer nivel de análisis, el de rendimiento institucional, es absolutamente necesario extraer el concepto de *capacidad institucional* de su embalaje protector y, como mínimo, efectuar un intento provisional de reunir el amplio universo de cualidades institucionales (que podrían utilizarse para caracterizar una sociedad) en un paquete que represente su capacidad para resolver proble-

61

mas colectivos relacionados con la tarea de mejorar el desarrollo humano. Sin una teoría plenamente desarrollada y empíricamente validada es, por supuesto, imposible conocer qué rendimientos institucionales específicos, en qué combinaciones concretas, son los más críticos para lograr este objetivo. Aunque no pretendemos haber superado este gran obstáculo conceptual, recurrimos a la literatura teórica y empírica existente para plantear una operacionalización (bastante discutible) del concepto. Uno de los problemas a que nos enfrentamos es que, aunque el crecimiento económico y la inversión han figurado prominentemente como variables dependientes en la literatura existente, pocos estudios han examinado la relación entre factores institucionales y el concepto más amplio de desarrollo humano. Dado que el desarrollo humano conlleva, como mínimo, un tipo de evolución más socialmente inclusivo que el del crecimiento acumulado en PIB *per cápita*, el conjunto de las instituciones más relevantes podría ser bastante diferente. Además, por supuesto, nos enfrentamos a las realidades de cualquier campo maduro de la investigación social: conclusiones contradictorias sobre la importancia de variables institucionales dadas e hipótesis contradictorias sobre los mecanismos de su influencia. Aquí presentamos una sinopsis muy breve de nuestras lecturas únicamente para compartir algunos de los pensamientos elementales que contribuyeron a la operacionalización tentativa de la capacidad institucional propuesta.

Un punto en el que parece haber, como mínimo, un consenso aproximado en la literatura es que la efectividad en el cumplimiento de contratos con terceras partes y la protección de los derechos de propiedad son grandes determinantes del ritmo al que crecen los países.[15] La literatura dedica amplia

---

15 Ver, por ejemplo, North (1990); Williamson (1985); Knack y Keefer (1995); Barro (1997); Leblang (1996); Weingast (1993); Clague, Keefer,

atención a los mecanismos. Sin estas condiciones, se desalienta la inversión y la investigación y desarrollo (y especialmente actividades con compensaciones a más largo plazo), por este motivo no se producen transacciones económicamente eficientes y se impide la especialización. Además, hay un gran consenso respecto a que nociones más amplias que *obediencia a la ley*, como *fiabilidad* y *equidad del poder judicial* y *ausencia de corrupción*, son factores importantes que afectan al índice y calidad de las inversiones públicas y privadas y del crecimiento económico.[16] Aparte de vínculos más directos con el crecimiento de la renta y el desarrollo humano, la corrupción y el respeto por la ley también se han relacionado con otros resultados con una influencia directa sobre el desarrollo humano, como el nivel y calidad de enseñanza y sanidad, el nivel de pobreza y desigualdad, y la actuación en proyectos de desarrollo.[17] Entre las hipótesis planteadas al respecto están las que afirman que la corrupción y la falta de respeto hacia la ley disminuyen la capacidad de recaudación de impuestos (y, por tanto, reducen los fondos disponibles para servicios sociales), y desalientan el gasto en bienes públicos más universales (como educación y sanidad) que no suelen aceptar sobornos y/o seguir fines políticos.

También hay un gran consenso en cuanto a que la impredecibilidad política y legal derivada de la falta de contrapesos y

Knack y Olson (1997); Chong y Calderon (de próxima aparición); Levine (1997); Hall y Jones (1999).

16 Mauro (1995); Mauro (1996); Wei (1997); Tanzi y Davoodi (1997); Bardhan (1997); Brunetti, Kisunko y Weder (1997).

17 Para estudios que buscan establecer este tipo de relaciones ver Chong y Calderon (próxima publicación A); Chong y Calderón (próxima publicación B); Mauro (1996); Mauro (1997); Tanzi y Davoodi (1997); Pritchett y Kaufmann (1998); Campos y Nugent (1998).

salvaguardas institucionales y la inestabilidad política (grandes cambios en el Gobierno, riesgo de golpe, violencia y disturbios políticos generalizados) tienden a aumentar la inestabilidad macroeconómica, impiden la inversión, reducen el crecimiento económico y ralentizan las adaptaciones frente a conmociones económicas.[18] Aunque este vínculo no se ha explorado con detenimiento, podríamos pensar también que la inestabilidad política y la impredecibilidad de las políticas podría socavar la capacidad de desarrollar flujos estables de ingresos, de crear agencias públicas eficientes para la prestación de servicios sociales y de mantener patrones estables de inversión en capital humano.

Como capta la noción del «Consenso de Washington», también hay más acuerdo que en el pasado sobre las idea de que debería evitarse una interferencia gubernamental excesiva en el mercado y que las regulaciones que existen (tanto las normas de protección de la competencia como las intervenciones ante crisis del mercado) deberían anunciarse detalladamente y aplicarse de manera ecuánime y eficiente. Y, aunque los académicos pueden no estar de acuerdo sobre el papel adecuado del Gobierno (es decir, en hacer que los mercados funcionen, fomentar una mayor igualdad de ingresos, reducir la pobreza y prestar servicios sociales), coinciden en que aquello que hace, debería hacerlo eficientemente. Esto no sólo significa que debería minimizarse la corrupción, sino que debería promoverse un funcionariado independiente profesional y adecuadamente pagado, y que la satisfacción de las demandas del ciudadano-usuario debería ser prioritaria.

18 Brunetti, Kisunko y Weder (1998); Barro (1991); Alesina y Perotti (1994); Ozler y Tabellini (1992); Ben-Habib y Spiegel (1992); Alesina *et al.* (1992).

Ciertamente, hay un largo debate histórico entre filósofos, sociólogos y economistas sobre el impacto del tipo de régimen político y del predominio de libertades políticas sobre el crecimiento económico.[19] Algunos académicos han supuesto que una constitución democrática es un fundamento para un compromiso creíble hacia el respeto de los derechos de propiedad y el sistema legal que puede garantizar el justo cumplimiento de los contratos.[20] Pero, de hecho, otros han afirmado que con la tendencia a igualar el derecho y la capacidad para influir en la asignación de recursos, la democracia podría poner en peligro los derechos de propiedad.[21] Estos autores afirman que, puesto que los titulares de una propiedad pueden tener tantos motivos para desconfiar de un dictador sin frenos como para temer a ciudadanos organizados en una democracia, no parece posible suponer una relación entre el tipo de régimen y la protección de los derechos de propiedad y, por extensión, el crecimiento económico. Otras aserciones contra la democracia son que este sistema de gobierno desalienta el crecimiento con una tendencia a favorecer el consumo inmediato sobre la inversión y a exponer a los gobernantes a las presiones de los intereses privados.[22] Por contra, otros expertos afirman que los gobernantes están, por naturaleza, orientados a sustraer recursos a la sociedad y sólo las instituciones democráticas pueden frenarlos para que actúen en interés general.[23] Afirman que los que presentan argumentos a favor de la superioridad del autoritarismo no han conseguido abordar adecuadamente la cuestión de por qué un Estado autó-

19 Ver Przeworski y Limongi para una revisión de este debate (1993).
20 Olson (1991).
21 Ejemplos citados en Przeworski y Limongi (1993).
22 Huntington y Domínguez (1975); Amsden (1989); Haggard (1990); Wade (1990).
23 North (1990).

nomo actuaría en interés a largo o corto plazo de la sociedad en general. Aparte, la mayoría de Gobernantes autoritarios, dada su vulnerabilidad a la rebelión de las masas o al transfuguismo entre las filas del grupo de gobierno, están tan inclinados a favorecer intereses concretos como los democráticos.

Coincidiendo con este desorden teórico, los estudios empíricos existentes están igualmente divididos en sus conclusiones. Según un trabajo decisivo sobre el tema, los datos estadísticos presentados en todos estos estudios no son concluyentes y los análisis presentan graves defectos.[24] Uno de los principales problemas es que los estudios llevados a cabo no han tratado a los regímenes como endógenos. Pero, puesto que hay fuertes motivos para sospechar que el desarrollo económico afecta a la probabilidad de que pueda establecerse la democracia, y puesto que dos tipos de regímenes pueden no ser igualmente capaces de sobrevivir a crisis económicas, la selección del régimen es endógena. Existe un problema adicional para demostrar cualquier relación entre tipo de régimen y rendimiento económico. Éste es que autoritarismo y democracia son categorías muy poco definidas que probablemente no captan las diferencias políticas relevantes.

Pero la idea de *capacidad institucional* aquí presentada no se limita a la capacidad de generar desarrollo económico o crecimiento de la renta *per cápita*. Si esto fuese todo, entonces se podría considerar que algunos regímenes que han violado sistemáticamente los derechos humanos y/o restringido coercitivamente el consumo han tenido un Gobierno efectivo. Como pone de relieve su definición, la capacidad institucional se refleja en la generación del desarrollo humano, lo que

---

24 Przeworski y Limongi (1993).

conlleva a la expansión de las opciones, conocimiento, salud y libertad de expresión de los ciudadanos y la protección de sus derechos básicos como seres humanos. Sobre esta base, podemos afirmar como mínimo que las libertades democráticas son un elemento necesario de nuestro concepto de capacidad institucional.

Pero, sin una prueba empírica, también lanzamos la hipótesis de que, en ausencia de graves amenazas externas o internas a la seguridad, podríamos proporcionar una motivación para que gobernantes no elegidos e irresponsables liderasen un país en interés general de la población de su país; la democracia es una condición necesaria para un amplio desarrollo. En un mercado cada vez más globalizado, una economía competitiva conlleva la total libertad de transmitir y compartir conocimiento e información y una amplia libertad para que los individuos puedan aprovechar sus capacidades naturales y buscar oportunidades económicas. Además, al parecer, un Gobierno limpio y efectivo exige: en primer lugar, que los funcionarios del Gobierno estén totalmente informados de qué necesitan y quieren los ciudadanos y, en segundo lugar, que unas elecciones libres y justas, unos medios de comunicación libres e independientes y unas instituciones fuertes y representantivas obliguen a los funcionarios del Gobierno a responder a las necesidades y exigencias y a ceñirse a la ley y a la Constitución. Al parecer, sin democracia, las «instituciones» eficientes (en el sentido de que se adaptan más plenamente a las necesidades e intereses de la mayoría de los ciudadanos, ya sea representados por organizaciones de ciudadanos, grupos empresariales, sindicatos, etc.) no pueden desarrollarse y no puede surgir un Gobierno comprometido a servir a los ciudadanos de la manera más eficiente posible.

Basándonos en nuestras lecturas, seleccionamos seis *rendimientos institucionales* como los más importantes para el fomento del desarrollo humano y como piedras angulares de nuestra operacionalización del concepto de *capacidad institucional*. Se relacionan y describen en la Tabla 3.

TABLA 3. CATEGORÍAS DE RENDIMIENTO INSTITUCIONAL

	Nombre del grupo	Descripción
1.A.	Respeto hacia preceptos legales, cumplimiento	Cumplimiento efectivo de contratos, protección personal y de la propiedad, grado en que las leyes se observan y se cumplen, justa y completamente, grado en que el sistema judicial es justo y accesible.
1.B.	Respeto hacia preceptos legales, corrupción	Nivel de corrupción en el sistema político, relaciones empresa-Gobierno y relaciones comerciales.
2	Predecibilidad de las políticas y marco legal	Predecibilidad de las políticas, marco legal y prácticas irregulares. Predecibilidad de las políticas significa que las políticas son creíbles porque el Gobierno cumple sus compromisos, que no es probable que los cambios de Gobierno den lugar a grandes cambios en las políticas, y que el riesgo de cambios inconstitucionales en el Gobierno es bajo.
3	Fuerza del sistema de contrapesos y salvaguardas	Grado en que las distintas ramas del Gobierno tienen independencia y capacidad para limitar las arbitrariedades o excesos de las otras ramas, y grado en que cada rama y agencia individual o departamento es responsable del resultado de sus actividades.
4	Grado de protección de las libertades políticas y de las garantías constitucionales democráticas	Nivel de libertad política, nivel de respeto hacia los derechos constitucionales, proceso abierto de formulación de políticas.
5	Efectividad de las regulaciones del mercado y de las políticas económicas sectoriales	Efectividad del Gobierno en la regulación del mercado para hacer que funcione eficientemente y para el bien de la sociedad. Incluye la calidad de las políticas reguladoras con este propósito y la efectividad y universalidad de su aplicación. Además, significa que las regulaciones se limitan a aquellas que permiten que el mercado funcione de manera más eficaz y por el mayor bien de la sociedad y tenga un impacto limitado en el coste de hacer negocios (coste de transacción) o de planificar la inversión. También incluye la efectividad de las políticas diseñadas para fomentar el desarrollo y la vitalidad de sectores económicos concretos.
6	Efectividad en garantizar la prestación eficiente y ecuánime de bienes y servicios públicos	Efectividad gubernamental en la creación y mantenimiento de infraestructuras físicas (carreteras, ferrocarriles, etc.) y en el aseguramiento de la prestación de servicios económicos (electricidad, teléfono, saneamiento, etc.) y sociales (educación, sanidad, bienestar, etc.).

Reconocemos que hay maneras alternativas de agrupar el universo de posibles rendimientos institucionales y que puede haber importantes rendimientos institucionales que no queden reflejados en los grupos que hemos escogido. La prueba definitiva del valor de cualquier propuesta de conceptualización de *capacidad institucional* o paquete de variables institucionales es hasta qué punto estas medidas pueden predecir la evolución del desarrollo humano. En teoría, el peso otorgado a cada componente en la valoración de la capacidad institucional debería ser proporcional a su capacidad de predecir la evolución del desarrollo humano. Por supuesto, la disponibilidad y la calidad de los datos para medir una operacionalización determinada del concepto de *capacidad institucional* siempre es un factor de limitación en la prueba de su poder predicativo y, necesariamente, limita la selección de componentes institucionales.

Hemos optado por dos tipos generales de medidas institucionales para una muestra relativamente grande de distintos países. Uno de los conjuntos de indicadores se basa en estudios sobre la opinión del público en general o ejecutivos o directivos de empresa. El segundo conjunto de indicadores se basa en las calificaciones de los expertos. En este caso, las medidas agregadas se construyen a partir de puntuaciones asignadas por expertos a una serie de criterios de evaluación, que se supone que pueden aplicarse coherente y objetivamente en cada país.

Evaluar la calidad y efectividad de las instituciones es obviamente una tarea compleja. Un primer paso que resulta difícil consiste en definir con precisión el concepto que estamos midiendo. Un concepto como *corrupción* tiene, de hecho, varias connotaciones diferentes posibles que van desde la corrupción política hasta la financiera e implica desde a funcionarios públicos de alto nivel hasta sobornos a policías para evitar el pago de multas de tráfico. Dada la necesidad práctica de poder confiar en información existente y relativamente limitada, en la mayoría de los casos no es posible descomponer los conceptos en sus distintas dimensiones de manera exacta. Puesto que la valoración para una dimensión dada de rendimiento institucional (como la generalización de la corrupción) depende en gran medida de la definición que se utiliza (es decir, qué tipo o tipos de corrupción se tienen en cuenta y en qué medida), se introduce el error cuando los indicadores seleccionados miden algo más amplio o diferente.

Además, independientemente del tipo de indicador, hay motivos válidos para cuestionar la fiabilidad de la información. Las evaluaciones basadas en percepciones son sólo esto. En algunos casos, los encuestados carecen de base objetiva en sus valoraciones. Si se tiene en cuenta alguna prueba es, casi por definición, anecdótica, como las obtenidas a través de titulares de la prensa o de experiencias personales con una agencia del gobierno. Al mismo tiempo, es dudoso que los supuestos expertos tengan conocimientos suficientemente detallados y datos objetivos sobre el país que están evaluando, ni mucho menos relativos a un número suficientemente grande de otros países como para generar valoraciones válidas y comparables entre distintos países. De hecho, mediante el uso de procedimientos estadísticos para sumar indicadores procedentes de distintas fuentes en una estimación compuesta, Kaufmann, Kraay y Zoido-Lobatón (1999) muestran que los errores asociados a sus estimaciones son lo suficientemente grandes para que no sea posible diferenciar países dentro del mismo cuartil (o incluso en un rango de dos cuartiles) de la distribución global.[25] Y, aunque indicadores cuantitativos

25 Como consecuencia, no intentaremos comparar países individuales en cuanto a medidas institucionales. Efectuaremos comparaciones entre zonas. Cuando las diferencias entre zonas no son muy grandes, no deberíamos otorgar mucho significado a las puntuaciones. Sin embargo, puesto que es muy probable que las «verdaderas» puntuaciones de los distintos

(como la partida de presupuesto dedicada al sistema judicial) potencialmente pueden proporcionar información sobre instituciones más fiable y comparable entre distintos países, a menudo este tipo de información no produce una medida conceptualmente válida. Dicho de otra manera, el indicador sólo capta parcialmente la esencia del concepto en estudio. Tomadas de manera aislada estas medidas pueden crear una impresión errónea de la calidad de las instituciones en un país determinado.

Sin embargo, aunque las percepciones quizás no reflejan con precisión la «verdadera» efectividad de las instituciones de un país, en sociedades con libre circulación de la información proporcionan, como mínimo, una indicación general. Y, más importante, las propias percepciones son muy relevantes. Son las percepciones de los inversores, y no la actuación objetiva del poder judicial, lo que determinará hasta qué punto están dispuestos a emprender complicadas y arriesgadas transacciones comerciales o a efectuar inversiones. Y son las percepciones de los ciudadanos las que configuran su disposición hacia instituciones gubernamentales concretas (y su disposición a resolver sus problemas a través de ellas) y sus sensaciones generales sobre la calidad de la democracia.

En nuestra selección de los indicadores para cada grupo institucional hemos reunido una gran cantidad de indicadores institucionales disponibles en una única base de datos. Hemos utilizado las siguientes fuentes de datos:

países de una zona estén bastante distribuidas en la estimación (no sustancialmente superiores a la media en una zona ni sustancialmente inferiores a la media en otra), es posible discernir el ordenamiento básico de las zonas. Además, se analizará la distribución de las estimaciones para países latinoamericanos (pero no identificados) para proporcionar una idea básica de la posición de la distribución de Latinoamérica dentro de la distribución global, y una descripción de la varianza dentro de la zona en cada grupo de rendimiento institucional.

- Political Risk Services, *International Country Risk Guide*.
- Business Environmental Risk Intelligence (BERI).
- Polity III (Gurr y Jaggers, 1995).
- Foro Económico Mundial (World Economic Forum, WEF), *Global Competitiveness Report* (1997 y 1998).
- International Institute for Management Development (IMD), *World Competitiveness Yearbook* (1997 y 1998).
- Banco Mundial (World Bank), *World Development Report, 1997*, Private Sector Survey.
- Transparency International, *Corruption Perception Index*.
- Fraser Institute, *Economic Freedom of the World*.
- Freedom House, *Freedom in the World*.
- Heritage Foundation-Wall Street Journal, *The Index of Economic Freedom*.
- World Values Survey.
- Witold Henisz (1998), base de datos Polcon.

Cada uno de los indicadores disponibles de estas fuentes se asignó a la categoría de rendimiento institucional a la que parecía pertenecer mejor. A continuación, se evaluó cada indicador según: 1) el grado en que parecía medir el concepto descrito en la lista de categorías institucionales (Tabla 3); 2) el número de países cubiertos; 3) su representatividad geográfica;[26] y 4) la importancia de la correlación entre el indicador y otros indica-

26 Por «representatividad» nos referimos al grado en que las zonas geográficas están proporcional y extensivamente representadas en la muestra de países cubiertos por el indicador. Por ejemplo, los indicadores procedentes del *Global Competitiveness Report* del Foro Económico Mundial no son muy «representativos», ya que sólo cubren 51 países (de los 210 del Banco Mundial) y, de éstos, 25 pertenecen al grupo de países con rentas elevadas. Por otra parte, la guía *International Country Risk Guide* de Political Risk Service proporciona indicadores relativamente representativos, ya que cubre 130 países y las zonas están representadas de manera bastante equitativa.

dores en el mismo grupo institucional. El primer criterio fue la base para la reducción inicial de la lista de indicadores. Más tarde, a partir de la lista resultante, el segundo, tercer y cuarto criterios se estudiaron juntos.[27]

La lista definitiva de indicadores elegidos para cada grupo institucional se presenta en la Tabla 4.

27 Kaufmann, Kraay y Zoido-Lobatón (1999) ofrecen un enfoque alternativo para desarrollar índices para medir los conceptos reflejados en las categorías institucionales aquí representadas. En lugar de elegir indicadores concretos a partir de los criterios antes presentados, estos autores utilizan una técnica estadística (una versión de un modelo de *componentes no observados*) para desarrollar un indicador agregado para cada categoría, basado en todos los indicadores disponibles. Utilizan la mayoría de los indicadores aquí considerados, pero, debido a la naturaleza de su enfoque estadístico, pueden añadir algunas fuentes adicionales no representativas. Además, pudieron incluir algunas fuentes del sector privado a las que nosotros no hemos podido acceder.

TABLA 4. LISTA DEFINITIVA DE INDICADORES ELEGIDOS
PARA CADA GRUPO INSTITUCIONAL

1. *Respeto hacia el precepto legal*

a) Cumplimiento de contratos, protección de los derechos de propiedad, cumplimiento de la ley (número de países cubiertos = 96)

Nombre del componente	Descripción y fuente	Número de países
Ley y orden	Fuerza e imparcialidad del sistema legal y del grado de cumplimiento de la ley. Political Risk Services, *International Country Risk Guide*.	(130)
Derechos de propiedad	Riesgo de que el Gobierno proceda a la expropiación de propiedades; el Gobierno tiene libertad para influir sobre el sistema judicial; existencia de código comercial que define los contratos; autorización de arbitrajes extranjeros en disputas contractuales; corrupción dentro del poder judicial; retrasos en la recepción de decisiones judiciales; propiedad privada legalmente otorgada y protegida. Heritage Foundation-Wall Street Journal, *1998 Index of Economic Freedom*.	(151)
Igualdad de los ciudadanos ante la ley	Igualdad de los ciudadanos ante la ley y acceso no discriminatorio al poder judicial. Fraser Institute, *Economic Freedom of the World: 1975-1995*.	(112)

b) Generalización de la corrupción (número de países cubiertos = 79)

Nombre del componente	Descripción y fuente	Número de países
Corrupción	Corrupción dentro del sistema político. Excesiva influencia, nepotismo, financiación secreta de partidos, vínculos demasiado estrechos entre política y empresa, demandas por pagos especiales y sobornos. Political Risk Services, *International Country Risk Guide*.	(130)
Índice TI de percepción de la corrupción	Encuesta de encuestas sobre corrupción. Recurre a encuestas de Gallup International, *The World Competitiveness Yearbook*, Political and Economic Risk Consultancy en Hong Kong, DRI/McGraw Hill Global Risk Service, Political Risk Services y encuesta realizada en Göttingen University a través de Internet. Transparency International.	(79)

... /...

2. Predecibilidad de las políticas y el marco legal (número de países cubiertos = 51)

Nombre del componente	Descripción y fuente	Número de países
Responsabilidad democrática	Riesgo de inestabilidad asociado al grado de sensibilidad del Gobierno hacia el pueblo. No solamente basado en la naturaleza del sistema de gobierno, sino en el comportamiento real del Gobierno. Así, los líderes de sistemas mayoritarios, si perciben que su mandato es relativamente seguro, pueden mostrarse poco sensibles y los sistemas pueden tener una puntuación baja en cuanto a responsabilidad. Political Risk Services, *International Country Risk Guide*.	(130)
Predecibilidad	Pregunta de la encuesta a empresas: ¿Tiene que abordar con frecuencia cambios en normas, leyes o políticas que afectan materialmente a su empresa? Banco Mundial. *World Development Report, 1997*, «The State in a Changing World», Private Sector Survey.	(71)

3. Puntos fuertes del sistema de contrapesos y salvaguardas (número de países cubiertos = 148)

Nombre del componente	Descripción y fuente	Número de países
Limitaciones ejecutivas	Grado de limitaciones institucionalizadas en los poderes de decisión de los máximos responsables, ya se trate de individuos o colectivos. Base de datos Polity III (Jaggers y Gurr, 1995).	(148)
Limitaciones políticas	Grado de limitaciones políticas sobre el ejecutivo medido a través del estudio de dos dimensiones: el número de puntos de veto independientes sobre los resultados de las políticas y la distribución de las preferencias de los actores que residen en ellas. Witold Henisz (1999).	(148)

... /...

4. Nivel de libertades políticas democráticas y protección de las garantías constitucionales (número de países cubiertos = 144)

Nombre del componente	Descripción y fuente	Número de países
Derechos políticos	Predominio de los derechos políticos: jefe de Gobierno y representantes legislativos elegidos a través de elecciones libres y justas; leyes electorales justas, igualdad de oportunidades en campañas, proceso de voto justo y honesto; derecho a organizarse en partidos políticos concurrentes; posibilidad realista de que la oposición puede llegar al poder a través de elecciones; el pueblo no está dominado por el ejército, jerarquías religiosas ni oligarquías económicas, etc.; autodeterminación o voz para los grupos minoritarios. Freedom House, *Freedom in the World: The Annual Survey of Political Rights and Civil Liberties*.	(180)
Garantías constitucionales	Predominio de las garantías constitucionales: medios de comunicación, literatura y arte libres e independientes; debate público abierto y libertad de debate privado; libertad de asamblea y manifestación; libertad de organización; igualdad ante la ley; protección frente al terrorismo político y ante la prisión y violencia injustificadas; libertad religiosa; libertades sociales personales; igualdad de oportunidades. Freedom House, *Freedom in the World: The Annual Survey of Political Rights and Civil Liberties*.	(180)
Democracia	Grado en que existe una democracia institucionalizada: presencia de instituciones mediante las que los individuos pueden expresar preferencias efectivas sobre políticas y líderes alternativos; existencia de limitaciones institucionalizadas sobre el ejercicio del poder por parte del ejecutivo. Conjunto de datos Polity III (Jaggers y Gurr, 1995).	(148)

... /...

5. *Efectividad del Gobierno para regular el mercado (interferencia mínima en fijación de precios, freno a monopolios y prácticas comerciales injustas y limitación de las caídas del mercado)*

Nombre del componente	Descripción y fuente	Número de países
Calidad de la burocracia	Fuerza institucional y calidad de la burocracia. Grado en que la burocracia es fuerte y experta para gobernar sin cambios drásticos en políticas o interrupciones en servicios públicos cuando cambia el Gobierno. Grado en que la burocracia es relativamente autónoma de las presiones políticas y ha establecido mecanismos de selección y formación. Political Risk Services, *International Country Risk Guide*.	(130)
Nivel de burocracia	Pregunta de la encuesta a empresas: ¿Hasta qué punto la dirección dedica tiempo a negociaciones con funcionarios públicos sobre cambios e interpretaciones de las leyes y normas? Banco Mundial, *World Development Report 1997*, «The State in a Changing World», Private Sector Survey.	(71)
Política antimonopolio	Pregunta de la encuesta a empresas: ¿Las políticas antimonopolio en su país fomentan efectivamente la competencia? Foro Económico Mundial, *Global Competitiveness Report*, 1998.	(52)
Precisión de los reglamentos	Pregunta de la encuesta a empresas: ¿Los reglamentos del Gobierno son precisos y se aplican por completo? Foro Económico Mundial, *Global Competitiveness Report*, 1997.	(51)

6. *Efectividad del Gobierno para asegurar la prestación eficiente de bienes y servicios públicos*

Nombre del componente	Descripción y fuente	Número de países
Calidad de la burocracia	Fuerza institucional y calidad de la burocracia. Grado en que la burocracia es fuerte y experta para gobernar sin cambios drásticos en políticas o interrupciones en servicios públicos cuando cambia el Gobierno. Grado en que la burocracia es relativamente autónoma de las presiones políticas y ha establecido mecanismos de selección y formación. Political Risk Services, *International Country Risk Guide*.	(130)

... /...

Nombre del componente	Descripción y fuente	Número de países
Calidad de las infraestructuras	Pregunta de la encuesta a empresas: Grado en que la inadecuada oferta de infraestructuras es un obstáculo para los negocios. Banco Mundial, *World Development Report*, 1997, «The State in a Changing World», Private Sector Survey.	(71)
Eficiencia del Gobierno	Pregunta de la encuesta a empresas: Eficiencia del Gobierno en la prestación de servicios. Banco Mundial, *World Development Report*, 1997, «The State in a Changing World», Private Sector Survey.	(71)
Fuerza del funcionariado	Pregunta de la encuesta a empresas: ¿En tiempos de estabilidad política, el funcionariado de su país tiene la fuerza y la pericia para evitar interrupciones drásticas en la prestación gubernamental? Foro Económico Mundial, *Global Competitiveness Report*, 1997.	(52)
Calidad de las infraestructuras	Calidad de las infraestructuras de comunicaciones y transportes. Business Environment Risk Intelligence (BERI).	(48)

Los coeficientes de correlación entre los indicadores seleccionados en esta lista definitiva aparecen en la Figura 12, a continuación. Todas las correlaciones son relativamente fuertes y en todos los casos muy significativas. Y, como cabía esperar, las correlaciones entre los indicadores dentro del mismo grupo son más fuertes que las correlaciones entre los indicadores de grupos diferentes.

FIGURA 12. COEFICIENTES DE CORRELACIÓN DE LOS INDICADORES ELEGIDOS

	GRUPO 1A: prslor	herprp98	freqlw95	GRUPO 1B: prscor96	ticorr98	GRUPO 2: prsdacc	wdrpred	GRUPO 3: polcon95	xcons95	fhpr97	GRUPO 4: fhcvlb97	democ95	GRUPO 5: prslwj98	wdrrdz2	wefmonop	wefreg97	wdrinfa	GRUPO 6: wdrgvefn	wefcsstr	berinfra
prslor	1																			
herprp98	-0,569 (130)	1 (151)																		
freqlw95	0,636 (97)	-0,654 (108)	1 (112)																	
prscor98	0,539 (130)	-0,479 (123)	0,627 (97)	1 (130)																
ticorr98	0,728 (79)	0,798 (123)	0,778 (97)	0,847 (130)	1 (74)															
prsdacc	0,343 (130)	-0,486 (123)	0,620 (97)	0,572 (130)	0,508 (79)	1 (130)														
wdrpred	-0,358 (51)	0,519 (52)	-0,337 (52)	-0,392 (51)	-0,719 (41)	-0,403 (51)	1 (66)													
polcon95	0,503 (120)	-0,666 (138)	0,590 (104)	0,546 (120)	0,680 (76)	0,519 (120)	-0,523 (64)	1 (149)												
xcons95	0,351 (119)	-0,540 (138)	0,640 (104)	0,531 (119)	0,496 (76)	0,707 (119)	-0,272 (64)	0,647 (149)	1 (148)											
fhpr97	-0,343 (128)	0,609 (138)	-0,761 (104)	-0,601 (128)	-0,588 (76)	-0,813 (128)	0,426 (66)	-0,621 (149)	-0,831 (148)	1 (182)										
fhcvlb97	-0,391 (128)	0,659 (148)	-0,847 (111)	-0,633 (128)	-0,692 (78)	-0,783 (128)	-0,526 (66)	-0,645 (145)	-0,798 (144)	0,917 (176)	1 (180)									
democ95	0,409 (119)	-0,594 (138)	0,694 (108)	0,571 (128)	0,544 (77)	0,691 (128)	-0,315 (65)	0,697 (145)	0,963 (144)	-0,852 (176)	-0,833 (180)	1 (148)								
prslwj98	0,640 (130)	0,700 (123)	0,601 (119)	0,601 (128)	0,833 (78)	0,601 (130)	-0,544 (51)	0,693 (120)	0,596 (119)	-0,633 (128)	-0,670 (128)	0,634 (119)	1 (130)							
wdrrdz2	-0,641 (51)	0,722 (52)	-0,559 (52)	-0,459 (51)	-0,776 (41)	-0,382 (51)	0,604 (51)	-0,634 (64)	-0,516 (64)	0,573 (66)	0,625 (65)	-0,542 (64)	-0,658 (118)	1 (130)						
wefmonop	0,660 (52)	-0,668 (52)	0,673 (52)	0,663 (52)	0,806 (51)	0,484 (52)	-0,722 (26)	0,675 (64)	0,324 (50)	-0,505 (51)	-0,577 (51)	0,240 (50)	0,771 (51)	-0,598 (66)	1 (52)					
wefreg97	0,583 (51)	-0,639 (52)	0,552 (48)	0,546 (51)	0,853 (51)	0,287 (51)	-0,801 (25)	0,611 (50)	0,240 (49)	-0,309 (51)	-0,464 (51)	0,277 (49)	0,748 (52)	0,485 (26)	0,744 (52)	1 (51)				
wdrinfa	-0,541 (51)	0,542 (51)	-0,571 (52)	-0,461 (51)	-0,778 (41)	-0,299 (51)	0,431 (66)	-0,412 (64)	-0,300 (64)	0,363 (66)	0,500 (65)	-0,387 (64)	-0,567 (51)	0,476 (66)	-0,654 (26)	-0,747 (25)	1 (51)			
wdrgvefn	-0,424 (51)	0,577 (61)	-0,389 (52)	-0,306 (51)	-0,726 (41)	-0,342 (51)	0,743 (51)	-0,428 (64)	-0,220 (64)	0,339 (66)	0,428 (65)	-0,297 (64)	-0,506 (51)	0,485 (66)	-0,723 (26)	-0,765 (25)	0,568 (66)	1 (66)		
wefcsstr	0,709 (51)	-0,741 (51)	0,657 (48)	0,586 (51)	0,845 (51)	0,423 (51)	-0,763 (25)	0,666 (49)	0,324 (49)	-0,458 (50)	-0,586 (50)	0,441 (49)	0,800 (51)	-0,686 (51)	0,805 (26)	0,830 (51)	-0,675 (25)	-0,753 (66)	1 (51)	
berinfra	0,566 (47)	-0,774 (48)	0,765 (48)	0,557 (47)	0,825 (44)	0,481 (47)	-0,715 (25)	0,697 (47)	0,441 (47)	-0,603 (48)	-0,670 (48)	0,535 (47)	0,791 (47)	-0,736 (25)	0,707 (43)	0,685 (42)	-0,787 (25)	-0,668 (25)	0,761 (51)	1 (48)

79

VALORACIÓN DE LA CAPACIDAD DE LAS INSTITUCIONES LATINOAMERICANAS SEGÚN INDICADORES DE RENDIMIENTO INSTITUCIONAL

En este apartado, comparamos la zona de Latinoamérica con otras regiones en relación con los indicadores seleccionados para cada grupo de rendimiento institucional, y examinamos el grado de variación dentro de Latinoamérica. Esta tarea se complica por el hecho de que la muestra para cada fuente de datos institucionales es diferente con relación al número total e identidad de los países cubiertos y su grado de representatividad. Por tanto, cuando en un grupo institucional determinado se utilizan múltiples indicadores, la muestra se reduce a los países cubiertos por cada fuente de indicador. Cuando se realizan comparaciones entre grupos institucionales, las diferencias en el orden de los rangos de las medias de la zona podrían obedecer a diferencias en la composición de la muestra así como a diferencias en los valores del indicador. Para los grupos institucionales en que algunas de las fuentes no son muy representativas o las muestras no muy grandes (esto es, predecibilidad de las políticas y del entorno legal, efectividad del Gobierno en la prestación de servicios y efectividad en regular los mercados) utilizaremos los indicadores agregados desarrollados por Kaufmann, Kraay y Zoido-Lobatón (1999). La técnica estadística que utilizan proporciona un medio para desarrollar una medida sumaria para cada país utilizando simultáneamente todos los indicadores distintos de todas las fuentes disponibles, aunque algunas de las fuentes pueden contener muestras que son muy poco representativas o muy reducidas. También examinaremos el grado en que el análisis basado en los indicadores aquí desarrollados está apoyado por las estimaciones de los autores consultados.

Dado el alcance geográfico de la reciente ola global de democratización, no debería sorprendernos que Latinoamérica y Caribe y Europa central y del este liderasen a todas las demás zonas, excepto a los países con rentas elevadas, respecto al grado de libertades democráticas (Figura 13) y el nivel de contrapesos y salvaguardas (Figura 14). Estas regiones, aunque todavía se encuentran en desventaja respecto a los países de rentas elevadas, están más cerca de la media de la moda del tramo superior de la distribución de frecuencias que de la del tramo inferior. Como era de esperar, Oriente Medio y norte de África es una zona menos democrática y, junto con el África subsahariana, presenta las limitaciones más débiles frente a la acción del poder ejecutivo. Asia oriental y las antiguas repúblicas soviéticas también presentan un claro déficit en cuanto a democracia.

A pesar de la uniformidad aparente en el uso de las elecciones como dispositivos para elegir a los Gobiernos en Latinoamérica, una valoración más ajustada revela una amplia gama en cuanto al funcionamiento real de las instituciones democráticas y la práctica de los valores democráticos. Aunque la llegada de elecciones y de libertades básicas ha puesto claramente a los países latinoamericanos en una posición destacada respecto al país medio de Oriente Medio y norte de África, Asia oriental o el África subsahariana, pocos países son tan sólidamente democráticos como los que pertenecen al grupo de países con rentas elevadas, y muchos parecen encontrarse en la porción «semidemocrática» de la distribución global.

FIGURA 13. HISTOGRAMA DEL GRADO DE LIBERTADES DEMOCRÁTICAS
EN DISTINTOS PAÍSES, 1995

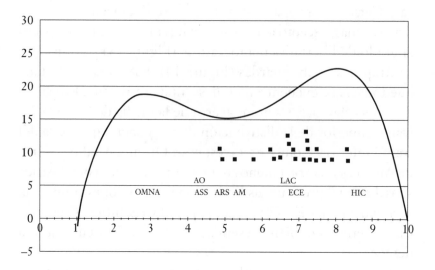

Figura 13. Este gráfico muestra la distribución de frecuencia de un índice del grado de libertades democráticas, que es una media simple de las puntuaciones que Freedom House otorga a garantías constitucionales y derechos políticos y la puntuación de «democracia» tomada de la base de datos Polity III (Gurr and Jaggers, 1995). La posición en la distribución global de la puntuación media para cada región se muestra mediante la abreviatura correspondiente a la zona: ASS = África subsahariana; AM = Asia meridional; ARS = antiguas repúblicas soviéticas; OMNA = Oriente Medio y norte de África; LAC = Latinoamérica y Caribe (países deudores del BID); AO = Asia oriental; ECE = Europa central y del este; HIC = países con rentas elevadas. Las posiciones de los distintos países latinoamericanos están señaladas mediante cuadrados sombreados.

FIGURA 14. HISTOGRAMA DE UN ÍNDICE DE CONTRAPESOS
Y SALVAGUARDAS EN DISTINTOS PAÍSES, 1994

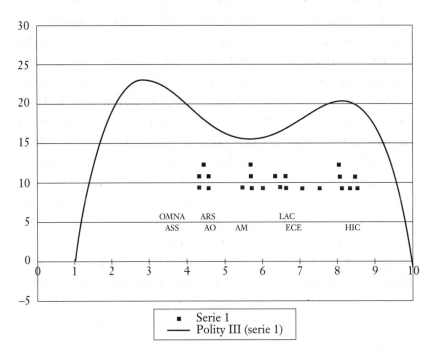

EN DISTINTOS PAÍSES, 1994.

Figura 14. Este gráfico muestra la distribución de frecuencia de un índice del nivel de contrapesos y salvaguardas, que es una media simple del índice de limitaciones ejecutivas tomadas de la base de datos Polity III (Gurr y Jaggers, 1995) y de la medida de limitaciones políticas desarrollada por Henisz (1999). La posición en la distribución global de la puntuación media para cada zona se muestra a través de la abreviatura de la zona: ASS = África subsahariana; AM = Asia meridional; ARS = antiguas repúblicas soviéticas; OMNA = Oriente Medio y norte de África; LAC = Latinoamérica y Caribe (países deudores del BID); AO = Asia oriental; ECE = Europa central y del este; HIC = países con rentas elevadas. Las posiciones de los distintos países latinoamericanos están señaladas mediante cuadrados sombreados.

Hasta el momento, sin embargo, la expansión de las libertades políticas no parece haber producido grandes mejoras en Latinoamérica en cuanto a las percepciones sobre el predominio de corrupción o sobre la fiabilidad y ecuanimidad de las

83

determinaciones legales. Respecto al índice de preceptos legales (medida indirecta del Estado de derecho), Latinoamérica está por debajo de la media mundial, y los países de rentas elevadas, Europa central y del este, Asia oriental y Oriente Medio y norte de África se encuentran en una posición más elevada (Figura 15). Respecto al índice de corrupción ocurre lo mismo (Figura 16). Los indicadores agregados de Kaufmann, Kraay y Zoido-Lobatón (1999) confirman esta clasificación en su mayor parte, excepto en que en cuanto a corrupción muestran a Oriente Medio y norte de África en una posición inferior a la de Latinoamérica. Los indicadores aquí presentados y los presentados en el estudio anterior sitúan a África subsahariana en la posición más baja respecto a preceptos legales y a las antiguas repúblicas soviéticas en la posición más baja en cuanto a corrupción. Los indicadores para ambos subconjuntos de este grupo institucional revelan que los países latinoamericanos cubren el rango completo de la distribución global. Hay un muy pequeño grupo de países que se acerca a la posición de la media de los países con rentas elevadas, mientras que la mayoría se centran en torno a un punto claramente inferior a la media mundial.

FIGURA 15. HISTOGRAMA DE UN ÍNDICE DE PRECEPTO LEGAL - CUMPLIMIENTO EN DISTINTOS PAÍSES, 1998

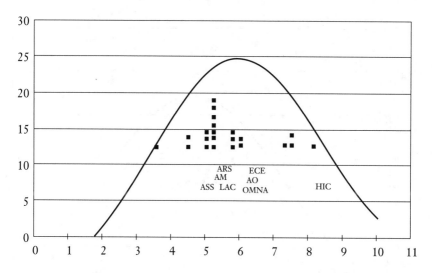

Figura 15. Este gráfico muestra la distribución de frecuencia de un índice de respeto hacia el precepto legal, cumplimiento (protección de derechos de propiedad, cumplimiento efectivo de contratos, sistema judicial justo y accesible). El índice es una media simple de formas normalizadas de los tres indicadores siguientes: 1) ley y orden, Political Risk Services, *International Country Risk Guide*, 1998; 2) componente de los derechos de propiedad del índice de libertad económica de Heritage Foundation-Wall Street Journal (1998); y 3) igualdad de los ciudadanos ante la ley y acceso a un poder judicial no discriminatorio de Fraser Institute (1997). La posición en la distribución global de la puntuación media para cada zona se muestra a través de las siglas de esa zona: ASS = África subsahariana; AM = Asia meridional; ARS = antiguas repúblicas soviéticas; OMNA = Oriente Medio y norte de África; LAC = Latinoamérica y Caribe (países deudores del BID); AO = Asia oriental; ECE = Europa central y del este; HIC = países con rentas elevadas. Las posiciones de los distintos países latinoamericanos están señaladas mediante cuadrados sombreados.

FIGURA 16. HISTOGRAMA DE UN ÍNDICE DE PRECEPTO LEGAL - CORRUPCIÓN EN DISTINTOS PAÍSES, 1998

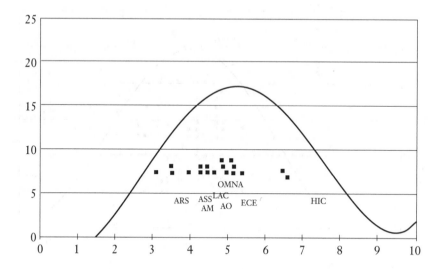

Figura 16. Este gráfico muestra la distribución de frecuencia de un índice del respeto hacia el precepto legal, corrupción. El índice es una media simple de valores normalizados de los dos indicadores siguientes: 1) corrupción, Political Risk Services, *International Country Risk Guide*, 1998; y 2) transparencia internacional, Corruption Perception Index, 1998. La posición en la distribución global de la puntuación media para cada zona se muestra mediante la sigla de la región: ASS = África subsahariana; AM = Asia meridional; ARS = antiguas repúblicas soviéticas; OMNA = Oriente Medio y norte de África; LAC = Latinoamérica y Caribe (países deudores del BID); AO = Asia oriental; ECE = Europa central y del este; HIC = países con rentas elevadas. Las posiciones de los distintos países latinoamericanos están señaladas mediante cuadrados sombreados.

De algún modo resulta sorprendente que la durabilidad relativa de las nuevas democracias y el consenso más fuerte en torno a políticas económicas orientadas a mercado no hayan desplazado todavía percepciones de riesgo de inversión en Latinoamérica derivadas de inestabilidad política o impredecibilidad de las políticas. Para el grupo institucional «predecibilidad de las políticas y el entorno legal» encontramos 4 *clusters regionales* (Figura 17). Los países de rentas elevadas son los más predecibles, mientras que África subsahariana y Asia Meridional aparecen como las regiones menos predecibles. En medio de la distribución, Asia oriental y Europa central y del este están por delante de otro *cluster* de tres zonas que incluyen Oriente Medio y norte de África, Latinoamérica y el Caribe, y las antiguas repúblicas soviéticas. De nuevo los países latinoamericanos abarcan una gran proporción de la distribución, con un par de países cerca de la posición más baja.

FIGURA 17. HISTOGRAMA DE LA PREDECIBILIDAD DE LAS POLÍTICAS Y EL ENTORNO LEGAL EN DISTINTOS PAÍSES

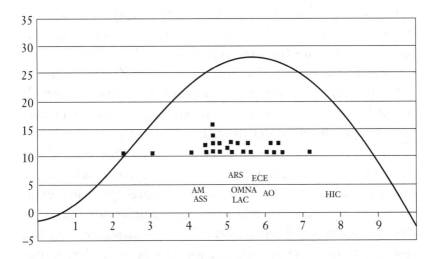

Figura 17. Este gráfico muestra la distribución de frecuencia de un índice de predecibilidad de las políticas y el entorno legal. El indicador es la puntuación estimada para el *cluster* de «inestabilidad y violencia política» elaborado por Kaufmann, Kraay y Zoido-Lobatón (1999). Se trata de una suma de índices relativos a este aspecto de gobierno a partir de varias fuentes que utilizan un modelo lineal de componentes no observados. Los indicadores utilizados tienen mucho en común con el concepto de predecibilidad aquí planteado. La posición en la distribución global de la puntuación media para cada zona se muestra mediante la sigla de la región: ASS = África subsahariana; AM = Asia meridional; ARS = antiguas repúblicas soviéticas; OMNA = Oriente Medio y norte de África; LAC = Latinoamérica y Caribe (países deudores del BID); AO = Asia oriental; ECE = Europa central y del este; HIC = países con rentas elevadas. Las posiciones de los distintos países latinoamericanos están señaladas mediante cuadrados sombreados.

Aunque inferior a la media mundial, la región latinoamericana parece ser la tercera zona en cuanto a efectividad del Gobierno en prestación de bienes y servicios. Pero la proximidad de su puntuación media a la de Europa central y del este y a Oriente Medio y norte de África probablemente significa que no pueden establecerse con confianza estadística las distinciones entre la tercera, cuarta y quinta posiciones. De nuevo, sin mucho riesgo a equivocarnos, podemos concluir que en el África subsahariana, Asia meridional y las antiguas repúblicas soviéticas se percibe al Gobierno como comparativamente ineficiente.

Claramente, las reformas económicas de los últimos años han compensado en cuanto a percepciones sobre la efectividad del Gobierno para regular el mercado (referida como «carga reguladora» en Kaufmann, Kraay y Zoido-Lobatón, 1999) (Figura 19). Latinoamérica aparece claramente como la segunda zona tras los países con rentas elevadas y está muy por encima de la media mundial. Las antiguas repúblicas soviéticas (en la posición más baja), aparentemente, todavía necesitan salvar una gran distancia antes de que se perciba que sus economías funcionan de acuerdo con preceptos de mercado y con alguna predecibilidad. En cambio, los países de Europa central y del este parecen haber avanzado más en este sentido. También se percibe que los mercados del África subsahariana y de Oriente Medio y norte de África están excesiva o impredeciblemente regulados y desalientan la inversión y la actividad comercial.

En cuanto a los distintos países latinoamericanos los dos grupos institucionales presentan una imagen contradictoria. Respecto a efectividad del Gobierno en la prestación de servicios, los países de la zona abarcan prácticamente todo el rango de la distribución global con un *cluster* de cinco actores fuertes que se aproximan a la media de los países con rentas elevadas, pero un poco por debajo de la región con peor actuación. En cuanto a la efectividad para regular mercados, la distribución está más concentrada hacia el tramo superior, y un gran número de países tiene una puntuación comparable a la de los países con rentas elevadas.

FIGURA 18. HISTOGRAMA DE EFECTIVIDAD DEL GOBIERNO
EN LA PRESTACIÓN DE SERVICIOS EN DISTINTOS PAÍSES, 1997

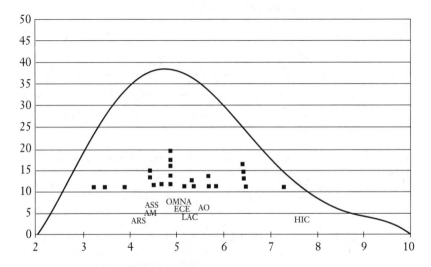

Figura 18. Este gráfico muestra la distribución de frecuencia de un índice de la efectividad del Gobierno en cuanto a prestación de bienes y servicios. El indicador es la puntuación estimada del *cluster* «efectividad del Gobierno» construido por Kaufmann, Kraay y Zoido-Lobatón (1999). Se trata de una suma de indicadores relativos a este aspecto de gobierno a partir de varias fuentes utilizando un modelo lineal de componentes no observados. La posición en la distribución global de la puntuación media para cada zona se muestra mediante la sigla de la región: ASS = África subsahariana; AM = Asia meridional; ARS = antiguas repúblicas soviéticas; OMNA = Oriente Medio y norte de África; LAC = Latinoamérica y Caribe (países deudores del BID); AO = Asia Oriental; ECE = Europa central y del este; HIC = países con rentas elevadas. Las posiciones de los distintos países latinoamericanos están señaladas mediante cuadrados sombreados.

89

FIGURA 19. HISTOGRAMA DEL ÍNDICE DE EFECTIVIDAD GUBERNAMENTAL EN LA REGULACIÓN DEL MERCADO EN DISTINTOS PAÍSES

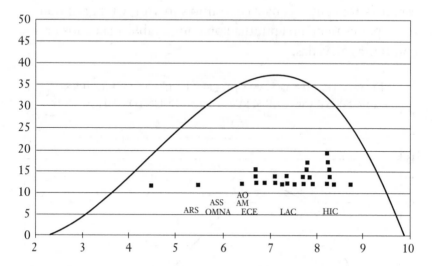

Figura 19. Este gráfico muestra la distribución de frecuencia de un índice de la efectividad del Gobierno en cuanto a regulación del mercado. El indicador es la puntuación estimada del *cluster* «carga reguladora» elaborado por Kaufmann, Kraay y Zoido-Lobatón (1999). Se trata de una suma de indicadores relativos a este aspecto de gobierno a partir de varias fuentes utilizando un modelo lineal de componentes no observados. Los indicadores utilizados tienen mucho en común con el concepto de efectividad para regular el mercado aquí expuesto. La posición en la distribución global de la puntuación media para cada zona se muestra mediante la sigla de la región: ASS = África subsahariana; AM = Asia meridional; ARS = antiguas repúblicas soviéticas; OMNA = Oriente Medio y norte de África; LAC = Latinoamérica y Caribe (países deudores del BID); AO = Asia oriental; ECE = Europa central y del este; HIC = países con rentas elevadas. Las posiciones de los distintos países latinoamericanos están señaladas mediante cuadrados sombreados.

En resumen, comparada con otras zonas, Latinoamérica tiene relativamente una buena actuación en cuanto al grado de libertades democráticas, fuerza de sus instituciones de contrapesos y salvaguardas, y efectividad del Gobierno para regular el mercado (o la ausencia de una carga reguladora). En cuanto a las dos primeras categorías, la zona se encuentra como mínimo en tercera posición y, con respecto a la tercera categoría, tiene bastante asegurada la segunda posición. Sigue habiendo, no obstante, una considerable distancia entre la posición de la zona latinoamericana y la de los países con rentas elevadas respecto a las instituciones de contrapesos y salvaguardas. La puntuación media de la zona en cuanto a efectividad del Gobierno en la prestación de bienes y servicios, aunque inferior a la media mundial, es la tercera mejor, ligeramente (y probablemente no estadísticamente) por delante de Europa central y del este y de Oriente Medio y norte de África. Se percibe a Latinoamérica más negativamente en cuanto a predecibilidad de políticas y de entorno legal («inestabilidad política y violencia» en la tipología de Kaufmann, Kraay, Zoido-Lobatón, 1999), el predominio de la corrupción y el respeto por el precepto legal (el Estado de derecho). En cada una de esas áreas la media de la zona está considerablemente por debajo de la media mundial. En cuanto a predecibilidad y respeto por los preceptos legales, la zona se sitúa en quinto lugar de ocho regiones y, en cuanto a corrupción, un indicador agregado sitúa la zona en quinto lugar y otro la sitúa en cuarto lugar.[28]

28 Según el indicador agregado de Kaufmann, Kraay y Zoido-Lobatón (1999), la región se sitúa en cuarta posición y, según el indicador agregado considerado en la Figura 16, se sitúa en quinto lugar.

ANÁLISIS DE LA RELACIÓN ENTRE LOS INDICADORES DE RENDIMIENTO INSTITUCIONAL Y LOS INDICADORES DE DESARROLLO HUMANO

En este apartado presentamos los resultados de algunos esfuerzos iniciales para analizar los vínculos entre los indicadores de rendimiento institucional anteriormente descritos y los resultados del desarrollo. Combinamos cuatro de los indicadores de rendimiento institucional (preceptos legales, cumplimiento, corrupción, efectividad del Gobierno en la prestación de servicios y efectividad del Gobierno en la regulación del mercado) en un único indicador institucional utilizando un método estadístico llamado análisis de componentes principales.[29] Como cabía esperar, hay una fuerte asociación entre el nivel del índice modificado de desarrollo humano para 1995 y el valor del índice combinado institucional (Figura 20). Pero existen las mismas razones para pensar que el desarrollo produce mejores instituciones que para pensar que las mejores instituciones producen mejores niveles de desarrollo.

29 Se otorga un peso a cada uno de los cuatro componentes del índice agregado (corrupción, preceptos legales, efectividad del Gobierno en la prestación de servicios y efectividad del Gobierno en la regulación del mercado) de acuerdo con los coeficientes del primer factor que emerge del análisis de los componentes principales (F1).

FIGURA 20. NIVEL DEL ÍNDICE MODIFICADO DE DESARROLLO
HUMANO EN 1995 FRENTE AL INDICADOR COMBINADO
INSTITUCIONAL EN 1997

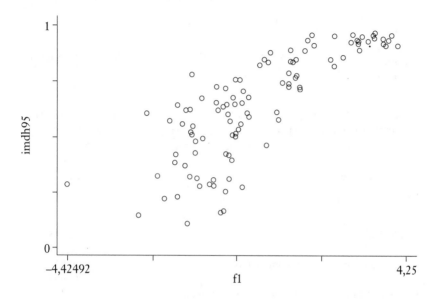

También podemos ver en la Tabla 5 que el nivel actual del indicador combinado de rendimiento institucional (F1) parece tener cierta capacidad para «predecir» el nivel de cambio entre 1980 y 1995 en el índice modificado de desarrollo humano, el cambio en el nivel de inversión en capital humano y el cambio en el nivel de matrícula en enseñanza secundaria. Dada la aparente relación curvilínea entre el valor inicial del índice modificado de desarrollo humano y el grado de cambio en el índice (Figura 3), suponemos ecuaciones de la forma:

Cambio en el IMDH = a*(F1) + b*(IMDH 1980)^2 + c*(IMDH 1980) + constante

Cambio en el índice
de inversión = a*(F1) + b*(ICH 1980)^2 + c*(ICH 1980) + constante
en capital humano

Cambio en el
índice de
matrícula en = a*(F1) + b*(Matr. Sec. 1980)^2 + c*(Matr. Sec. 1980) + constante
secundaria

TABLA 5. ANÁLISIS DE LOS EFECTOS DEL INDICADOR COMBINADO DE
RENDIMIENTO INSTITUCIONAL (F1) EN MEJORAS DE DESARROLLO
HUMANO Y DE INVERSIÓN EN CAPITAL HUMANO*

Variable dependiente - Cambio en el IMDH 1980-1995	
Constante	0,065
	(3,182)
Indicador institucional combinado	0,014
	(3,085)
Nivel del índice modificado de desarrollo humano, 1980	-0,329
cuadrado (IMDH80)^2	(-3,916)
Nivel de índice modificado de desarrollo humano, 1980	0,236
(IMDH)	(2,814)
Coeficiente de determinación (R^2)	0,228
N	84

... /...

Variable dependiente - Cambio en la inversión en capital humano 1980-1995	
Constante	0,075
	(1,771)
Indicador institucional combinado	0,028
	(4,233)
Nivel de inversión en capital humano, 1980	-0,610
cuadrado (NICH80)^2	(-3,700)
Nivel de inversión en capital humano, 1980	0,449
(NICH80)	(2,651)
Coeficiente de determinación (R²)	0,214
N	93

Variable dependiente - Cambio en el nivel de matrícula en secundaria 1980-1995	
Constante	0,118
	(3,731)
Indicador institucional combinado	0,054
	(8,472)
Nivel de matrícula en secundaria, 1980	-0,582
cuadrado (MATSEC80)^2	(-4,063)
Nivel de matrícula en secundaria, 1980	0,281
(MATSEC 80)	(1,916)
Coeficiente de determinación (R²)	0,479
N	115

* Las cifras entre paréntesis son estadísticas t.

Pero, puesto que es probable que el índice combinado institucional cambie con el tiempo, no tiene mucho sentido utilizar el valor del índice en 1997 como medio para dar cuenta del progreso en desarrollo humano entre 1980 y 1995. Sin embargo, dada la ausencia de datos, no es posible elaborar un índice que combine todas las categorías de rendimiento institucional para el período anterior a 1995. Así, en su lugar, analizamos la relación entre instituciones y desarrollo humano utilizando el índice del precepto legal, que se ha presentado como uno de los índices del factor de desarrollo. Para este índice, que es una media de los tres indicadores de *International Country Risk Guide* de Political Risk Services (calidad de burocracia, corrupción en el sistema político y ley y orden) tenemos datos desde 1982 hasta 1998.[30]

TABLA 6. ANÁLISIS DE LOS EFECTOS DEL ÍNDICE DE PRECEPTO LEGAL (MEDIA 1982-1995) SOBRE LAS MEJORAS EN EL DESARROLLO HUMANO Y EN LA INVERSIÓN EN CAPITAL HUMANO*

Variable dependiente - Cambio en el IMDH 1980-1995	
Constante	-0,028
	(-0,858)
Índice de precepto legal (1982-1995)	0,105
	(2,892)
Nivel del índice modificado de desarrollo humano, 1980 cuadrado (IMDH80)^2	-0,463
	(-4,254)
Nivel del índice modificado de desarrollo humano, 1980 (IMDH80)	0,398
	(3,711)
Coeficiente de determinación (R^2)	0,230
N	77
Variable dependiente - Cambio en la inversión en capital humano 1980-1995	
Constante	-0,019
	(-0,304)
Índice de precepto legal (1982-1995)	0,137
	(2,398)
Nivel de inversión en capital humano, 1980 cuadrado (NICH80)^2	-0,537
	(-2,665)
Nivel de inversión en capital humano, 1980 (NICH80)	0,447
	(2,212)
Coeficiente de determinación (R^2)	0,108
N	85

... /...

30 Utilizamos la media de este índice para el período de 1982 a 1995 como variable independiente junto con el valor elevado al cuadrado y sin elevar al cuadrado del resultado de desarrollo para 1980, como hemos hecho antes.

Variable dependiente - Cambio en el nivel de matrícula secundaria 1980-1995	
Coeficiente	0,142
	(-2,798)
Índice de precepto legal (1982-1995)	0,420
	(5,601)
Nivel de matrícula en secundaria, 1980	-0,884
cuadrado (MATSEC80)^2	(-4,211)
Nivel de matrícula en secundaria, 1980	0,567
(MATSEC80)	(3,037)
Coeficiente de determinación (R^2)	0,283
N	96

* Las cifras entre paréntesis son estadísticas t.

En cada caso el coeficiente del precepto legal es positivo e importante. A partir de los resultados de la primera regresión de la Tabla 6, podemos calcular que un país hipotético con un índice de precepto legal del 0,75 (y un IMDH inicial del 0,50) podría experimentar una mejora en su índice modificado de desarrollo humano un 0,03 mayor que un segundo país hipotético con un índice de precepto legal del 50 (también con un IMDH inicial del 0,50). El impacto puede ser más evidente si consideramos el caso de la matrícula secundaria. Los resultados de la tercera regresión de la Tabla 6 nos permiten comparar el aumento esperado en el índice de matrícula secundaria para dos países hipotéticos cuyos índices de matrícula en enseñanza secundaria son cada uno del 50% en 1980. Suponiendo que el país A tiene un índice de precepto legal del 0,75, mientras que el país B tiene un índice de precepto legal del 0,50, cabría esperar que el país A mejorase su índice de matrícula en secundaria aproximadamente un 11% más que el país B a lo largo del período comprendido entre 1980 y 1995. Esto es, mientras que cabría esperar que el país B mejorase su matrícula del 50% al 64%, el país A mejoraría su índice de matrícula del 50% al 75%. Tailandia y Marruecos son dos casos que ilustran el patrón general captado por esta regresión. Tailandia y Marruecos tienen índices comparables de matrícula en enseñanza secundaria en 1980. En Tailandia aproximadamente se había matriculado en secundaria el 29% de los alumnos de esa edad, mientras que en Marruecos se había matriculado el 26%. Sin embargo, Political Risk Services había dado a las instituciones tailandesas una clasificación un 0,17 mejor que las de Marruecos, como media, a lo largo del período de 1982 a 1995. Si creemos en la relación general indicada por la regresión, entonces no debería sorprendernos que el índice de matrícula en secundaria en Marruecos mejorase sólo hasta el 35%, mientras que en Tailandia mejoró hasta el 55%.

La Figura 21, a continuación, muestra el impacto del precepto legal en el grado de mejora del desarrollo humano. Como podemos ver, independientemente del nivel inicial de desarrollo humano (eje x, imdh80), cuanto mayor es el valor medio del índice de precepto legal (PRS) mayor es la mejora prevista en el índice modificado de desarrollo humano (eje y, cimdh).

FIGURA 21. MEJORA EN EL DESARROLLO HUMANO COMO FUNCIÓN
DE LA CAPACIDAD INSTITUCIONAL Y DEL NIVEL INICIAL
DE DESARROLLO HUMANO

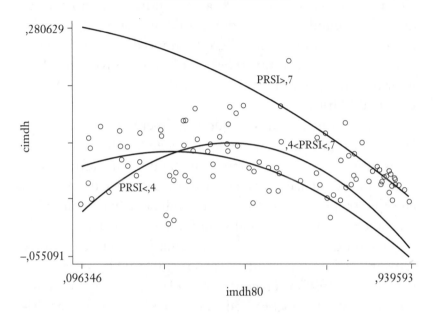

CONCLUSIONES

En este estudio hemos perseguido varios objetivos: a) proponer algunos enfoques a nivel macro para medir la efectividad de las instituciones de un país; b) comparar Latinoamérica con otras regiones en cuanto a estas diferentes medidas a nivel macro y, especialmente, en función de medidas de las distintas dimensiones institucionales de gobierno; c) valorar el grado en que los datos disponibles pueden captar estas características; y d) valorar hasta qué punto pueden estas medidas predecir la actuación del desarrollo.

El índice de resultados del desarrollo, que mide tanto la capacidad para mantener un nivel determinado de desarrollo

99

humano como el grado de evolución del desarrollo humano, proporciona una amplia perspectiva de la efectividad institucional de un país. En cuanto a este índice, Latinoamérica queda en segunda posición, después de Asia oriental, entre las zonas en vías de desarrollo. Pero su grado de evolución entre 1980 y 1995, incluso tras tener en cuenta su nivel inicial, es inferior al de Asia oriental, Asia meridional, y Oriente Medio y norte de África.

Hemos propuesto un segundo amplio enfoque para valorar la capacidad institucional que se centra en la actuación de factores intermedios del desarrollo humano. Hemos formulado cuatro índices de factores de desarrollo: un índice de inversión en capital humano, un índice de estabilidad macroeconómica, un índice de precepto legal y un índice de efectividad en la regulación del mercado. No hay demasiada variación entre estos indicadores en cuanto a las posiciones de las zonas individuales (en 1995) y, en concreto, en la clasificación de Latinoamérica y el Caribe. En cada uno de los casos, Latinoamérica y el Caribe quedan detrás de los países con rentas elevadas y de Asia oriental. En el caso del índice de inversión en capital humano, la zona se sitúa también por detrás de Europa central y del este y, en el caso del índice de precepto legal también queda detrás de Europa central y del este y de Oriente Medio y norte de África. La zona parece relativamente más fuerte en relación con el índice de regulación del mercado y más débil en cuanto al índice del precepto legal.

Aunque los primeros dos amplios enfoques inferían capacidad institucional (o capacidad de gobierno) a partir de la medida de los resultados vinculados al concepto casi por definición, el tercer enfoque, centrado en rendimientos institucionales, requería una operacionalización más completa (pero todavía bastante aproximada) del concepto *capacidad institucional*.

Hemos valorado seis rendimientos institucionales como centrales para el concepto de capacidad institucional: 1) respeto hacia el precepto legal (incluyendo la ausencia relativa de corrupción, protección de los derechos de propiedad, efectividad del cumplimiento de contratos, etc.); 2) la predecibilidad de las políticas y el entorno legal; 3) la fuerza del sistema de contrapesos y salvaguardas; 4) el nivel de libertades democráticas y garantías constitucionales (apertura del proceso político, oportunidades de expresión e influencia); 5) la efectividad del Gobierno para regular el mercado; y 6) la efectividad del Gobierno en la prestación de bienes y servicios. Encontramos que, en relación con otras zonas en vías de desarrollo, Latinoamérica parece mucho más favorable respecto a las dimensiones de libertad democrática y apertura, frenos y equilibrios, y efectividad para regular el mercado. Los indicadores para Latinoamérica son de algún modo menos favorables respecto a la efectividad gubernamental en la prestación de servicios. Pero las dimensiones en que Latinoamérica parece más débil son las del respeto al precepto legal *Estado de derecho*, reducción de la corrupción y la predecibilidad de las políticas y el entorno legal.

Finalmente, hemos mostrado que la operacionalización y medidas de capacidad institucional propuestas son sólidas en el sentido de que parecen estar asociadas con una actuación más fuerte o más débil respecto a varias medidas diferentes de resultados de desarrollo, incluyendo el nivel de mejora en un índice modificado de desarrollo humano, el nivel de mejora en una medida de la inversión en capital humano y el índice de mejora en la matrícula de enseñanza secundaria.

Por tanto, los datos disponibles pueden ser de gran utilidad para valorar la evolución de desarrollo institucional y cómo este progreso, o su ausencia, afecta a las perspectivas de desarrollo humano. Merecería la pena seguir acumulando y difundiendo la información disponible sobre actuación institucional para medir el impacto de las inversiones en nombre de la reforma institucional, informar el proceso de programación de préstamo en instituciones multilaterales y el debate de política interna y llamar la atención sobre las deficiencias institucionales. Al mismo tiempo, la capacidad de supervisar el progreso institucional podría mejorar en diversas áreas. En primer lugar, sería deseable desarrollar mejores medidas en varias áreas institucionales. Probablemente podrían desarrollarse indicadores más objetivos, pero que exigirían más recursos, para algunas características institucionales, incluyendo la independencia del poder judicial y la eficiencia del sistema judicial.

Definitivamente son necesarias algunas medidas respecto a la fuerza de la sociedad civil, que debería ser un elemento central de la libertad democrática y la dimensión de voz. Los estudios existentes podrían explotarse mejor para medir los sentimientos públicos hacia la actuación de las instituciones gubernamentales. En segundo lugar, es necesario realizar más investigación de casos de estudio y trabajo metodológico para poder desarrollar medidas en el nivel micro relacionadas con la actuación de sectores institucionales concretos, como el sistema judicial, el sistema legal, el sistema sanitario, el sistema educativo y el sistema financiero. A partir de estas medidas sería posible ampliar la comprensión de las causas de una actuación institucional deficiente en el nivel macro, efectuar valoraciones más precisas del impacto de determinados esfuerzos de reforma y efectuar recomendaciones de reforma más específicas.

APÉNDICE

NIVELES DE ANÁLISIS PARA EXAMINAR LA CAPACIDAD INSTITUCIONAL*

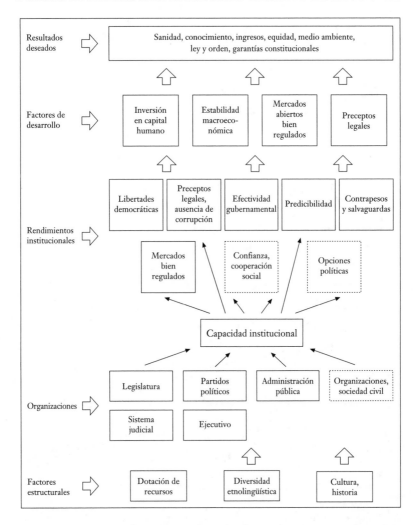

* La figura *Niveles de análisis para examinar la capacidad institucional* se presenta para clarificar la discusión y la lógica básica tras los enfoques de medida sugeridos de las capacidades institucionales presentes en un país determinado, pero no supone que las variables correspondientes estén vinculadas exclusivamente a un nivel u otro, o que las flechas causales entre factores en distintos niveles se muevan en una única dirección.

103

AMÉRICA LATINA, UNA OPORTUNIDAD PARA EL TURISMO Y EL OCIO

Josep-Francesc Valls
Esteban Zárate

EVOLUCIÓN DEL MERCADO

L a última década del siglo XX no ha sido en general brillante, sobre todo la segunda mitad, para los intereses económicos del conjunto de los países que componen América Latina, a pesar de lo cual el número de turistas ha pasado de 30 a 47 millones, un aumento del orden del 56%, por encima de la media mundial. Esta cifra global de llegadas de turistas a América Latina representa muy poco, un 7,38%, dentro de los cerca de setecientos millones que viajaron por el mundo el año pasado (véase la Tabla 1). Pero el desarrollo económico que no son capaces de producir otros sectores de las economías de los países puede promoverlo, sin lugar a dudas, la utilización racional del territorio y el patrimonio al servicio del turismo y el ocio.

Pocos sectores de la economía mundial son capaces a principios de 2000 de ofrecer una rentabilidad de las inversiones tan elevada y difundida entre la población como éste del turis-

105

mo y el ocio. El crecimiento de un punto del PIB turístico equivale a unos 200.000 millones de dólares de ingresos, unos dos billones vía impuestos y la creación de unos 30.000 puestos de trabajo directos en el sector; estos datos, analizados desde la óptica norteamericana, traducidos a cualquiera de los países de América Latina, duplicaría alguno de sus componentes, por ejemplo el de la creación de puestos de trabajo.

Para acceder a diversificarse más en turismo, América Latina debe quitarse de encima ciertos complejos y planear la zona bajo criterios sostenibles que le permitan mantener e incrementar el valor actual del territorio y del patrimonio, gracias a las recuperaciones de todo tipo. El diseño de los productos turísticos locales, nacionales y regionales deberá tener mucho cuidado en que los intangibles indispensables (marca, precio, información, señalización, accesibilidad, acogida, seguridad y limpieza) otorguen unos parámetros estables de calidad y refuercen el valor propio de la experiencia en la zona.

El exotismo, el misticismo, la autenticidad y las raíces del patrimonio, la cultura del mestizaje, el valor de muchos recursos naturales inexplotados o impolutos son elementos que abren la puerta a una gran oportunidad de desarrollo para la mayoría de los países del área. Dispone, por ejemplo, América Latina del 14% de todos los bienes declarados Patrimonio de la Humanidad, con una proporción mayor de los naturales frente a los culturales; México, Brasil y Perú, a la cabeza (véanse la Tabla 2 y la Figura 1). La naturaleza y el patrimonio cultural son las dos primeras grandes motivaciones de los viajes y del desplazamiento por ocio, y muchos lugares de la zona son reservas de alto nivel.

Además, salvo alguna excepción vergonzante, como es el caso de Cuba, como consecuencia del bloqueo económico impuesto por Estados Unidos, existe ya un flujo consolidado turístico norte-sur; y otro cruzado desde Europa. Es decir, que los caminos ya están abiertos.

TABLA 1. ANÁLISIS COMPARATIVO AMÉRICA LATINA Y OTROS DESTINOS. LLEGADAS DE TURISTAS INTERNACIONALES (EN MILLONES)

LLEGADAS	1990	1995	1997	1998
Mundo	457,2	565,4	618,3	636,7
África	15,0	20,2	23,2	25,0
Américas	92,8	108,9	116,6	120,0
Asia oriental y Pacífico	54,6	81,4	88,3	87,4
Europa	282,9	338,5	371,2	383,8
Oriente Medio	9,0	12,4	14,3	15,3
Asia meridional	3,2	4,2	4,8	5,2
América Latina	30,0	41,4	43,4	47,0

Fuente: OMT.

TABLA 2. BIENES DECLARADOS PATRIMONIO DE LA HUMANIDAD EN AMÉRICA LATINA

ZONA	BIENES EN PELIGRO	CULTU-RALES	NATURA-LES	MIXTOS	TOTAL
América Latina	4	63	22	3	88
Argentina		1	3		4
Argentina y Brasil		1			1
Belice			1		1
Bolivia		4			4
Brasil	1	8	3		11
Chile		1			1
Colombia		4	1		5

... /...

TABLA 2. BIENES DECLARADOS PATRIMONIO DE LA HUMANIDAD EN
AMÉRICA LATINA
(CONTINUACIÓN)

ZONA	BIENES EN PELIGRO	CULTU-RALES	NATURA-LES	MIXTOS	TOTAL
Costa Rica			2		2
C. Rica y Panamá			1		1
Cuba		4	1		5
Dominica			1		1
Rep. Dominicana		1			1
Ecuador	1	2	2		4
El Salvador		1			1
Guatemala		2		1	3
Haití		1			1
Honduras	1	1	1		2
México		19	2		21
Antillas Holandesas		1			1
Panamá		2	1		3
Paraguay		1			1
Perú	1	5	2	2	9
S. Cristóbal y Nevis		1			1
Puerto Rico		1			1
Uruguay		1			1
Venezuela		1	1		2
Resto del Mundo	23	417	106	19	542
TOTAL	27	480	128	22	630

Fuente: UNESCO.

FIGURA 1. BIENES DECLARADOS PATRIMONIO DE LA HUMANIDAD

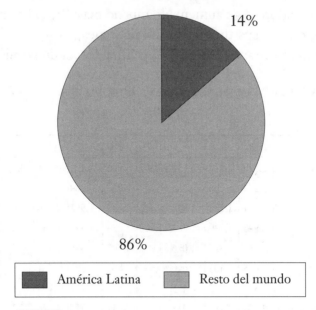

14%

86%

■ América Latina   ■ Resto del mundo

Fuente: UNESCO.

Llegadas turísticas

En las Tablas 3 y 4 y la Figura 2 queda claro que en el reparto del número de turistas cinco países superan las tres cuartas partes del conjunto. Son los grandes del turismo: México (cerca de veinte millones, el 43% del global), Argentina y Brasil (cerca de cinco millones, el 10%), Puerto Rico (cerca de tres millones y medio, el 7%) y República Dominicana (cerca de dos millones y medio, el 5%). Cuba ingresará a partir de 2001 en el club de los países con más de dos millones de turistas al año, y será, con Brasil, Nicaragua y El Salvador, el país con mayor crecimiento de turistas en la década. Llama la atención que a lo largo del período 1990-1998, México, el líder indiscutible del continente,

109

solamente ha podido incrementar sobre un 15%, mientras que sus perseguidores han aumentado mucho más: Brasil ha cuadruplicado, o más, sus turistas internacionales; Argentina los ha incrementado en más de un 70%, y Chile los ha duplicado.

TABLA 3. LLEGADAS DE VISITANTES A LATINOAMÉRICA 1990-1998
(EN MILES)

País	1990	1991	1992	1993	1994	1995	1996	1997	1998
Argentina	2.728	2.870	3.031	3.532	3.866	4.101	4.286	4.540	4.860
Bolivia	254	206	225	244	255	284	313	355	434
Brasil	1.091	1.228	1.692	1.572	1.853	1.991	2.666	2.850	4.818
Chile	943	1.349	1.283	1.412	1.634	1.540	1.450	1.644	1.757
Colombia	813	857	1.076	1.047	1.207	1.399	1.254	969	841
Costa Rica	435	505	610	684	761	785	781	811	943
Cuba	327	418	455	544	617	742	999	1.153	1.390
Rep. Dominicana	1.305	1.181	1.415	1.609	1.717	1.776	1.926	2.211	2.309
Ecuador	n/d	n/d	n/d	n/d	n/d	n/d	n/d	n/d	n/d
El Salvador	194	199	314	267	181	235	283	387	542
Guatemala	509	513	541	562	537	563	520	576	636
Honduras	202	198	231	222	228	264	255	303	318
México	17.176	16.067	17.146	16.440	17.182	20.241	21.405	19.351	19.810
Nicaragua	106	146	167	198	238	281	303	358	406
Panamá	172	203	215	226	262	310	343	374	379
Paraguay	280	361	334	404	406	438	426	395	350
Perú	317	232	217	272	386	479	584	747	833
Puerto Rico	2.560	2.613	2.657	2.854	3.042	3.131	3.065	3.242	3.396
Uruguay	n/d	n/d	n/d	n/d	1.884	2.022	2.152	2.316	2.163
Venezuela	525	598	446	396	496	700	759	814	837
TOTAL	30.045	29.902	32.174	32.663	36.896	41.410	43.853	43.417	46.993

Fuente: OMT.

TABLA 4. PRIMEROS CINCO DESTINOS EN LLEGADAS
DE AMÉRICA LATINA 1998 (EN MILES)

PAÍS	VISITANTES
México	19.810
Argentina	4.860
Brasil	4.818
Puerto Rico	3.396
República Dominicana	2.309
Resto	11.800
TOTAL	46.993

Fuente: OMT y elaboración propia.

FIGURA 2. PARTICIPACIÓN DE MERCADO POR VISITANTES 1998.
MERCADO TOTAL: 46.993 MILES DE VISITANTES

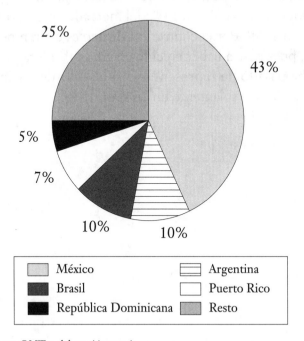

Fuente: OMT y elaboración propia.

Ingresos turísticos

Al analizar los ingresos por turismo en el área entre los años 1990 y 1998 (véanse la Tabla 5 y la Figura 3), contrasta el hecho de que mientras las llegadas de turistas han aumentado en un 56%, los ingresos en este concepto se han doblado, de más de catorce mil millones de dólares, en 1990, a más de treinta mil millones de dólares, en 1998.

A los grandes países receptivos turísticos del continente, México, Argentina, Brasil, Puerto Rico y República Dominicana, hay que añadir Cuba, Venezuela, Chile y Perú.

El resto de los países analizados conservan en general tendencias alcistas, pero el aumento de los ingresos turísticos resulta mucho más moderado.

El gran ganador dentro de este escenario ha sido Argentina, que ha logrado pasar de un 14% del mercado en el año 1990, a un 18% en 1998. Por el contrario, México es el gran perdedor relativo, pues pese a haber crecido en cifras absolutas, relativamente ha pasado de representar casi el 40% de los ingresos totales en 1990, a solamente un 26% en 1998.

TABLA 5. INGRESOS POR TURISMO EN AMÉRICA LATINA
1990-1998 (MILLONES DE DÓLARES)

PAÍS	1990	1991	1992	1993	1994	1995	1996	1997	1998
Argentina	1.976	2.336	3.090	3.614	3.970	4.306	4.572	5.069	5.363
Bolivia	91	103	117	124	131	145	159	166	174
Brasil	1.444	1.559	1.307	1.091	1.925	2.097	2.469	2.595	3.678
Chile	540	700	706	744	846	900	905	1.020	1.062
Colombia	406	468	705	755	660	657	1.120	1.043	939
Costa Rica	275	331	431	577	626	660	689	719	829
Cuba	243	387	443	636	763	977	1.185	1.354	1.626
R. Dominic.	900	877	971	1.246	1.429	1.576	1.763	2.099	2.142
Ecuador	188	189	192	230	252	255	281	290	291
El Salvador	19	40	49	41	29	41	44	75	125
Guatemala	185	211	243	265	258	277	284	325	394
Honduras	29	31	32	60	72	80	115	146	164
México	5.467	5.960	6.085	6.167	6.363	6.179	6.934	7.593	7.897
Nicaragua	12	16	21	30	40	50	54	74	90
Panamá	172	203	215	226	262	310	343	374	379
Paraguay	128	484	473	550	700	1.010	869	753	n/d
Perú	217	225	156	215	331	428	670	817	857
Puerto Rico	1.366	1.436	1.520	1.628	1.728	1.828	1.898	2.046	2.233
Uruguay	238	333	381	447	632	611	717	759	695
Venezuela	496	510	437	554	910	951	944	1.086	1.233
TOTAL	14.392	16.399	17.574	19.200	21.927	23.338	26.015	28.403	30.171

Fuente: OMT.

FIGURA 3. PARTICIPACIÓN DE MERCADO POR INGRESOS 1998.
MERCADO TOTAL: 30.171 MILLONES DE DÓLARES

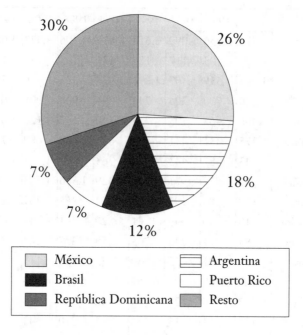

Fuente: OMT y elaboración propia.

Gastos turísticos

A la hora de analizar los gastos (véanse la Tabla 6 y la Figura 4), vemos que su incremento ha sido moderado, de sólo un 65% durante el período en cuestión, es decir, una tasa bastante menor que la de los ingresos por turismo. Un primer análisis permite afirmar que se trata de un claro signo de aumento de la competitividad del sector en la región en su conjunto, así como un índice de mejora de la rentabilidad de la actividad turística de manera global. Pero, en un análisis más completo, este dato demuestra un nivel demasiado bajo de inversiones si lo que se pretende obtener es un despegue definitivo del sector turístico en los países.

Contrariamente a lo que podríamos pensar, no todos los países que reciben los mayores ingresos están dentro de los que más gastan en la actividad. Entre ellos han crecido Argentina, Brasil y República Dominicana; México, por el contrario, reduce. Entre los países turísticos menores, hay que destacar los esfuerzos que están desarrollando Chile, Uruguay, Perú y Paraguay.

TABLA 6. GASTOS POR TURISMO
EN AMÉRICA LATINA 1990-1998 (MILLONES DE DÓLARES)

PAÍS	1990	1991	1992	1993	1994	1995	1996	1997	1998
Argentina	1.171	1.739	2.212	2.446	2.575	2.067	2.340	2.680	2.111
Bolivia	130	129	135	137	140	153	162	165	172
Brasil	1.559	1.224	1.332	1.892	2.931	3.412	5.825	5.446	5.731
Chile	426	446	530	560	506	703	736	839	943
Colombia	454	509	641	694	841	878	1.117	1.209	1.124
Costa Rica	148	149	223	267	300	321	335	358	445
Cuba	n/d	n/d	n/d	n/d	n/d	n/d	n/d	n/d	n/d
R. Dominic.	144	154	164	128	145	173	198	221	254
Ecuador	175	177	178	190	203	235	219	227	241
El Salvador	61	57	58	61	70	72	73	75	81
Guatemala	100	67	103	117	151	141	135	119	157
Honduras	38	37	38	55	57	57	60	62	61
México	5.519	5.812	6.107	5.562	5.338	3.171	3.387	3.892	4.268
Nicaragua	15	28	30	31	30	40	60	65	70
Panamá	99	109	120	123	123	128	136	164	176
Paraguay	103	118	135	138	177	235	224	195	249

.../...

115

TABLA 6. GASTOS POR TURISMO
EN AMÉRICA LATINA 1990-1998 (MILLONES DE DÓLARES)
(CONTINUACIÓN)

País	1990	1991	1992	1993	1994	1995	1996	1997	1998
Perú	295	263	255	269	266	297	350	433	429
Puerto Rico	630	689	736	776	797	833	821	869	874
Uruguay	111	100	104	129	234	236	192	264	265
Venezuela	1.023	1.227	1.428	2.083	1.973	1.865	2.251	2.381	2.427
TOTAL	12.201	13.034	14.529	15.658	16.857	15.017	18.621	19.664	20.078

Fuente: OMT.

FIGURA 4. PROPORCIÓN DE GASTOS EN TURISMO 1998.
GASTO TOTAL: 20.099 MILLONES DE DÓLARES

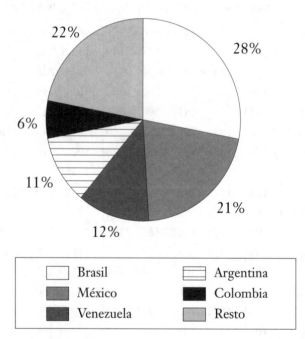

Fuente: OMT y elaboración propia.

Rentabilidad del turismo

Un índice importante que permite comparar la competitividad del sector turístico entre los distintos países es el de la rentabilidad de la actividad general. Para ello se ha tenido en cuenta un índice que corresponde al cociente entre los ingresos netos por turista, es decir, sus ingresos menos sus gastos; y su nivel de gasto (véase la Tabla 7).

Vemos que en líneas generales la rentabilidad del grupo de países se ha duplicado en el período, pasando de un 15,2% en 1990, a un 33,5% en 1998. En el año 1995 se llega a la excelente cifra del 35,7%, pero en 1996 se produce una fuerte caída que sólo se recuperará claramente a partir de 1998. Los países más rentables son Honduras, República Dominicana, Uruguay, Puerto Rico, Argentina y Guatemala.

En la Tabla 8 se constata la evolución de los ingresos por turista. El aumento de esta cifra supone que, en general, mejora la calidad del turista y de la oferta disponible. Esto es fruto de que el promedio de gasto ha aumentado a una tasa notoriamente menor que los ingresos, y que el número de visitantes también lo ha hecho.

Los países de mayor ingreso por turista corresponden en su mayoría a países del área caribeña, a excepción de Argentina, donde el gasto también se ha incrementado fuertemente. Estos países de altos ingresos por turista contrastan en gran manera con sus vecinos en cuanto a sus significativas diferencias de ingresos, unos que superan los 1.000 dólares, y otros que exiguamente sobrepasan los 200 dólares por cada visitante recibido.

TABLA 7. RENTABILIDAD DEL TURISMO
EN AMÉRICA LATINA 1990-1998 (%)

PAÍS	1990	1991	1992	1993	1994	1995	1996	1997	1998
Argentina	40,7	25,6	28,4	32,3	35,1	52,0	48,8	47,1	60,6
Bolivia	-42,9	-25,2	-15,4	-10,5	-6,9	-5,5	-1,9	0,6	1,1
Brasil	-8,0	21,5	-1,9	-73,4	-52,3	-62,7	-135,9	-109,9	-55,8
Chile	21,1	36,3	24,9	24,7	40,2	21,9	18,7	17,7	11,2
Colombia	-11,8	-8,8	9,1	8,1	-27,4	-33,6	0,3	-15,9	-19,7
Costa Rica	46,2	55,0	48,3	53,7	52,1	51,4	51,4	50,2	46,3
Cuba	n/d	n/d	n/d	n/d	n/d	n/d	n/d	n/d	n/d
R. Dominic.	84,0	82,4	83,1	89,7	89,9	89,0	88,8	89,5	88,1
Ecuador	6,9	6,3	7,3	17,4	19,4	7,8	22,1	21,7	17,2
El Salvador	-221,1	-42,5	-18,4	-48,8	141,4	-75,6	-65,9	0,0	35,2
Guatemala	45,9	68,2	57,6	55,8	41,5	49,1	52,5	63,4	60,2
Honduras	-31,0	-19,4	-18,8	8,3	20,8	28,8	47,8	57,5	62,8
México	-1,0	2,5	-0,4	9,8	16,1	48,7	51,2	48,7	46,0
Nicaragua	-25,0	-75,0	-42,9	-3,3	25,0	20,0	-11,1	12,2	22,2
Panamá	42,4	46,3	44,2	45,6	53,1	58,7	60,3	56,1	53,6
Paraguay	19,5	75,6	71,5	74,9	74,7	76,7	74,2	74,1	n/d
Perú	-35,9	-16,9	-63,5	-25,1	19,6	30,6	47,8	47,0	49,9
Puerto Rico	53,9	52,0	51,6	52,3	53,9	54,4	56,7	57,5	60,9
Uruguay	53,4	70,0	72,7	71,1	63,0	61,4	73,2	65,2	61,9
Venezuela	-106,3	-140,6	-226,8	-276,0	-116,8	-96,1	-138,5	-119,2	-96,8
TOTAL	15,2	20,5	17,3	18,4	23,1	35,7	28,4	30,8	33,5

Fuente: OMT y elaboración propia.

Partiendo de 1990 como base, se ha analizado el crecimiento absoluto del mercado concretándolo en tres períodos: 1991, 1995 y 1998. En cada uno de estos años se ha determinado el crecimiento del mercado, tal como se muestra en la Figura 5.

Los países que muestran el mayor crecimiento de sus mercados son: Brasil, Cuba y Nicaragua.

TABLA 8. INGRESOS POR TURISTA
EN LATINOAMÉRICA 1990-1998 (EN DÓLARES)

PAÍS	1990	1991	1992	1993	1994	1995	1996	1997	1998
Argentina	724	814	1.019	1.023	1.027	1.050	1.067	1.117	1.103
Bolivia	358	500	520	508	514	511	508	468	401
Brasil	1.324	1.270	772	694	1.039	1.053	926	911	763
Chile	573	519	550	527	518	584	624	620	604
Colombia	499	546	655	721	547	470	893	1.076	1.117
Costa Rica	632	655	707	844	823	841	882	887	879
Cuba	743	926	974	1.169	1.237	1.317	1.186	1.174	1.170
R. Dominic.	690	743	686	774	832	887	915	949	928
Ecuador	n/d	n/d	n/d	n/d	n/d	n/d	n/d	n/d	n/d
El Salvador	98	201	156	154	160	174	155	194	231
Guatemala	363	411	449	472	480	492	546	564	619
Honduras	144	157	139	270	316	303	451	482	516
México	318	371	355	375	370	305	324	392	399
Nicaragua	113	110	126	152	168	178	178	207	222
Panamá	804	733	739	753	809	899	948	888	879
Paraguay	457	1.341	1.416	1.361	1.724	2.306	2.040	1.906	n/d
Perú	685	970	719	790	858	894	1.147	1.094	1.029
Puerto Rico	534	550	572	570	568	584	619	631	658
Uruguay	n/d	n/d	n/d	n/d	335	302	333	328	321
Venezuela	945	853	980	1.399	1.835	1.359	1.244	1.334	1.473
TOTAL	480	550	547	590	596	565	594	654	641

Fuente: OMT y elaboración propia.

FIGURA 5. CRECIMIENTO DEL MERCADO 1990-1998 (% 1990 = 100)

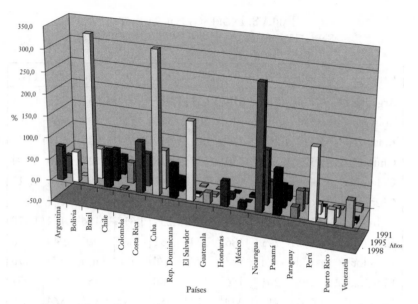

Fuente: OMT y elaboración propia.

En la Figura 6 se ha querido mostrar de manera gráfica los países en cuanto al crecimiento de su mercado dentro del período analizado. Éstos han sido distribuidos por quintiles, y se les ha asociado una trama específica a cada uno para hacer más fácil la identificación de las zonas de mayor crecimiento. Los que más han crecido en el período son Brasil, Cuba, Nicaragua y El Salvador; y los que menos, Paraguay, Guatemala, México y Colombia.

Finalmente, de manera análoga, se ha procedido en la Figura 7, pero, esta vez, para presentar el potencial de crecimiento turístico de los países del área. También mediante el criterio de los quintiles se han clasificado y asociado tramas, según el potencial de crecimiento. El mayor potencial de crecimiento

120

lo tienen Perú, Brasil, El Salvador y Bolivia; el menor, Uruguay, Panamá, Paraguay y Colombia. Habría que hacer una salvedad en el caso de Cuba, pues, si bien se encuentra ubicada en el tercer quintil, de resolver la cuestión fundamental que le atenaza respecto al norte, podría pasar automáticamente a pertenecer al primer quintil.

FIGURA 6. CRECIMIENTO DEL MERCADO 1990-1998

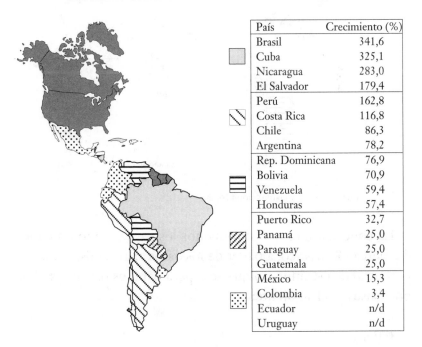

País	Crecimiento (%)
Brasil	341,6
Cuba	325,1
Nicaragua	283,0
El Salvador	179,4
Perú	162,8
Costa Rica	116,8
Chile	86,3
Argentina	78,2
Rep. Dominicana	76,9
Bolivia	70,9
Venezuela	59,4
Honduras	57,4
Puerto Rico	32,7
Panamá	25,0
Paraguay	25,0
Guatemala	25,0
México	15,3
Colombia	3,4
Ecuador	n/d
Uruguay	n/d

Fuente: OMT y elaboración propia.

FIGURA 7. POTENCIAL DE CRECIMIENTO 1990-1998

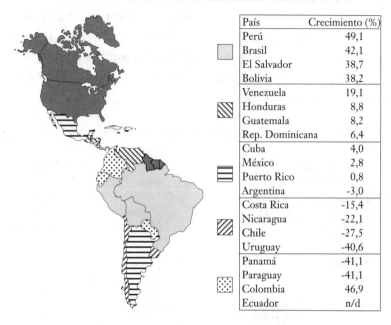

País	Crecimiento (%)
Perú	49,1
Brasil	42,1
El Salvador	38,7
Bolivia	38,2
Venezuela	19,1
Honduras	8,8
Guatemala	8,2
Rep. Dominicana	6,4
Cuba	4,0
México	2,8
Puerto Rico	0,8
Argentina	-3,0
Costa Rica	-15,4
Nicaragua	-22,1
Chile	-27,5
Uruguay	-40,6
Panamá	-41,1
Paraguay	-41,1
Colombia	46,9
Ecuador	n/d

Fuente: OMT y elaboración propia.

La conclusión es que si tomamos los países como unidades de mercado turístico, a partir de los datos analizados, el mayor potencial de crecimiento que se espera para los próximos años por países es el siguiente:

- Perú
- Brasil
- El Salvador
- Bolivia

Le sigue un segundo grupo con un potencial de crecimiento turístico calificado como superior, compuesto por los siguientes países:

- Venezuela
- Honduras
- Guatemala
- República Dominicana

En tercer quintil se encuentran los siguientes países:

- Cuba
- México
- Puerto Rico
- Argentina

Y en los dos últimos bloques de potencial de crecimiento, los siguientes países:

- Costa Rica, Nicaragua, Chile, Uruguay
- Panamá, Paraguay, Colombia y Ecuador

Es en la configuración de los productos turísticos de cada localidad, región, país o grupo de países y en su capacidad de presentar una oferta armónica e integrada donde radica el éxito de una planificación turística:

- El turismo de litoral seguirá siendo la demanda principal en América Latina, como consecuencia del fuerte impacto que tiene el Caribe, tanto insular como continental, en el mercado norteamericano y canadiense, en el europeo y en el resto de mundo. La franja apta para el desarrollo del turismo de litoral se va ampliando mucho más allá del Caribe por otros países de la zona templada, sin descartar los enclaves especializados en todo el continente.

- El turismo cultural o de raíces es el que está llamado a experimentar un mayor ritmo de crecimiento; así lo confirman la calidad y la cantidad de los lugares que se están poniendo al servicio del turismo o que se están potenciando en la última década. Los componentes místico-religioso, étnico, de mestizaje, etc. aportan un valor inestimable.
- El turismo de negocios y reuniones empieza a alumbrar en gran parte de las capitales del continente; sin lugar a dudas, va a ser el motor del desarrollo turístico de las ciudades latinoamericanas. No existe una capitalidad clara de los negocios, pero la carrera ya ha comenzado en todo el continente, desde las ciudades del Mercosur hasta el Distrito Federal.
- El turismo de descubrimiento que entremezcla naturaleza, cultura y algún tipo de actividad deportiva tiene también un largo recorrido en la zona.
- En cuanto al resto de las grandes motivaciones turísticas, es evidente que se irán configurando ofertas precisas en América Latina, a medida que las grandes demandas expuestas anteriormente tomen la dimensión suficiente. Nos referimos a la oferta de salud, de deportes, de aventura, espectáculos y eventos.

EVOLUCIÓN DE LAS INVERSIONES ESPAÑOLAS

Todo comenzó con la compra de terrenos y con la construcción de hoteles y *resorts* vacacionales en el Caribe hace más de una década, siguiendo la fórmula desarrollada por los canadienses y norteamericanos, en relación con los touroperadores. Estas inversiones turísticas españolas han tenido su dinámica propia a caballo de altas, altísimas rentabilidades, sobre todo operando dentro del área del dólar. Hoy en el Caribe se concentran tres cuartas partes de las inversiones españolas, ampliándose lentamente al resto de países del área, a través de las grandes ciudades, algunos enclaves vacacionales extra-Caribe y lugares culturales. Ahora las inversiones se habrían desacelerado, a pesar del empuje de los últimos meses del Grupo Sol Melià en la compra de hoteles por toda el área.

En los cuarteles generales de las grandes cadenas hoteleras y de grupos de ocio españoles se analiza intensamente el continente como una oportunidad de mercado, fundamentalmente en tres grandes líneas: la vacacional, con fuertes y crecientes inversiones en la zona caribeña y en su ensanche, que forma parte de la primera oleada inversora, mucho antes que el gran desembarco general, y compone el grueso de las inversiones españolas en el área; la del turismo urbano, negocios y reuniones, que se abre muy tímidamente aún; y la de la cultura y raíces, que se configura como una presencia tímida en los grandes lugares emblemáticos del continente.

Este análisis de la oportunidad que ofrece el mercado latinoamericano hace prever una nueva fiebre inversora en el campo del turismo y del ocio en los próximos meses. La presencia de los grandes grupos españoles en infraestructuras y servicios va a servir de soporte inestimable para este nuevo desembarco turístico. Aunque la delantera inversora turística la está tomando en los últimos años Canadá, y en algunos casos Estados Unidos, los excedentes de capital producidos en estos momentos por los negocios turísticos españoles en España, la necesidad de diversificación hacia otras zonas, la cercanía cultural y la misma lengua, y el liderazgo de España en materia turística ampliamente reconocido en la zona hacen prever lo antes dicho.

Los datos que se aportan aquí a partir de la fuente ICE demuestran el espectacular crecimiento de las inversiones españolas en general en el área, por encima ya de los tres billones de pesetas, sobre todo desde el año 1996, cuando se empieza a producir el fenómeno masivo de la liberalización y la privatización de los servicios. Pero según esta fuente no ocurre lo mismo con las inversiones turísticas, pues si comparamos las Figuras 8, 9 y 10, correspondientes a las inversiones generales y a las inversiones en particular en hostelería y comercio, el balance del período 1990-1998 resulta muy pobre: las inversiones turísticas solamente consiguen aumentar un 25% en términos absolutos, pero lo que resulta peor, pierden cualquier tipo de impacto en términos relativos.

Por otra parte, la evolución comparada de las dos inversiones tampoco tiene nada que ver. Mientras que las inversiones generales españolas, inapreciables antes de 1994, se disparan a mitad de la década, la curva de las inversiones en hostelería y comercio tienen un vuelo más largo a lo largo de toda la década, pero dibujan unos altibajos considerables durante todo el período.

Las cifras presentadas solamente incluyen las inversiones directas realizadas por empresas españolas y no las participadas o a través de cualquier otro canal, cuya identificación escapa a la fuente utilizada. Frente a lo raquítico de estas cifras, fuentes hoteleras directamente consultadas estiman que la cifra más cercana a la inversión española en el Caribe se sitúa por encima de los 200.000 millones, y en toda América Latina, del orden de los 350.000 millones de pesetas. Esta cifra mejoraría los datos oficiales expuestos, por lo que las inversiones turísticas españolas significarían en este caso el 13% del global de las inversiones generales de nuestro país en la zona. La presencia, por orden, se ubica principalmente en los siguientes países: Cuba, Brasil, México, República Dominicana, Colombia, Costa Rica y Venezuela. Se trata de una proporción de inversión turística considerable dentro del conjunto de las inversiones españolas. La facturación anual estimada superaría los 120.000 millones de pesetas/año.

FIGURA 8. INVERSIONES TOTALES ESPAÑOLAS EN AMÉRICA LATINA
1990-1998 (EN MILLONES DE PESETAS)

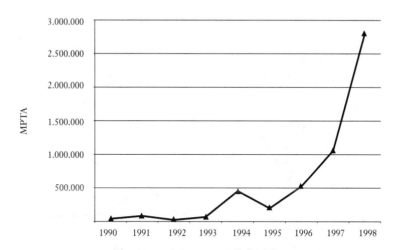

Fuente: Boletín Económico de ICE, años 1991-2000 y elaboración propia.

FIGURA 9. INVERSIONES ESPAÑOLAS EN HOSTELERÍA Y COMERCIO EN
AMÉRICA LATINA 1990-1998 (EN MILLONES DE PESETAS)

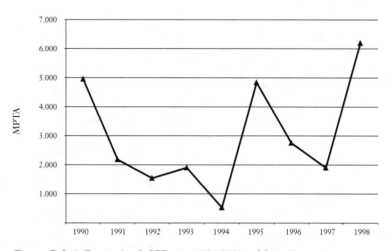

Fuente: Boletín Económico de ICE, años 1991-2000 y elaboración propia.

127

FIGURA 10. PORCENTAJE DE LA INVERSIÓN ESPAÑOLA
EN HOSTELERÍA Y COMERCIO 1990-1998 (%)

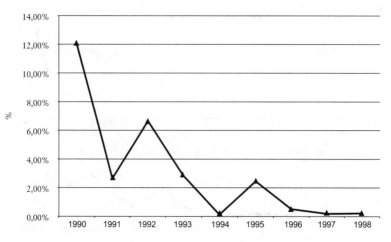

Fuente: Boletín Económico de ICE, años 1991-2000 y elaboración propia.

LA EMPRESA EN LA SOCIEDAD: RESPONSABILIDADES ÉTICAS

Josep M. Lozano

¿EL COMPROMISO CÍVICO DE LA EMPRESA?

Hace unos cuantos años, Danone se vio obligada a cerrar una de sus plantas industriales. Como sucedió en otras muchas empresas, los cambios en el entorno provocaron un drástico recorte en los costes. Eso significaba concentrar la producción y optar por un número cada vez menor de fábricas y al mismo tiempo más especializadas. Después de estudiar la situación cuidadosamente, la empresa decidió qué planta se cerraría.

Las posibilidades de trasladar a los trabajadores a otra fábrica del grupo eran escasas. La planta industrial estaba situada en un valle de Navarra donde el arraigo cultural y social de los trabajadores hacía difícil incluso plantearse el traslado. Además, la mayoría de estos trabajadores eran hombres de mediana edad, y muchos de ellos campesinos que habían abandonado los cultivos y el cuidado del ganado para ir a trabajar a la fábrica. Todo ello significaba que su ocupación se vinculaba directamente a la pervivencia de la planta.

El grupo siempre ha reconocido públicamente su compromiso de mantener la ocupación, al mismo tiempo que señala que es precisamente este compromiso el que obliga a la empresa a tomar medidas para garantizar su rentabilidad. En este caso en particular, la empresa resultaba vital para la zona no sólo porque proporcionaba puestos de trabajo para la población local, sino también porque generaba actividad económica y sus impuestos representaban una parte considerable de los ingresos municipales. Así pues, la cuestión era de qué manera la empresa podía recortar costes y, a la vez, atenuar el choque en el entorno social.

La empresa diseñó un plan económico y un plan social que redujesen, en la medida en que fuera posible, el impacto del cierre de la planta industrial tanto en los trabajadores como en la zona del valle. La parte social del plan afectaba al conjunto de la plantilla. Exceptuados los pocos trabajadores que optaron por trasladarse o por una jubilación anticipada, la empresa estableció para el resto un servicio de asesoría y ayudó a cada uno de ellos a buscar un nuevo itinerario profesional. Todo ello se acompañó de diversas ayudas como, por ejemplo, incentivos para los empresarios que contrataban a trabajadores sin empleo. La parte económica del plan consistía en un proyecto para reindustrializar la zona y hacer partícipes de este proceso a todas las administraciones públicas. La empresa ofreció incentivos para crear un polígono industrial y atraer a nuevas empresas que proporcionasen puestos de trabajo, y también aportó su planta y recursos humanos para llevar a cabo labores de investigación y promoción. El resultado constituyó todo un éxito: no sólo se evitó la pérdida de puestos de trabajo, sino que se crearon algunos nuevos, y la ocupación, finalmente, terminó siendo más elevada de lo que había sido cuando la planta estaba en funcionamiento.

Acciones como ésta han aumentado la credibilidad de lo que el grupo da en llamar su «civismo de empresa»: un compromiso que incluye, por un lado, promover la ocupación sin sacrificar la rentabilidad y, por otro, la voluntad de encontrar formas de compensar, o al menos disminuir, los efectos de las reducciones de plantilla que eventualmente puedan producirse.

EMPRESA Y SOCIEDAD

Sin entrar en la cuestión de si la expresión «civismo de empresa» es adecuada o no, cabe preguntarse si hoy tiene sentido hablar de un compromiso de esa índole, porque ello nos obliga a pensar qué entendemos por ética empresarial.

Con frecuencia, la demanda de ética empresarial ha sido el resultado de una toma de conciencia colectiva cuando las empresas se han implicado en acciones inaceptables e injustificables. Para muchas personas, la ética empresarial equivale a reclamar que «eso no vuelva a suceder». Ésta es una actitud muy reactiva que, en ocasiones, parece identificar la ética con controles más estrictos, tanto por parte de la sociedad como de las empresas y los colectivos profesionales. Obviamente, este hecho no deja de ser comprensible, y realmente necesario cuando se consideran determinadas actuaciones. De todos modos, vale la pena preguntarse si con esto es suficiente. Eso es lo que nos plantean expresiones como «civismo de empresa», que implican realizar propuestas y hablar en positivo. En definitiva, las empresas habrían de asumir que la ética no es únicamente una cuestión sobre aquello que está prohibido o aquello que no tendría que hacerse. Si bien no debería menospreciarse este aspecto de la ética, no hemos de olvidar jamás que, por encima de todo, la ética remite a nuestros proyectos,

131

cuestionándolos si es preciso y haciendo hincapié en su calidad humana y social. La ética deviene así una dimensión —y no un añadido— de cualquier proyecto organizativo.

Pero ¿tiene sentido hablar de ética —o de civismo— para referirnos a una organización? Es obvio que al hablar así no se excluye la dimensión ética y cívica de carácter personal, sobre todo porque sin un compromiso personal no hay ética ni civismo. Hablar de ética y civismo de las organizaciones no debe interpretarse como un debilitamiento de esta dimensión personal. Pero nuestro tiempo se caracteriza por la toma de conciencia de una realidad específica: las acciones humanas no son acciones exclusivamente individuales, sino que siempre se realizan dentro de un contexto organizativo. Y, por lo tanto, lo que se pretende subrayar con estas expresiones es la especificidad de la dimensión organizativa y también poner de manifiesto que existen aspectos de la ética empresarial que no pueden reducirse a una cuestión puramente individual.

En los últimos años se han producido numerosas declaraciones en este sentido. Por ejemplo, la de Juan Pablo II cuando afirma que cualquier opción para invertir en un lugar o en otro *es siempre una opción moral y cultural*. Eso no significa negar la racionalidad económica de tal opción pero sí reconocer que las decisiones organizativas comprenden una variedad de dimensiones. Esta afirmación no nos conduce hacia el reconocimiento de una contradicción o de una tensión trágica, sino hacia la asunción de una tensión propia de la complejidad de la realidad, que nos empuja a la innovación en la medida en que nos incita a crear alternativas que puedan integrar todas estas dimensiones.[1]

---

1 Desde esta perspectiva, que pone de manifiesto la creatividad derivada del reconocimiento de esta tensión, puede afirmarse que la imaginación ética es uno de los principales componentes de la ética empresarial.

Naturalmente, esta perspectiva implica que la dimensión ética es una parte *inherente* de la vida económica y empresarial. Es la expresión del reconocimiento de la influencia que las organizaciones tienen en la vida de la sociedad. En definitiva, es el resultado de comprender la acción de la empresa no sólo desde el mercado, sino también desde la sociedad.

Las empresas tienen poder, y lo ejercen. Pero el poder de la empresa no puede reducirse a su dimensión económica. Las empresas poseen asimismo poder social y cultural, que se manifiesta tanto en su influencia en las actividades de otras instituciones sociales como en su capacidad de configurar los valores, las costumbres y los estilos de vida. La acción empresarial no sólo tiene impacto sobre la calidad de vida de sus trabajadores, sino que contribuye al modelado del carácter y los valores de las personas que trabajan en la empresa; del mismo modo interviene en la innovación, la gestión y el ritmo del cambio tecnológico. Y no es necesario señalar cuál es su influencia sobre el medio ambiente y el poder político —al menos, en la medida en que pretenden influir en las decisiones políticas y competir con otros grupos con vistas a conseguir que sus intereses tengan prioridad—. En definitiva, *en el mundo actual, hablar de ética empresarial presupone enfrentarse con la realidad del poder empresarial.*

Esto nos obliga a pensar de nuevo qué entendemos por responsabilidad. Por poner un ejemplo, Hans Jonas ha propuesto analizar la responsabilidad como una clave para entender la ética de nuestra civilización tecnológica. Jonas sostiene que ya no podemos pensar en el poder simplemente en términos de poder político, y que tampoco podemos continuar separando la ciencia de la tecnología, ni concebir la tecnología como una especie de añadido instrumental del ser humano. La realidad de nuestra condición humana ha cambiado de una manera radical. Las innovaciones tecnológicas han modificado sustancialmente la relación entre lo que tenemos que hacer y lo que podemos hacer, y han creado una nueva realidad social en la que los seres humanos necesitan autorregular sus acciones. Resulta esencial señalar que los actores que tienen estas nuevas responsabilidades no son únicamente individuos aislados, sino también las empresas y las organizaciones como tales.

Las decisiones de las empresas afectan a las vidas de las personas de muchas y diversas maneras. Por este motivo, el ejercicio responsable del poder empresarial supone adquirir la capacidad para ver las empresas no sólo dentro del mercado, o desde el mercado. Y, por lo tanto, para comprender su acción y su aportación a la sociedad debemos situarnos más allá del corto plazo. Dicho de otro modo, aclarar qué son las empresas y qué quieren ser no consiste en formular misiones de una manera florida. Según mi punto de vista, el contenido real de un proyecto de empresa se revela —¡y de qué manera!— en la forma como las empresas ejercen su poder.

EL FOCO: NUEVAS RESPONSABILIDADES EN PROCESOS DE CAMBIO

No obstante, la necesidad de encontrar un marco de referencia para la ética de responsabilidad se manifiesta cuando las empresas intentan desarrollar la idea de responsabilidad social. La constatación de que el poder empresarial afecta a diversos grupos provoca instantáneamente una pregunta sobre lo que estos diversos grupos pueden esperar de las empresas que ejercen ese poder. ¿Qué expectativas razonables pueden mantenerse con respecto a las relaciones entre la sociedad y las empresas? ¿Cuándo y por qué resulta legítimo que las empresas ejerzan poder en sus diversos ámbitos de influencia? En última instancia, lo que está en juego es que «el poder no puede ser visto aisladamente de la responsabilidad, y esta relación entre poder y responsabilidad es el fundamento para apelar a la responsabilidad social de la empresa».[2] Esta relación no puede considerarse en términos abstractos. Por eso, el análisis de los *stakeholders* ha constituido tradicionalmente la base para intentar construir la mediación entre poder y responsabilidad, porque no existe ejercicio responsable del poder sin valorar quiénes son los afectados por las decisiones tomadas y cuál es el marco de referencia de las relaciones que queremos establecer con ellos.

Pero en el contexto contemporáneo, en un mundo pluralista e interdependiente, parece que los debates sobre el significado de la responsabilidad social de la empresa requieren alguna base común y compartida, como por ejemplo la noción de bien común (Klein, 1996), la aclaración de las metadecisiones en las que se basan las acciones (Singer y Singer, 1997), o una explicitación de los metavalores que sostienen una acción concreta (Coda, 1991). Porque, con independencia de cómo se denomine esta base, necesitamos un marco de referencia que sostenga una idea de responsabilidad que sea apropiada para la realidad actual, y que no se limite a afirmar retóricamente que las consecuencias de lo que hacemos son muy importantes.

El reciente informe de la UNESCO sobre la educación en el siglo XXI *(Learning: The Treasure Within)*, coordinado por Jacques Delors, pone de manifiesto la necesidad de formar para la innovación; la necesidad de formar a las personas para que sean capaces de evolucionar, de adaptarse a un mundo que cambia rápidamente, pero también para que puedan controlar y dirigir

2 Carroll, 1989, p. 17.

este cambio. Así mismo, el informe subraya que este enfoque sólo tiene sentido si dejamos de considerar la educación como una etapa de la vida y empezamos a verla como una de sus dimensiones constitutivas. Casi podríamos afirmar que nuestro reto consiste en aprender a vivir y en vivir aprendiendo.

La necesidad de formar a las personas para la innovación en un entorno cambiante también resulta aplicable a las empresas. Y es esta necesidad la que se localiza en el centro de la tensión que, según el informe de la UNESCO, domina el panorama del siglo XXI. Se trata de una tensión entre lo global y lo local, lo universal y lo individual, lo moderno y lo tradicional, entre perspectivas a largo plazo y a corto plazo, entre igualdad de oportunidades y competencia, entre aprendizaje creciente y capacidad humana para asimilar nuevos conocimientos, entre lo espiritual y lo material.

También en el *Libro blanco sobre Educación y Formación*, la Comisión Europea señala que los factores más decisivos que enmarcan nuestro presente son la aparición de la sociedad de la información, el impacto del mundo científico y tecnológico, y la internacionalización de la economía. No obstante, todo ello plantea la pregunta de si la globalización económica y tecnológica no exige también un *ethos* global o mundial —contrapuesto a lo que se ha criticado como la ideología de la globalización, que legitima la dominación de los globalizadores sobre los globalizados—. En otras palabras, hemos de preguntarnos cuáles serán las consecuencias éticas de aquello que el Club de Roma ha denominado «la primera revolución global». Y esta pregunta plantea, a su vez, otra: ¿las empresas y las organizaciones —que son, sin duda, actores relevantes en las revoluciones económicas y tecnológicas— no deberían ser también corresponsables de esta última revolución: la construcción, el desarrollo y la asunción del *ethos* global?

El *Libro blanco* de la Comisión Europea afirma que «la sociedad del futuro será una sociedad del aprendizaje». Pero cuando hablamos de una sociedad del aprendizaje —o, si se prefiere, de una sociedad del conocimiento— conviene no olvidar que esta sociedad será una sociedad de organizaciones. ¿Qué nuevos retos y, sobre todo, qué nuevas responsabilidades supondrá eso para las mismas organizaciones?

En este punto, considero pertinente la advertencia que formuló Lesourne (1988), al reconocer que puede hablarse con fundamento del nacimiento de una nueva sociedad: una sociedad impregnada de información, ciencia y tecnología, marcada por la diversidad de situaciones personales y el cambio de escala de los problemas sociales, caracterizados éstos, además, por la variedad de sus ritmos. También señaló que esta sociedad emergente planteaba, a la vez, nuevos requerimientos: las personas debían ser autónomas, capaces de adaptarse a la innovación, estar dispuestas a trabajar en grupo y a aceptar responsabilidades. En una sociedad que se basa en el conocimiento, el aprendizaje ha de considerarse el eje central de la vida personal y organizativa. Pero atención: un aprendizaje que no se limite a crear especialistas, sino que se oriente hacia el desarrollo de personas que reconozcan, al mismo tiempo, la creciente individualización de sus capacidades y la creciente interacción comunicativa en la que es posible su desarrollo. A esto mismo apuntaba el Club de Roma cuando, hace unos cuantos años, puso de relieve que el aprendizaje es en última instancia un enfoque, tanto del conocimiento como de la vida, que destaca la iniciativa humana. El aprendizaje, en este sentido, comprende la adquisición y la práctica de nuevas metodologías, nuevas habilidades, nuevas actitudes y nuevos valores necesarios para vivir en un mundo en cambio constante. Nuestro problema puede consistir en que nos centremos excesiva-

137

mente en desarrollar metodologías y habilidades, menospreciando el desarrollo de actitudes y de valores. Quizá sea conveniente empezar a considerar que sólo con metodologías y habilidades el proceso de cambio puede ser frágil y precario justamente a causa de su hipertrofia. ¿El mundo empresarial no tendría que dar respuesta también a este reto?

Así pues, cuando en estas páginas nos referimos al aprendizaje como clave de comprensión, aludimos a la capacidad para activar el potencial humano en todas sus dimensiones. Dicho de otro modo, el aprendizaje no se basa únicamente en técnicas o instrumentos, de la misma forma que el conocimiento no se refiere solamente a datos o información. Por consiguiente, en el centro de esta comprensión del aprendizaje se encuentra una afirmación del valor del individuo como persona. La preocupación por la calidad no puede limitarse exclusivamente a los procedimientos o a los productos; también incluye una inquietud por desarrollar la calidad humana.

Por todo ello, tendríamos que replantearnos la comprensión de las organizaciones y sus responsabilidades. Ya no podemos pensar en la responsabilidad de una manera simplista, en términos de causa y efecto. Es insuficiente comprender la responsabilidad desde una respuesta reactiva o calculadora, necesitamos una responsabilidad que se guíe por una visión fiel del futuro, y por un entendimiento del papel de las empresas en una sociedad cambiante. Del mismo modo que puede decirse que las crisis políticas e ideológicas actuales son, en gran medida, las crisis de ideologías derivadas de la industrialización y del maquinismo, también puede afirmarse algo parecido respecto a nuestra concepción sobre las organizaciones y sobre sus responsabilidades.

En primer lugar, las organizaciones habrían de ser, cada vez más, lugares donde cada uno aprendiera de los demás, donde cada uno representara un recurso para las demás personas y recibiera apoyo y ayuda procedentes de múltiples direcciones. Todo esto significa, pues, que no hablamos de un aprendizaje que sea únicamente instrumental u operacional. Nos referimos al hecho de que las empresas son espacios donde también se aprenden actitudes y valores. Tal como han señalado claramente autores como Sandel y Taylor, nuestros valores y nuestras actitudes siempre se basan en una tradición concreta, se configuran en un contexto particular y descansan sobre nuestros vínculos y nuestras relaciones específicas. En este sentido, las organizaciones son también, lo reconozcan o no, espacios éticos.

En segundo lugar, las organizaciones han de ser capaces de entender la responsabilidad no sólo en términos de causa y efecto, sino también en el sentido de comprenderse a sí mismas en la red de relaciones en la que están insertas. También son corresponsables de la viabilidad de las interrelaciones sociales en las que están situadas. Por eso ha podido afirmarse que «la responsabilidad ha de ser el principio que informe y organice la sociedad poscapitalista. La sociedad de organizaciones, la sociedad del conocimiento, requiere una organización basada en la responsabilidad».[3] En el contexto social, cultural y tecnológico de hoy, las organizaciones tienen que compartir valores comunes; comunes hacia dentro de la organización —en tanto que cultura— y comunes hacia fuera de la organización —en tanto que responsabilidad.

3 Drucker, 1993, p. 88.

EL PLURALISMO Y LA DIVERSIDAD: UN RETO PARA LA GOBERNABILIDAD

Son dos, por lo tanto, los retos presentes en la necesidad de avanzar hacia compartir valores comunes: uno es más intraorganizativo y otro más extraorganizativo, pero ambos incluyen una preocupación común, la del pluralismo cultural y la diversidad de valores entendidos como un reto creciente para la dinámica organizativa. Este pluralismo afecta a las empresas de dos maneras: por una parte, la globalización significa que hay, cada vez más, un mayor número de personas procedentes de contextos culturales diferentes que trabajan juntas en una misma empresa. Por otra parte, el hecho de que las sociedades actuales no compartan un único código moral significa que las empresas no pueden esperar que las personas que se incorporen a ellas se hayan educado en los mismos valores. Por este motivo, se produce una toma de conciencia creciente sobre la necesidad de que las organizaciones configuren sus propios valores compartidos. Valadier (1987) ha señalado que la sociedad moderna es una sociedad en proceso: una sociedad en la que la falta de una visión unánimemente compartida significa que no podemos dejar de implicarnos en un proceso continuo que nos permita expresar y justificar nuestros objetivos y los valores en los que arraigan. Tal vez podría decirse lo mismo de las organizaciones modernas, que son, naturalmente, hijas de la sociedad contemporánea.

Creo que la necesidad de un proceso de esta índole se ha tratado, hasta el momento presente, principalmente desde un ángulo intraorganizativo. De ahí la eclosión de todo tipo de «culturas de empresa». A pesar de muchas ambigüedades, eso supone, por lo menos, que los símbolos, los significados, los valores, los marcos de referencia compartidos son también relevantes para comprender y gestionar organizaciones. No abordaré en este momento la cuestión de si las organizaciones *tienen* una cultura o *son* una cultura, ni del uso que se hace de esta cultura, porque lo que me interesa es reconocer la importancia práctica que se otorga a los valores y a las creencias que comparten los miembros de una misma organización. Sin embargo, no deja de ser sintomático que esta importancia se manifieste cuando la cultura empresarial se considera en términos de cohesión y de procesos de cambio corporativos.

No se trata de negar la pertinencia de ver la empresa como cultura y, por lo tanto, de identificarla con determinados valores; lo que puede resultar más cuestionable es que la afirmación de los valores empresariales o corporativos se lleve a cabo sin referencia alguna a su legitimidad social. Hay que cuestionarse el uso de los valores empresariales cuando éstos sólo pretenden que los individuos se asimilen totalmente a los objetivos de la empresa. Si esto sucede, volvemos a un modelo premoderno de ética, en el que el énfasis de la empresa en los valores y la excelencia sería una manera de conseguir la cooperación por la vía de la asimilación sumisa de los valores corporativos, al tiempo que se afirma una comunidad de pertenencia que excluiría toda referencia extraorganizativa. Del «Todo por la Patria» pasaríamos al «Todo por la empresa». En este sentido, es sintomático que el énfasis en la importancia de los valores empresariales en muchos casos se haya producido de forma paralela con una preocupación decreciente por la responsabilidad social de la empresa.

En cambio, incorporar la idea de responsabilidad social nos proporciona una perspectiva más amplia, que podría facilitar que las empresas fuesen conscientes de las dimensiones sociales inherentes a cada una de sus actividades. Pero esta idea de responsabilidad social ha de situarse en un marco de referencia que justifique hablar de responsabilidad social y ética cuando se discuten temas tan diversos como la creación de puestos de trabajo, la publicidad o las exigencias medioambientales. Es en este punto donde cabe emprender un diálogo que «habría de abordar el papel de las profesiones en esta sociedad, la naturaleza, el alcance y los límites del poder profesional, y los efectos sociales de las tecnologías que las profesiones crean y controlan y de las cuales se sirven para configurar la totalidad de nuestra manera de vivir. De eso habla precisamente el discurso cívico, del tipo de sociedad que queremos tener y construir. ¿Cómo queremos distribuir el poder y la autoridad? ¿Con qué objetivos utilizamos la tecnología y la experiencia profesional?».[4] Si sustituimos «profesiones» por «empresas», la cuestión se ve más clara: ¿es necesario hacer de la perspectiva cívica una parte intrínseca de nuestras reflexiones sobre las empresas?

EL COMPROMISO CÍVICO COMO RESPONSABILIDAD COMPLEJA

Creo que el pluralismo constituye una oportunidad para configurar responsabilidades, siempre que se enmarque en un compromiso cívico que sea asumido tanto por los individuos como por las instituciones. Tal vez por este motivo no es ninguna casualidad que hoy en día se hable de la importancia del «capital social» o de la sociedad civil en el contexto del debate sobre la reformulación del Estado de bienestar. Pese a todo, la reformulación del Estado de bienestar puede ser una buena ocasión para crear nuevas responsabilidades. Ciertamente, uno de los aspectos que aparece en estos debates es el riesgo

4 Jennings, 1991, p. 567.

de que el Estado de bienestar pueda hacer que tanto los individuos como las instituciones pierdan el sentido de la responsabilidad. Cuando se confunden o se identifican los conceptos de «público» y «Estado», la gente cree que sólo el Estado ha de preocuparse por la sociedad o por tener un sentido de responsabilidad social. Desde esta perspectiva, las empresas no han de hacer otra cosa que cumplir la ley y pagar los impuestos. Considero que el tan criticado reduccionismo que confunde la ética con la legalidad —o, si se prefiere, obligación ética con obligación jurídica— es también el resultado de presentar al Estado como el único depositario de preocupación

FIGURA 1. UN NUEVO MARCO DE LAS RELACIONES,
UN NUEVO ESPACIO PARA LA RESPONSABILIDAD

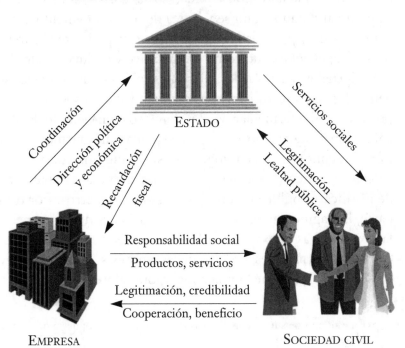

social. La figura 1 (que es simplemente una adaptación[5] de Habermas) intenta ilustrar este problema.

En este esquema, el Estado es el único puente entre las empresas y la sociedad civil. Es el centro alrededor del cual giran todas las relaciones y, por lo tanto, las empresas pueden considerar que han cumplido con todas las demandas sociales en la medida en que operen dentro del marco de relaciones establecido por el Estado. Los únicos problemas sociales que las empresas han de abordar son los relacionados con sus trabajadores y, por eso mismo, los pactos sociales entre los empresarios y los trabajadores constituyen la principal expresión, si no la única, de la responsabilidad social de la empresa.

Queda claro que resulta difícil enfatizar el compromiso cívico y la responsabilidad social en las empresas si se parte del supuesto de que la responsabilidad social corresponde exclusivamente al Estado. Aquí se verifica de nuevo el vínculo entre paternalismo y pasividad. Pero en cuanto se pone entre paréntesis el papel del Estado como eje exclusivo y excluyente alrededor del cual giran todas las relaciones sociales, las empresas se ven obligadas a justificarse directamente ante la sociedad, sin protección ni intermediarios. Por poner sólo un ejemplo, la globalización ha de reconocerse como algo más que una mera cuestión de economía y tecnología: es así mismo una cuestión de ecología y cultura, y eso significa que las empresas también han de justificarse públicamente desde estos parámetros. Por otra parte, la fragmentación social, las nuevas redes de relaciones y las expectativas cada vez más diversas comportan que la sociedad demande más y espere más de las empresas, los productos y los servicios de los que también incorpora valores y significados.

---

5 En este punto asumo, con algunas correcciones, la propuesta de García Marzá (1997).

Eso nos conduce hasta otra perspectiva, que se intenta ilustrar en la figura 2. Es preciso ser conscientes de las nuevas relaciones sociales que se construyen a través de la actividad empresarial, y de las repercusiones sociales de esta actividad. La asunción de estas relaciones no pasa por las regulaciones estatales, sino que demanda el aprendizaje de una nueva interacción entre las empresas y la sociedad. Naturalmente, esto no significa que las empresas hayan de asumir el papel del Estado, ni tampoco que hayan de comprometerse en la acción política. La empresa no puede buscar *directamente* el bien de la sociedad ni intervenir directamente en el gobierno de la sociedad, pero sí que puede preguntarse cuáles son las dimensiones y las demandas cívicas inherentes a su actividad.

FIGURA 2. UNA VISIÓN DE LAS RELACIONES
ENTRE LAS EMPRESAS Y LA SOCIEDAD CIVIL
EN EL ESTADO DE BIENESTAR

El análisis de Walzer (1983) puede ayudarnos a contextualizar esta cuestión, si bien mi enfoque es un poco diferente. En síntesis, la relación entre la empresa y la sociedad sólo puede analizarse si entendemos lo que hay en juego en la actividad *específica* de la empresa en todas sus dimensiones. Por lo tanto, esta relación no puede verse como una especie de añadido de su actividad ordinaria, sino que ha de entenderse como una parte *inherente* de esta actividad. Así pues, las actuaciones empresariales no operan sólo con una variedad de bienes, sino que esta circunstancia implica siempre operar también con el significado que estos bienes han adquirido en su contexto social. Por este motivo, la actividad empresarial no puede entenderse si la reducimos a su dimensión económica. De la misma manera que se ha afirmado que en las empresas faltas de perspectiva, los números sustituyen la visión (Naisbitt, 1985), una visión estrecha de la empresa es incapaz de comprender que toda actividad empresarial es siempre, de hecho, una manera concreta de integrar la dimensión económica y la social.

La actividad empresarial no sólo produce productos y servicios, sino que también produce a las mismas empresas como tales. Y esta producción se lleva a cabo por medio de una gran variedad de bienes. Las empresas operan simultáneamente con significados económicos y con significados sociales. Este hecho se pone de manifiesto continuamente. Por ejemplo, cuando se habla de organizar el trabajo y de las ganancias, cuando se habla de los productos y los servicios y de su impacto en la comunidad, cuando se habla de formas de comunicación empresarial y de las relaciones de la empresa con sus diversos interlocutores. En una sociedad marcada por el cambio y la innovación, el valor que se reconoce a lo que hacen las empresas no es inmutable, sino que se percibe dentro del marco de un horizonte de significado que otorga legitimidad a la acción empresarial.

En este sentido, considero que integrar la dimensión económica y la dimensión social ya no puede verse como una opción. Más bien es el resultado de reconocer que esta doble vertiente constituye una parte indisociable de las actividades ordinarias de las empresas. Todas las empresas pueden decidir libremente cómo quieren aproximarse a estas dos dimensiones de su actividad y qué comportará esta aproximación. Y me refiero a *todas* las empresas porque creo que la interpretación que propongo puede resultar válida para todo tipo de empresas, tanto pequeñas como grandes. No se trata de un añadido sólo al alcance de grandes empresas que pueden crear instituciones que complementan «socialmente» su actividad. En definitiva, *todas* las prácticas y las actividades empresariales incluyen relaciones entre las empresas y la sociedad, y estas relaciones no pueden limitarse al uso que las empresas pueden hacer de partes más o menos significativas de sus presupuestos. Reducir a eso las relaciones entre la empresa y la sociedad es precisamente lo que ha contribuido a formar una percepción de la responsabilidad social de la empresa como una actividad adicional por parte de ésta.

Creo que en una sociedad compleja, inmersa en un clima de cambios tecnológicos, sociales y culturales, no son suficientes por sí solos ni el consecuencialismo —que no se plantea que no existen consecuencias sin interpretación— ni los principios universales —que son demasiado abstractos—. Así como Walzer habla de la igualdad compleja, yo propongo que se hable de la responsabilidad compleja en el mundo empresarial. Esta responsabilidad compleja es el resultado de integrar dos cuestiones en el análisis de las actuaciones de las empresas: cuáles son las consecuencias de lo que la empresa hace con el poder de que dispone y cuál es el significado de los bienes con los que opera. En este punto, el caso que se ha descrito al principio de este artículo ilustra el intento por parte de una empresa de aceptar la responsabilidad compleja ligada a su decisión mediante la consideración de las consecuencias para los afectados y del contexto socioeconómico en el que la decisión se lleva a cabo.

En esta línea, considero que un proceso de aprendizaje organizativo que conduzca a la aceptación de una responsabilidad compleja ha de proporcionar los medios con los que cada empresa pueda formular sus propios valores, identificar las líneas de actuación que sean más coherentes con estos valores, indagar cómo pueden incorporarse en el proceso de toma de decisiones y crear la manera de desarrollar una forma de dar cuenta de su realización.

En última instancia, toda organización habría de percibirse también como un espacio ético. Y la construcción de este espacio se relaciona directamente con la manera como cada organización entiende su responsabilidad social. Esto significa que es preciso desarrollar algún tipo de competencia ética, tanto en el ámbito personal como corporativo. Probablemente, también sería necesario valorar las culturas de empresa desde esta perspectiva. Cuando se insiste en la importancia de los procesos de aprendizaje organizativos en una sociedad del conocimiento, esto es así precisamente porque a través de estos procesos las empresas configuran los valores, los significados y la sensibilidad compartidos que, en la práctica, las constituyen como espacio ético.

Creo, además, que la idea de responsabilidad compleja puede ser un significativo punto de referencia en el desarrollo de los procesos de aprendizaje. En primer lugar, porque acentúa la importancia de considerar la empresa en el marco de su red de relaciones sociales. En segundo lugar, porque no reduce la responsabilidad a una simple visión consecuencialista, sino que remarca el hecho de que las consecuencias se conectan directamente con el significado social que tienen las prácticas empresariales en el contexto en el que opera la empresa. Y, en tercer lugar, porque la idea de responsabilidad compleja pone de manifiesto que la ética no es un accesorio opcional en la práctica empresarial, sino una dimensión que siempre está presente en las acciones de las empresas.

Consecuentemente, la responsabilidad compleja también exige que nos replanteemos las ideas que tenemos sobre el éxito y la manera como lo interpretamos, ya que, desde esta perspectiva, las valoraciones del éxito empresarial habrían de integrar sus dimensiones económicas y sociales. Evidentemente, eso no significa que entre estas dimensiones nunca exista tensión, pero su articulación integrada es lo que guía la asunción práctica de la responsabilidad compleja.

CONCLUSIÓN: ¿COMPROMISO CÍVICO DE LA EMPRESA?

Ciertamente, lo que se ha tratado aquí no adquiere la misma relevancia para todas las cuestiones relacionadas con la ética empresarial. Porque, cuando las preocupaciones que predominan comportan un enfoque negativo de la ética, más orientada a evitar un comportamiento reprobable, muchas de las cuestiones que se han propuesto parecerán una quimera. Pero, cuando el enfoque es positivo, cuando el objetivo es orientar, inspirar y guiar la búsqueda de formas de acción empresariales, considero que es necesario explorar el concepto de responsabilidad compleja. En resumidas cuentas, creo que esta perspectiva comporta que las instituciones sean conscientes de que sus mismas actividades ordinarias las hacen, de alguna manera, corresponsables de la configuración de la sociedad en la que actúan.

En cualquier caso, mi pretensión era debatir y analizar el problema, no discutir sobre cómo debería denominarse. No hago cuestión del nombre. Pero me he atrevido a vincular el concepto de responsabilidad compleja con la idea de compromiso cívico de la empresa porque me parece que una cierta visión de la empresa como ciudadana clarifica lo que he propuesto. Podríamos preguntarnos si en el futuro inmediato el mundo empresarial no habrá de crear —o reforzar— aquello que se ha formulado como una cierta «tradición republicana». En el ámbito individual se ha asumido que es posible una percepción del ciudadano como una persona que se relaciona simultáneamente con el Estado y con sus conciudadanos. En consecuencia, la ciudadanía entendida como estatus jurídico no ha de confundirse con la ciudadanía entendida como el conjunto de virtudes, cualidades y actitudes deseables en los miembros de una comunidad (Kymlicka y Norman, 1994). Convertirse en ciudadano significa hacer de estas dos facetas de la ciudadanía —la política y la social— una parte integral de la propia vida. Así pues, por analogía, el compromiso cívico de la empresa comporta asumir tanto los requisitos jurídicos y políticos como las implicaciones de verse como miembro de la sociedad. Las empresas que aceptan el compromiso cívico también aceptan las dos facetas de la ciudadanía: el compromiso inherente a sus derechos y deberes, y el compromiso con la sociedad.

Soy consciente de que esta analogía, que persigue vincular la idea de ciudadanía con la idea de empresa, puede parecer ambigua. Puede parecer, incluso, una generalización inapropiada, si bien personalmente considero que tenderá a ganar peso en los próximos años. Con todo, pienso que, al menos, en dos puntos la ambigüedad no es posible. En primer lugar, no puede ser entendida como un pretexto que permitiría que los individuos abandonasen sus responsabilidades. El civismo de empresa no pretende sustituir el civismo de los ciudadanos, sino todo lo contrario. Y, en segundo lugar, no puede interpretarse que proyecta demandas excesivas sobre las empresas. Muy al contrario, el compromiso cívico que constituye la ciudadanía de empresa se refiere a las dimensiones sociales y culturales *inherentes* a las prácticas y a las actividades de toda organización. Creo que pensar en términos de ciudadanía de empresa no constituye ni una panacea ni una alternativa, sino una formulación que quiere expresar uno de los retos que actualmente tenemos planteados: el de construir una nueva comprensión de las relaciones entre las empresas y la sociedad que sea la adecuada para los nuevos problemas empresariales y las nuevas expectativas sociales.

La idea de civismo de empresa no pretende confundir o mezclar los aspectos jurídicos, los económicos y los sociales de la acción empresarial. Pero sí que se propone integrarlos, en una visión amplia de lo que ha de entenderse por responsabilidad social. No significa separar la empresa del núcleo de sus objetivos, sino que significa asumir que estos objetivos son multidimensionales y que el éxito empresarial se relaciona con todos ellos y no con uno solo. En última instancia, se trata de plantearnos cómo deberíamos percibir las relaciones entre la empresa y la sociedad cuando ambas se encuentran inmersas en sus propios procesos específicos de cambios e innovación.

REFERENCIAS BIBLIOGRÁFICAS

APEL, K. O. (1990): «One Ethic of Co-responsibility for Europe and the World», en CASTIÑEIRA, A.: *Europa a la fi del segle XX*, Barcelona, Acta.

AUBERT, N.; GAUJELAC, V. (1991): *Le coût de l'excellence*, París, Seuil.

BELL, D. (1973): *The Coming of the Post-Industrial Society*, Nueva York, Basic Books.

BELLAH, R. N. *et al.* (1985): *Habits of the Heart*, Berkeley, University of California Press.

CARROLL, A. B. (1989): *Business & Society. Ethics & Stakeholder Management*, Cincinnati, South-Western Publishing.

CODA, V. (1991): «Entrepreneurial Values and the Success of the Firm», en *Finanza, Marketing e Produzione*, edición especial, pp. 9-42.

CORTINA, A. (1993): *Ética aplicada y democracia radical*, Madrid, Tecnos.

DRUCKER, P. F. (1993): *Post-capitalist Society*, Oxford, Butterworth-Heinemann.

—(1992): «The New Society of Organizations», en *Harvard Business Review*, septiembre-octubre, pp. 95-104.

Comisión Europea (1996): *White Paper on Education and Training. Teaching and Learning: Towards the Learning Society*, Luxemburg, Oficina de Publicaciones Oficiales de las Comunidades Europeas.

FALISE, M.; REGNIER, J. (1992): *Repères pour une éthique d'entreprise*, Lille, Centre d'Éthique Contemporaine.

FREDERICK, W.C.; DAVIS, K.; POST, J. E. (1988): *Business and Society. Corporate Strategy, Public Policy, Ethics*, Nueva York, McGraw Hill.

FREEMAN, R. E.; REED, D. (1983): «Stockholders and Stakeholders: A New Perspective on Corporate Governance», en *California Management Review*, vol. 25 (3), pp. 88-106.

GAGLIARDI, P. (1986): «The Creation and Change of Organizational Cultures: A Conceptual Framework», en *Organization Studies*, vol. 7 (2), pp. 117-134.

GARCÍA MARZÁ, D. (1997): «Del balance social al balance ético», en CORTINA, A. (dir.): *Rentabilidad de la ética para la empresa*. Madrid, Visor, pp. 229-254.

GUERRETTE, R. H. (1994): «Management by Ethics. A New Paradigm and Model for Corporate Ethics», en LEWIS, A.; WÄRNERYD, K.E.: *Ethics and economic affairs*, Londres, Routledge, pp. 51-114.

HABERMAS, J. (1973): *Problemas de legitimación en el capitalismo tardío*. Madrid, Amorrortu.

JENNINGS, B. (1991): «The Regulation of Virtue: Cross-Currents in Professional Ethics», en *Journal of Business Ethics*, vol. 10, pp. 561-568.

KLEIN, S. (1996): «An Aristotelian Approach to Ethical Corporate Leadership», en *Business & Professional Ethics Journal*, vol. 14 (3), pp. 3-23.

KYMLICKA, W.; NORMAN, W. (1994): «Return of the Citizen: A Survey of Recent Work on Citizenship Theory», en *Ethics*, vol. 104, pp. 257-289.

LESOURNE, J. (1988): *Education & Société. Les défis de l'an 2000*, París, La Découverte.

LOZANO, J. M. (1995): «Business Ethics versus Ethics in Business?», en HOIVIK, H. W.; FOLLESDAL, A.: *Ethics and Consultancy: European Perspectives*, Dordrecht, Kluwer, pp. 229-251.

—(1997): *Ètica i empresa*, Barcelona, Proa.

MARSICK, V. J. (1988): «Learning in the Workplace: The case for Reflectivity and Critical Reflectivity», en *Adult Education Quarterly*, vol. 38 (4), pp. 187-198.

MCINTOSH *et al.* (1998): *Corporate Citizenship*, Londres, Pitman.

NAISBITT, J.; ABURDENE, P. (1985): *Reinventing the Corporation*, Megatrends.

SETHI, S. P. (1975): «Dimensions of Corporate Social Performance: An Analytical Framework», en *California Management Review*, vol. 17 (3), pp. 58-64.

VALADIER, P. (1987): *L'Église en procés*, París, Calmann-Lévy.

WALZER, M. (1983): *Spheres of Justice. A Defence of Pluralism & Equality*, Oxford, Balckwell.

ARGENTINA Y SU REINSERCIÓN EN EL MUNDO
Condicionantes y transformaciones estructurales que la impulsan

José Alejandro Bernhardt

INTRODUCCIÓN

E l propósito de este artículo consiste en aportar algunas reflexiones con respecto a las relaciones económicas y empresariales entre Europa y América Latina, en este caso desde la perspectiva de Argentina, en función de las transformaciones estructurales que el país ha experimentado en la última década del siglo XX.

A tal efecto, se empieza efectuando una breve síntesis de los rasgos centrales de la evolución económica de este país, poniendo de relieve el rol que desempeñaron en cada etapa las relaciones entre Argentina y el mundo.

A continuación, se puntualizan los síntomas que caracterizarían el escenario mundial a finales del siglo XX, dominado por la presencia del fenómeno que se ha denominado globalización económica, así como los desafíos que el mismo significa para la nueva inserción del país en el mundo y en el mercado global.

También se hace énfasis en la naturaleza del cambio en las reglas de juego internas de Argentina, como consecuencia del denominado Plan de Convertibilidad instaurado a partir del año 1991, y se destaca el impacto que ello ha representado para las conductas y los comportamientos político-sociales.

Seguidamente, se pasa a describir sintéticamente la aplicación de dicho plan, abarcando como instancias de análisis las condiciones iniciales, los objetivos centrales postulados, las principales medidas adoptadas y la estrategia implícita, así como los principales resultados obtenidos al concluir la que podríamos identificar como primera etapa del plan (finalización del mandato del presidente Carlos Menem en diciembre de 1999). También se incluye el diagnóstico, los objetivos, las estrategias implícitas y las primeras medidas puestas en práctica por el Gobierno nacional instalado a partir de la fecha mencionada, que da inicio a una segunda etapa del plan económico.

Antes de acabar se describen los motivos por los cuales las relaciones económicas y empresariales de Argentina con el mundo, y con Europa en particular, seguramente se verán incrementadas y fortalecidas durante los próximos años.

Y, por último, se puntualizan algunas conclusiones, las que destacan los aspectos esenciales de esta breve aproximación a la temática planteada desde la perspectiva argentina.

Por otro lado, además de lo que ya revelan los registros estadísticos en cuanto a la importancia de estas relaciones y de lo que pareciera ser su previsible incremento de acuerdo con lo que se expone en este trabajo, la institución a la que representa el autor de este artículo constituye una evidencia concreta de que estas vinculaciones encuentran canales muy novedosos. En efecto, la Escuela Superior de Administración y Dirección de Empresas (ESADE), de Barcelona, ha desarrollado con éxito durante el período noviembre 1997-mayo 2000 un MBA para directivos y docentes del Instituto de Ciencias de la Administración (ICDA), dependiente de la Universidad Católica de Córdoba, Argentina, dictado casi totalmente en la propia sede del ICDA por docentes de ESADE. Este proyecto, inédito en el país por sus características, es un elemento más que pone de manifiesto que las vinculaciones internacionales no sólo crecerán, sino que también abarcarán áreas, sectores y modalidades con una diversidad difícil de imaginar.

LA ECONOMÍA ARGENTINA HASTA 1990

El producto *per cápita* en Argentina experimentó una tasa de crecimiento del 0,7% anual entre 1929 y 1983, mientras que a lo largo de las tres primeras décadas del siglo había sido del 1,8% anual. Numerosos países, que a comienzos de siglo crecían a un ritmo mucho menor que Argentina, pasaron a hacerlo a una velocidad muy superior desde 1930 en adelante. Países como Japón y España, que en 1930 tenían ingresos por habitante inferiores a los de Argentina, ahora la superan claramente, mientras que otros, como México y Brasil, que no alcanzaban a tener ingresos equivalentes a un tercio de los de Argentina, en la década de los ochenta de este siglo, prácticamente la habían equiparado.[1]

---

1 Para una descripción detallada de esta evolución así como para abordar el análisis de sus causas, véase *Volver a crecer*, Domingo Cavallo, Planeta, Buenos Aires, Argentina, 6.ª edición, 1993, y *La Argentina que pudo ser*, Domingo Cavallo, Roberto Doménech y Yair Mundlak, Manantial, Buenos Aires, Argentina, 1989.

Este «desposicionamiento» absoluto y relativo de Argentina en el mundo ocurrió mientras el contexto mundial experimentaba enormes modificaciones y las instituciones económicas que el país construía trataban de dar respuestas a sus consecuencias. De esta interacción resultó una evolución desde un diseño global de política económica denominado «agroexportador» o «de crecimiento hacia afuera» a otro llamado «por sustitución de importaciones» o de «crecimiento hacia adentro». Durante la vigencia del primero de estos modelos (1860-1930), el factor dinamizador estuvo constituido por las exportaciones, favorecidas por una demanda mundial de productos agropecuarios específicos de zonas templadas, atendida por la oferta de Argentina, sustentada en el fuerte ingreso de inversiones extranjeras. Esta compatibilidad aseguró un crecimiento sostenido e importante.

La crisis mundial de 1930 marcó el final de este modelo de funcionamiento, donde la caída de la demanda y de los precios internacionales de los productos agropecuarios frenaron el crecimiento y las importaciones y, en consecuencia, el consumo y la inversión.

El modelo sustitutivo de importaciones procuró reemplazar la contraída absorción externa por la demanda interna, impulsando la industrialización para producir localmente lo que la falta de divisas impedía conseguir a través de las importaciones. El Estado cobró creciente participación mientras el mapa sociológico del país se modificaba profundamente a través de las políticas redistributivas que el modelo requería para asegurar una demanda interna creciente.

La imposibilidad de fortalecer las exportaciones a través de una mayor presencia de aquéllas con alto valor agregado fue consolidando poco a poco situaciones deficitarias en la balanza comercial, mientras que la balanza de servicios fue reflejando el impacto del endeudamiento que iba en aumento.

Por su parte, en el presupuesto público impactaban las pujas distributivas exacerbadas por la falta de crecimiento económico y por las constantes redistribuciones del ingreso, lo que provocó un déficit crónico que —al ser financiado con emisión de moneda— desembocó en un proceso continuo de crecimiento en los precios, con picos hiperinflacionarios destructivos de las bases de funcionamiento de una economía de mercado.[2]

El medio siglo transcurrido entre 1930 y 1983 fue escenario, además, de numerosas interrupciones del orden constitucional por parte de Gobiernos de facto, que agregaron a la inestabilidad económica una cuota adicional de imprevisibilidad desde lo específicamente institucional, y afectaron también la vinculación de Argentina con el resto del mundo.

La década de los noventa encontró al país con un endeudamiento externo importante, déficit en la cuenta corriente del balance de pagos y en el presupuesto del Estado, alta inflación, economía cerrada, baja competitividad, ahorro doméstico insuficiente, stock de capital obsoleto, tensiones sociales acumuladas por muchos años de estancamiento económico y procesos decisorios trabados por regulaciones y reglas de juego desincentivadoras de la iniciativa privada.

Argentina abandonó el papel que desempeñó como actor central de los flujos del comercio internacional y del movimiento de capitales durante los setenta años posteriores a su organización política nacional, ocurrida hacia 1860, y se reple-

---

2 Un análisis de este proceso puede consultarse en Ricardo Ferrucci, *Política económica argentina contemporánea*, Macchi, Colombia, 3.ª edición, 1991.

gó sobre sí misma durante los siguientes sesenta años, hasta 1990. Este cambio de rumbo fue resultado de circunstancias mundiales y de decisiones internas que trajeron como consecuencia la desaceleración y el estancamiento del crecimiento económico, y —junto a ello— la necesidad de volver a plantearse la reinserción en un mundo que se había modificado profundamente mientras Argentina se mantuvo «encerrada» en sí misma. Durante este virtual «encierro», la relativa abundancia de los recursos, la actitud de oferentes poco propensos a competir, la conducta complaciente de consumidores carentes de opciones y reglas de juego no estimulantes de la creatividad, la innovación y la competencia, son algunos de los factores que actuaron para que el país permaneciera en un atraso relativo que pronto se constituiría en una seria limitación para su reinserción en el mundo.

UN MUNDO DIFERENTE:
GLOBALIZACIÓN ECONÓMICA

Cuando Argentina intenta reinsertarse en el mundo durante la última década del siglo XX, encuentra que éste funciona de forma muy distinta a aquella que había conocido cuando sus relaciones económicas internacionales eran fluidas y sustentaban su modelo de crecimiento. ¿Qué rasgo esencial caracterizaba ahora el escenario mundial?: la globalización económica, un cambio cualitativo en las vinculaciones entre países y regiones. Este hecho, discutido en cuanto a su alcance y profundidad, se evidencia en síntomas como los siguientes:

a) *Universalización de los gustos de los consumidores*: el efecto demostración, las campañas mundiales de marketing y la información en tiempo real que proporcionan los medios de comunicación, son factores que fortalecen las exigencias de consumidores que no toleran ofertas inadecuadas a los estándares mundiales.

b) *Universalización de la tecnología*: los modos más eficientes para producir se difunden velozmente por el mundo, y modifican no sólo el mapa tecnológico de los países sino también sus modos de vida, las demandas de sus factores productivos, sus precios relativos y la distribución del ingreso.

c) *Integración de la producción a escala mundial*: las funciones de producción tradicionales, acotadas a dimensiones temporales y espaciales de gran simplicidad, han adquirido ahora complejidades nunca antes imaginadas, con las exigencias que esto plantea en cuanto a su adecuada gestión.

d) *Creciente movilidad de capital*: el capital se desplaza por el mundo a velocidades antes desconocidas, y responde a la combinación de estímulos de rentabilidad y riesgo provenientes de un mundo interdependiente y con información cada vez más transparente, que obliga a los países y regiones a competir por la oferta de escenarios socioeconómico-políticos relativamente más propicios para su radicación y permanencia.

Algo ha cambiado en la naturaleza de los escenarios económicos y aparecen nuevas oportunidades y amenazas, pero también es necesario construir formas creativas para aprovechar las primeras y para eludir las segundas. La reinserción de Argentina en el mundo, a partir de este escenario, implica redefinir las reglas de juego macroeconómicas internas y propiciar la adopción de conductas microeconómicas adecuadas a las mismas por parte de sus empresas, considerando las restricciones planteadas tanto por las fortalezas y debilidades inicialmente existentes, a raíz de la historia previa, como por la evolución de las mismas a consecuencia de las políticas económico-sociales puestas en práctica.

EL ABRUPTO CAMBIO DE LAS REGLAS DE JUEGO EN ARGENTINA

En un contexto como el descrito en el punto precedente, Argentina buscó reinsertarse en el mundo impulsada por su propia situación interna, a partir de la cual las perspectivas de crecimiento económico dependían en gran manera del ingreso de capitales externos, tanto por inversiones directas como por préstamos, así como de la mayor participación en el comercio internacional, dado el alto nivel de endeudamiento externo acumulado y la insuficiencia del ahorro doméstico para impulsar el aparato productivo.

El cambio en las reglas de juego macroeconómicas de la década de los noventa se hace patente a través de los elementos enumerados en la Tabla 1.

El escenario previo había configurado mercados imperfectos, con clientes cautivos, donde la calidad y la innovación no aparecían como variables competitivas, mientras el atraso tecnológico y la ineficiencia eran disimulados por una vorágine inflacionaria que impedía apreciar la realidad de los costos de producción y postergaba la necesidad de racionalizarlos. Mientras tanto, en lugar de la calidad de los procesos decisorios, actuaba la discrecionalidad de los funcionarios de turno,

TABLA 1. EL CAMBIO DE LAS REGLAS DE JUEGO
MACROECONÓMICAS

DESDE	HACIA
• Economía cerrada	• Economía abierta
• Economía regulada	• Economía desregulada
• Inflación e hiperinflación	• Estabilidad de precios y deflación
• Servicios públicos oficiales	• Servicios públicos privados
• Iniciativas gubernamentales	• Iniciativas privadas
• Inestabilidad política	• Estabilidad política
• Administración impositiva permisiva	• Administración impositiva agresiva
• Mercados laborales rígidos	• Mercados laborales flexibles
• Centralización (salud, educación, etc.)	• Descentralización (salud, educación, etc.)

que debían operar contraponiendo voluntades y fuerzas sectoriales, en un juego cortoplacista que exacerbaba las pujas distributivas e hipotecaba las posibilidades de crecimiento a largo plazo.

Estas reglas de juego configuraron una cultura y unos comportamientos determinados a nivel de los decisores económicos (tanto en su rol de productores como en el de consumidores), que resultaron efectivos y funcionales en el escenario previo, pero que pasarían a ser dramáticamente obstaculizantes para la ruptura de los paradigmas que exigirían las características del nuevo escenario, el que se «desplomaría» sobre la sociedad argentina cuando ésta saliera de su prolongado aislamiento.[3]

3 *Cultura organizacional y efectividad organizacional: una vinculación compleja. Estudio bibliográfico y reflexiones personales,* José A. Bernhardt, monografía inédita, Córdoba, Argentina, julio 1999.

EL PLAN DE CONVERTIBILIDAD COMO MOTOR DE LOS CAMBIOS EN ARGENTINA

a) Período 1991-1999

La política económica aplicada desde 1991 en Argentina partió de una realidad tal como la que de manera sintética quedó descrita en el apartado titulado «La economía argentina hasta 1990».

Generalmente se acepta que todo plan económico debería explicitar cuatro objetivos fundamentales, y fijar metas concretas acerca de los siguientes aspectos:

- Crecimiento
- Precios
- Empleo
- Distribución del ingreso

El plan aplicado estableció claramente objetivos en torno a los dos primeros aspectos, pero fue reticente para contener expresiones acerca de los dos últimos.

El enfoque adoptado se orientó hacia la desregulación y apertura de la economía para favorecer la iniciativa privada, y estableció medidas tales como:

- Privatización de empresas del Estado prestatarias de servicios públicos.
- Concesión al sector privado de la prestación de numerosos servicios públicos.
- Descentralización de servicios dentro de la organización política del país, desde el nivel nacional al provincial y desde éste al municipal.

- Disminución de aranceles y eliminación de trabas limitantes del comercio exterior.
- Reducción del rol global del Estado en el funcionamiento de la economía: abandono de la prestación de numerosos servicios y disminución de su acción reguladora.
- Convertibilidad de la moneda a un tipo de cambio fijo, con la garantía de las reservas del Banco Central de la República Argentina, bajo el marco de una ley aprobada por el Congreso de la Nación.
- Supresión de esquemas restrictivos para la radicación de inversiones extranjeras.
- Creación del sistema privado de jubilaciones, a fin de estimular el ahorro doméstico y el mercado de capitales para financiar el proceso de inversión.

La estrategia implícita apuntó a recrear condiciones favorables de rentabilidad y riesgo para los inversores extranjeros, con el fin de captar el flujo de capitales imprescindible para poner en marcha un vigoroso proceso de crecimiento con estabilidad de precios, generador, al mismo tiempo, de los recursos necesarios para atender los costos sociales emergentes de los procesos de ajuste estructural. La estrategia intentó no emplear precios y salarios como herramientas redistributivas del ingreso, y procuró que actuaran como señales adecuadas para la asignación eficiente de los recursos, y de este modo dejar para la política fiscal el rol de cubrir dichos aspectos redistributivos, sin obstaculizar la eficiencia productiva.

Al cabo de una década de aplicación de este esquema, los resultados macroeconómicos obtenidos han sido los siguientes:

a) *Significativo crecimiento del producto bruto interno*, el que —pese a un par de años de retroceso, como fueron 1995 y 1999— muestra índices importantes a nivel mundial. En efecto, en los nueve años que van desde 1991 hasta 1999 el PIB creció algo más del 50%, lo que representa una tasa anual acumulativa promedio de alrededor del 5%.

b) *Reducción a cero de la inflación*: se pasó de la hiperinflación, a fines de la década de los ochenta, a la estabilidad de precios actual, y llegaron a verificarse incluso algunos registros de deflación.

c) *Crecimiento casi sin precedentes de la desocupación*, que pasó del 6% en el año 1990 al 14% actual, llegando al 18% como valor máximo en 1995. Esto fue producto, especialmente, de la reforma del Estado, de las privatizaciones y de la reconversión tecnológica del sector privado, sin el necesario acompañamiento de políticas sociales compensatorias.

d) *Aumento de la concentración del ingreso*, ya que entre 1990 y 1999, el 20% más rico de la población aumentó su participación en la distribución del ingreso desde el 50,8% al 52,3% del total, mientras que el 20% más pobre de la población disminuyó la suya desde el 5,7% hasta el 4,3%.

Estos indicadores sitúan a Argentina entre los países de mayor concentración del ingreso, producto del profundo rediseño de la estructura social provocado por la aplicación del plan económico.

Estos resultados muestran la consolidación de un país dual, donde conjuntamente con resultados positivos (crecimiento económico y reducción de la inflación) encontramos resultados negativos (aumento de la desocupación y de la concentración del ingreso).[4]

Por otro lado, el crecimiento del endeudamiento externo público y privado se constituyó en la fuerza estimulante de los resultados positivos del plan, pero también en un factor limitante para revertir sus resultados negativos. Solamente la deuda externa pública, sin incluir la del sector privado, se duplicó entre 1990 y 1999 pasando la barrera de los 100.000 millones de dólares, cifra por demás significativa si se la compara con el nivel del producto bruto interno a precios de mercado (PIBpm) de Argentina, calculado en alrededor de 300.000 millones de dólares. Si se incorpora el endeudamiento privado, el total de la deuda externa llega a los 150.000 millones de dólares, es decir, al 50% del PIBpm.

Este endeudamiento alcanzó los niveles mencionados pese a que la inversión bruta (IB) no superó a lo largo de la década el 20% del PIBpm, ya que el ahorro doméstico se situó solamente en torno al 16% del PIBpm, con lo cual el ahorro externo debió aportar sistemáticamente el 4% del PIBpm restante. Este resultado es compatible con un crecimiento de los componentes de la absorción interna de la demanda global (consumo e inversión) superior al de la generación interna de la oferta global (PIBpm), ya que las exportaciones crecieron a un ritmo muy inferior al que experimentaron las importaciones. Además, el coeficiente de apertura de la economía argentina[5] es relativamente bajo, puesto que se sitúa en torno a un valor de 0,15.

4 Una descripción de las causas y consecuencias de la conformación de un país dual puede encontrarse en *Hacia un desarrollo económico con equidad social*, José A. Bernhardt y José Martín Sola, Universidad Católica de Córdoba, Argentina, 1999.
5 (Importaciones + exportaciones) / PIBpm.

La distribución del comercio exterior argentino por regiones, donde se aprecia la importancia de los intercambios comerciales con la Unión Europea, es la siguiente:

TABLA 2. COMERCIO EXTERIOR ARGENTINO,
DISTRIBUCIÓN PORCENTUAL POR REGIONES. 1999

REGIÓN	EXPORTACIÓN	IMPORTACIÓN
NAFTA	13,5	22,7
MERCOSUR	30,2	24,6
Unión Europea	20,3	27,9
Resto del mundo	36,0	24,8
TOTAL	100,0	100,0

Fuente: *Informe Económico* n.º 32, febrero 2000, Secretaría de Programación Económica, Ministerio de Economía, Buenos Aires, República Argentina.

b) Etapa del plan iniciada el 10 de diciembre de 1999

En la fecha mencionada se produjo el cambio de las autoridades del Gobierno nacional, donde la Alianza (Unión Cívica Radical y Frente País Solidario), con sus candidatos triunfantes De la Rúa-Álvarez, sucedió al Partido Justicialista que, con Menem como presidente, había llevado adelante el plan desde sus comienzos.

El diagnóstico inicial de esta nueva etapa del plan económico incluye como elementos centrales los siguientes:

• Desaceleración del crecimiento del PIBpm, con un valor negativo del 3% en 1999.
• Alto nivel de desempleo, estimado en alrededor del 14% de la oferta laboral.

- Deflación, con casi un 2% de reducción en el índice de precios al consumidor para el año 1999.
- Tensión social y reclamos sectoriales que revelan pujas distributivas en un nivel importante.
- Déficit de cuenta corriente de la balanza de pagos del orden del 4% del PIBpm, con balanza comercial negativa por casi el 1% del PIBpm.
- Déficit del presupuesto público agregado (nación y provincias) por alrededor del 4% del PIBpm.
- Retroceso relativo a nivel mundial en lo que a competitividad se refiere.[6]

Los objetivos planteados por el nuevo Gobierno para el año 2000 abarcan un aumento del 3% del PIBpm (y del 4% en los años sucesivos), reducción del desempleo y estabilidad de precios.

La estrategia implícita consiste en reducir el riesgo país, incrementar la competitividad, fortalecer el ahorro doméstico, buscar el apoyo de la comunidad financiera internacional y del Fondo Monetario Internacional, mantener la convertibilidad monetaria y fiscal, financiar el déficit de cuenta corriente de la balanza de pagos por lo menos con un 50% de inversiones extranjeras directas y propiciar un crecimiento mayor en las exportaciones que en las importaciones, en un entorno de economía abierta.

6 El índice de competitividad surgido de los *Informes de Competitividad Global* elaborados por el Foro Económico Mundial de Davos (Suiza), muestra que Argentina ocupó en 1996 y 1997 el puesto número 37 en el ranking, mejorando en 1998 un lugar para alcanzar el número 36, pero cayendo en 1999 al puesto número 42. Fuentes: *Revista Gestión*, volumen 2, número 3, mayo-junio 1997, Buenos Aires, Argentina. *Revista Mercado*, noviembre de 1999, Buenos Aires, Argentina.

Las primeras medidas aplicadas[7] por el nuevo Gobierno están en línea con los objetivos y la estrategia señalada, ya que se han puesto en vigencia disposiciones que apuntan a incrementar la recaudación tributaria (a través del aumento de alícuotas, moratoria impositiva y medidas para controlar la evasión), disminuir el gasto público (incluyendo una inédita reducción de salarios de empleados públicos y de jubilaciones de regímenes especiales), lograr la flexibilización del mercado laboral y profundizar la desregulación del sistema de seguridad social (libertad de elección de la cobertura por parte de los afiliados a obras sociales sindicales).[8]

Estas decisiones permiten interpretar que el Gobierno nacional procura respaldar con medidas sus expresiones en el sentido de mantener la actual paridad cambiaria, ya que acompañar la deflación existente con la reducción del gasto público resulta coherente con esa intención. La deflación interna conjuntamente con la inflación internacional es un proceso que colabora con la posibilidad de mejorar el tipo de cambio real de Argentina, sin modificar el tipo de cambio nominal. Pero mientras esto ocurra, la falta de competitividad obligará a financiar el déficit de cuenta corriente de la balanza de pagos con mayor endeudamiento, por lo que la mejora de la productividad y su impacto sobre la competitividad aparecen en el horizonte del plan económico como elementos indispensables. Este rumbo pone de manifiesto que la variable externa desempeñará en los próximos años un rol esencial en Argentina, por razones como las siguientes:

---

7 Este artículo incluye información disponible hasta el 30 de mayo del 2000.

8 Una completa descripción del programa se encuentra en la «Carta Intención» que el Gobierno Argentino envió al Fondo Monetario Internacional en febrero del 2000.

a) En primer lugar, como sostén del esquema, a través de la provisión de recursos adicionales vía endeudamiento mientras la mejora en el tipo de cambio real y en la productividad no sea suficiente como para cerrar la brecha de la balanza en cuenta corriente.

b) Además, como proveedor de recursos, para financiar inversiones que permitan avanzar en la obtención de índices de productividad acordes con las necesidades emergentes de la balanza de pagos y más compatibles con valores de desempleo socialmente tolerables.

c) Finalmente, también desempeñará un rol importante como generador de mercados para exportaciones e importaciones argentinas que, indudablemente, deberán recorrer un sendero de crecimiento dentro de un escenario como el descrito.

PERSPECTIVAS Y ROL DE LAS RELACIONES ECONÓMICAS INTERNACIONALES

El rumbo que va definiendo el nuevo Gobierno nacional, cuyo mandato se extiende hasta diciembre del 2003, aparentemente confirma y profundiza los grandes lineamientos vigentes durante toda la década, tal como se entiende de los compromisos asumidos ante el Fondo Monetario Internacional, así como de las medidas adoptadas al cabo de los seis primeros meses de gestión. Parece poco probable que se produzca un cambio de orientación esencial, por lo que los escenarios económicos para los próximos años deberían imaginarse con reglas de juego compatibles con las tendencias ya expuestas.

En lo que se refiere específicamente al tema de las relaciones económicas y empresariales internacionales, sólo cabe

171

esperar una profundización de la reinserción argentina en el mundo.

El sustento de esta hipótesis incluye los siguientes elementos:

a) *El elevado endeudamiento externo preexistente*, que demandará durante los próximos años pagos anuales en concepto de capital por alrededor de 15.000 millones de dólares (casi el 5% del PIBpm) y en concepto de intereses por otros 12.000 millones de dólares (alrededor del 4% del PIBpm), lo que requerirá un esfuerzo permanente para la gestión del financiamiento.

b) *La crónica insuficiencia del ahorro doméstico* para financiar la inversión bruta necesaria para sostener el proceso de crecimiento y la mejora de la productividad, lo que requiere de la inversión extranjera, tanto directa como vía préstamos.

c) *Un coeficiente de apertura de la economía relativamente bajo*, con balanza comercial deficitaria, que demandará el impulso de políticas tendentes a incrementar la presencia de Argentina en el comercio internacional.

d) *La modificación cualitativa de concepciones y enfoques culturales* por parte de vastos sectores de la sociedad argentina, que —a raíz de la experiencia y vivencias incorporadas durante la última década— no tolerarían retrocesos en lo que se refiere a su actuación como «ciudadanos, consumidores y oferentes del mundo».

e) *La creciente presión que ejercerá el entorno económico internacional*, caracterizado por una globalización que avanza e impone reglas de juego de las que será cada vez más difícil apartarse.

f) *La vocación explícita del Gobierno nacional de mejorar la calificación de Argentina en términos de riesgo país* para alcanzar el *investment grade*, uno de cuyos indicadores consiste en la dimensión del coeficiente servicios de la deuda externa/exportaciones, lo cual implicará operar especialmente sobre el denominador (dada la inflexibilidad implícita en el numerador de esta relación).

g) *El entorno internacional, que incluye como expectativa el crecimiento sostenido a nivel mundial,* con proyecciones de evolución expansiva tanto para el movimiento de mercancías como para el flujo de capitales.

h) *Exigencias internas derivadas de la necesidad de atender los requerimientos de los sectores sociales más desprotegidos,* marginados o excluidos por el funcionamiento del modelo, por lo cual resulta indispensable propiciar programas específicos de apoyo, así como mantener un alto ritmo de crecimiento, capaz de generar excedentes que permitan la asignación de recursos con fines sociales, sin obstaculizar la eficiencia de los mecanismos creadores de riqueza adicional, todo lo cual necesitará financiamiento externo.

Como se aprecia, hay muchos motivos para esperar que las relaciones económicas y empresariales entre América Latina y Europa, en general, y entre Argentina y España, en particular, encuentren cauces propicios para su intensificación en el futuro inmediato, a partir de la variedad e importancia de las vinculaciones que ya se han venido estableciendo a un ritmo creciente durante los últimos años.

CONCLUSIONES

1) El modo de funcionamiento de la economía mundial a finales del siglo XX permite imaginar, para los próximos años, escenarios con una creciente interdependencia económica entre los países.

2) En particular, dentro de esa tendencia general, cabe esperar una intensificación de las vinculaciones entre Europa y América Latina, tal como está ocurriendo en los últimos años.

3) A su vez, la participación de España en este contexto seguramente asumirá un rol protagónico, a partir de las evidencias que ya surgen de su presencia en las relaciones comerciales así como en las inversiones desarrolladas en una región con la que está ligada por lazos histórico-culturales profundos y significativos.

4) En el caso específico de Argentina, los escenarios más probables para los próximos años indican que la profundización de su programa económico requerirá una mayor vinculación con el mundo, lo que brindará excelentes oportunidades para emprender acciones que la acerquen a Europa en general y a España en particular.

5) Las relaciones económicas y empresariales entre los países pueden y deben constituirse en fuerzas impulsoras para la construcción de un mundo mejor, donde sea posible «mirar al futuro con ilusión, compartir la naturaleza y legar sus maravillas a las generaciones que nos sucederán».[9]

---

9 «Carta de los Provinciales Latinoamericanos de la Compañía de Jesús sobre el Neoliberalismo en América Latina» (párrafo n.º 18), México D.F., 14 de noviembre de 1996.

REFERENCIAS BIBLIOGRÁFICAS

BERNHARDT, José A. (julio 1999): *Cultura organizacional y efectividad organizacional: una vinculación compleja. Estudio bibliográfico y reflexiones personales*, monografía inédita (Maestría ESADE-ICDA), Córdoba, Argentina.

CAVALLO, Domingo (1993): *Volver a crecer*, Planeta, Buenos Aires, Argentina, 6.ª edición.

CAVALLO, Domingo, DOMÉNECH, Roberto y MUNDLANK, Yair (1989): *La Argentina que pudo ser*, Manantial, Buenos Aires, Argentina.

COMPAÑÍA DE JESÚS, «Carta de los Provinciales Latinoamericanos de la Compañía de Jesús sobre el Neoliberalismo en América Latina», México D.F., 14 de noviembre de 1996.

DORNBUSH, Rudiger (1999): «El Único Mundo», *Revista Gestión*, edición especial, Expo Management 1999, «El futuro de las empresas anticipado en el mayor encuentro de ejecutivos del mundo», Buenos Aires, Argentina.

FERRUCCI, Ricardo (1991): *Política económica argentina contemporánea*, Macchi, Colombia, 3.ª edición.

KRUGMAN, Paul (1999): *De vuelta a la economía de la gran depresión*, Tesis-Norma, Buenos Aires, Argentina.

INSTITUTO NACIONAL DE ESTADÍSTICA Y CENSOS: «Indec Informa», números varios, Buenos Aires, Argentina.

MINISTERIO DE ECONOMÍA (febrero 2000), República Argentina, «Carta Intención presentada al Fondo Monetario Internacional».

MINISTERIO DE ECONOMÍA: *Informe Económico*, n.º 32, febrero de 2000, Secretaría de Programación Económica, Buenos Aires, Argentina.

PORTER, Michael (1989): «La Nueva Era de la Estrategia», *Revista Gestión*, edición especial, Expo Management 1999,

«El futuro de las empresas anticipado en el mayor encuentro de ejecutivos del mundo», Buenos Aires, Argentina.

Revista Gestión, volumen 2, número 3, mayo-junio 1997, Buenos Aires, Argentina.

Revista Mercado, noviembre de 1999, Buenos Aires, Argentina.

SOLA, José Martín y BERNHARDT, José Alejandro (1999): *Hacia un desarrollo económico con equidad social*, Universidad Católica de Córdoba, Argentina.

MÉXICO, MÁS CERCA DE EUROPA

Agustí Ulied i Martínez

PAÍS DE CONTRASTES

E l ciudadano europeo que viaja por México tiene asegurado un buen número de vivencias exóticas y sorprendentes que dan entidad a un país de contenidos extremos. Lo primero que notará es la extraordinaria pasión nacionalista que corre en paralelo al notable esfuerzo que realizan sus ciudadanos en pos de la internacionalización de su sociedad. Esto se manifiesta, por ejemplo, en la singular batalla desplegada por las autoridades locales de las diferentes ciudades y pueblos mexicanos que compiten por mostrar su fervor nacionalista a través del tamaño de la o de las banderas situadas en los lugares más visibles del entorno. Parece que esas enormes banderas tricolores pretendan llevar aires mexicanos a todos los rincones del mundo. Y así es México, un país abierto al mundo que presume de sus valores tradicionales con inusitada vehemencia.

México posee una superficie casi cuatro veces la de España, en la que viven alrededor de cien millones de personas. Su situación geográfica es singular y explica con bastante claridad la diversidad de su sociedad y de su desarrollo.

En México conviven diez de las cien mayores fortunas del mundo con treinta millones de habitantes que no llegan a los mínimos de supervivencia, y es que México limita al norte con el país más poderoso del mundo, Estados Unidos, y al sur con Belice y Guatemala, países con economías situadas entre las atrasadas del planeta. Ello conforma un norte y un sur del país.

No hay duda, México es país de contrastes: en él conviven climas dispares que caracterizan una orografía que comprende desde grandes zonas desérticas a otras de frondosas selvas tropicales, desde altas montañas (volcán Pico de Orizaba, 5.700 m) hasta zonas situadas por debajo del nivel del mar (Laguna Salada, -10 m).

La composición étnica de su población es más homogénea; el grupo dominante es el mestizo (60% de la población); la mayoría de los mexicanos profesan la fe católica (89%) y hablan español; sin embargo, en algunas zonas se habla el maya u otras lenguas indígenas, aunque de manera muy localizada.

La República Federal de los Estados Unidos de México está integrada por treinta y un estados y un distrito federal bajo un gobierno fuertemente centralizado.

Su singularidad se manifiesta también en su peculiar proceso electoral: cada seis años los mexicanos votan para elegir al presidente de la República. Su peculiaridad estriba en que la campaña electoral se realiza a lo largo de todo un año. ¡Todo un año de gastos electorales!

El año 2000 es año electoral, el 2 de julio fue la fecha señalada para la consulta, el día después en el que México inició su acercamiento a Europa.

Aperturismo y fervor nacional, una constante.

El 1 de julio entró en vigor el Acuerdo de Libre Comercio, firmado el pasado 23 de marzo en el marco del Consejo Europeo de Lisboa, entre México y la Unión Europea. El acuerdo se firmó con un condicionante que afecta inexorablemente al día siguiente, al compromiso por parte de las autoridades mexicanas de respetar las libertades, los derechos fundamentales del hombre y garantizar la democracia y el respeto de las minorías.

Por este motivo, las elecciones de este año han generado nuevas expectativas. Probablemente ésta es la primera vez que las elecciones presidenciales mexicanas se realizan bajo unas bases de transparencia y libertad.

Y, más contrastes todavía, la economía mexicana es, de todos los países de América Latina, la que mantiene mayor dependencia de su vecino del norte; y, desde el 1 de julio de 2000, la única de la región que dispone de un Acuerdo de Libre Comercio (ALC) con la Unión Europea. Y junto al Estado de Israel, la única del mundo que mantiene un ALC con las dos grandes potencias mundiales: Estados Unidos y Unión Europea.

¿Qué ha visto la Unión Europea en México para establecer con este país un tipo de acuerdo que hasta ahora estaba prácticamente reservado a los países periféricos?

No hay duda de que, desde la creación del NAFTA (Acuerdo de Libre Comercio de Norteamérica), el descenso relativo del comercio entre los estados miembros de la Unión Europea y México en beneficio de Estados Unidos ha desempeñado un papel clave. Las importaciones mexicanas provenientes de Estados Unidos crecieron a una tasa promedio anual del 13,2% en el período 1993-1998, las de Canadá lo hacían al 15,1%, mientras que las importaciones provenientes de la Unión Europea lo hicieron tan sólo en un 8,8% en el mismo período.

No olvidemos, asimismo, que algo más del 80% de las importaciones mexicanas están cubiertas a través de sus diferentes acuerdos de libre comercio (NAFTA, G3, Chile, Costa Rica, Nicaragua, Bolivia, Uruguay y el recientemente establecido con Israel).

La diferente evolución de las importaciones con sus distintos socios muestra que mientras los Estados Unidos ganaban cinco puntos en el reparto total de las importaciones mexicanas, la Unión Europea perdía dos.

TABLA 1. IMPORTACIONES TOTALES DE MÉXICO.
PARTICIPACIÓN POR REGIÓN (%)

REGIÓN	1990	1991	1992	1993	1994	1995	1996	1997	1998
UE	12,8	12,4	12,0	11,9	11,4	9,3	8,7	9,0	9,4
EE. UU.	74,6	72,5	71,2	69,3	69,1	74,3	75,4	74,7	74,3
Canadá	1,0	1,6	1,6	1,8	2,0	1,9	1,9	1,8	1,8
Japón	3,4	4,5	5,2	6,0	6,0	5,5	4,6	3,9	3,6
Otros	20,9	21,5	21,9	22,9	22,9	18,4	18,0	10,6	10,8
TOTAL	100,0	100,0	100,0	100,0	100,0	100,0	100,0	100,0	100,0

Fuente: Comisión de la Unión Europea.

FIGURA 1. MAPA DE LOS TRATADOS DE LIBRE COMERCIO DE MÉXICO

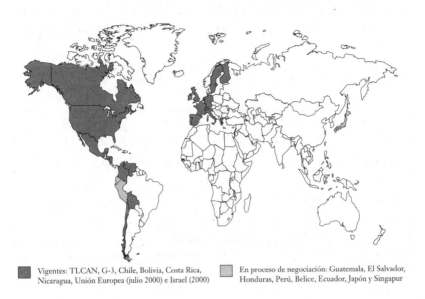

Vigentes: TLCAN, G-3, Chile, Bolivia, Costa Rica, Nicaragua, Unión Europea (julio 2000) e Israel (2000)

En proceso de negociación: Guatemala, El Salvador, Honduras, Perú, Belice, Ecuador, Japón y Singapur

Fuente: Bancomext.

Los principales socios europeos de México con relación a su nivel de importaciones son: Alemania (38,9%), Italia (13,5%), Francia (12,2%) y España (10,7%).

La mayor parte de importaciones mexicanas procedentes de Europa son bienes intermedios y de capital, lo cual explica el grado de complementariedad del sector industrial entre los países que integran la Unión Europea y México.

Paralelamente, la importancia de la Unión Europea como mercado para México se ha reducido de forma consistente. En el período 1993-1998, el comercio exterior mexicano creció a una tasa media anual del 14,2%, mientras que con la Unión Europea lo hacía en tan sólo un 6,6%. La participación de la Unión Europea en las exportaciones totales de México ha venido cayendo significativamente en los últimos años, pasando del

181

8,9% en 1990 al 3,3% en 1998. Es importante señalar, a este respecto, que las exportaciones mexicanas hacia Estados Unidos crecieron en el mismo período a una tasa media anual del 14%.

TABLA 2. EXPORTACIONES TOTALES DE MÉXICO
PARTICIPACIÓN POR REGIÓN (%)

REGIÓN	1990	1991	1992	1993	1994	1995	1996	1997	1998
UE	8,9	8,3	7,4	5,4	4,6	4,2	3,7	3,6	3,3
EE. UU.	79,2	79,6	80,7	82,7	84,9	83,3	83,9	85,4	87,6
Canadá	0,6	1,4	2,2	3,0	2,4	2,5	2,3	2,0	1,3
Japón	3,8	3,0	1,8	1,3	1,6	1,2	1,4	1,0	0,7
Otros	7,5	7,6	7,9	7,6	6,4	8,7	8,8	6,1	5,4
TOTAL	100,0	100,0	100,0	100,0	100,0	100,0	100,0	100,0	100,0

Fuente: Comisión de la Unión Europea.

Por orden de importancia, los principales socios europeos de México, a nivel de sus exportaciones, son: Alemania (29,5%), España (18,3%), Reino Unido (16,4%) y Francia (10,3%).

Tradicionalmente el primer sector de exportación de México ha sido el de combustibles: en 1994 representó el 41% de sus exportaciones a la Unión Europea. Sin embargo, su participación en el comercio total entre ambas partes ha ido cayendo en los últimos años para situarse en alrededor del 15%. En este sentido puede afirmarse que la diversificación de las exportaciones mexicanas a la Unión Europea ha sido notable, principalmente en el sector de manufacturas y de maquinaria.

FIGURA 2. SECTORES DE EXPORTACIÓN

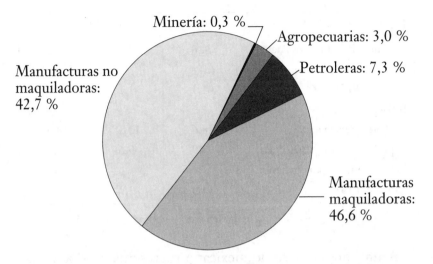

Minería: 0,3 %

Agropecuarias: 3,0 %

Petroleras: 7,3 %

Manufacturas no maquiladoras: 42,7 %

Manufacturas maquiladoras: 46,6 %

Fuente: Banco de México

El mercado mexicano es de una gran importancia estratégica y actor de primer orden en América Latina; el crecimiento de su economía en los últimos cinco años ha sido del 5,1% de media anual, lográndose en 1999, por primera vez en las dos últimas décadas, superar el PIB *per cápita* de 1981. En los últimos años, la reducción del déficit público ha ido consolidándose, permitiendo rebajar la deuda en términos de PIB. Paralelamente, la reducción de la inflación llevada a cabo en los últimos años ha permitido dotar de solidez a la recuperación económica.

TABLA 3. INDICADORES ECONÓMICOS DE MÉXICO

INDICADOR	1998	1999	2000
Producto interno (var.% anual)	4,8	3,7	5,0
Saldo presupuestario (% del PIB)	-1,3	-1,1	-1,0
Inflación (% acumulada anual)	18,6	12,3	10,0
Tipo de cambio (pesos/dólar)	9,9	9,6	9,8
Balanza por cuenta corriente (% del PIB)	-3,6	-3,2	-4,0

Fuente: Consejo Superior de Cámaras de Comercio, Industria y Navegación de España.

Asimismo, el mercado mexicano representa el 43% de las exportaciones totales de América Latina y es el segundo mercado de destino de las mercancías europeas en América Latina (el primero es Mercosur). México es también el segundo mercado de destino de Inversiones Extranjeras Directas en América Latina provenientes de la Unión Europea sólo Brasil le precede.

No hay duda de que todos estos elementos han pesado en las autoridades europeas a la hora de establecer mejores vínculos con México.

EL ACUERDO DE ASOCIACIÓN ECONÓMICA, CONCERTACIÓN POLÍTICA Y COOPERACIÓN

Hasta ahora las relaciones entre México y la Unión Europea se regían por el Acuerdo Marco de Cooperación firmado en Luxemburgo en 1991. El contenido del acuerdo incluía numerosos ámbitos de cooperación económica, financiera, empresarial, etc. Su estructura se basaba en la concesión de nación más favorecida y el Sistema de Preferencias Generalizadas (SPG). También dedicaba un apartado especial a los instrumentos de política comercial orientados a profundizar el comercio y la inversión, aspectos que no habían sido considerados en el anterior acuerdo de 1975.

No obstante, desde 1993, la brecha entre exportaciones e importaciones de México con la Unión Europea ha ido aumentando; no hay duda de que el NAFTA ha tenido gran influencia en este resultado. A los exportadores europeos les resulta cada vez más difícil competir con Estados Unidos y Canadá, ya que éstos exportan mercancías libres de arancel y en condiciones preferenciales. Asimismo, las exportaciones mexicanas están en desventaja para su comercialización en la Unión Europea al tener que afrontar la competencia de naciones que disponen de acuerdos preferenciales, beneficios arancelarios y acuerdos de asociación con la Unión, como los ACP y los países mediterráneos.

El acuerdo recientemente establecido aspira a cambiar estas tendencias. Según un reciente estudio del Instituto de Relaciones Europeo-Latinoamericanas (IRELA) es probable que, con la entrada en vigor del Acuerdo de Libre Comercio, el volumen actual del comercio entre las dos regiones se multiplique por dos en los próximos cinco años.

Tras la aprobación de las negociaciones del acuerdo por parte de la Comisión europea, el comisario M. Lamy lo calificó como «un acuerdo en el que las dos partes salen ganando, ya que permitirá a cada una ejercer una competencia efectiva sobre los mercados del otro y mejorar sensiblemente las relaciones comerciales bilaterales en el conjunto de los diferentes sectores».

Para la Unión Europea el acuerdo es importante, puesto que México:

- representa la puerta de entrada a los países del NAFTA y a los países latinoamericanos con los que se han concluido acuerdos comerciales;
- es también puerta de entrada a los países de Asia-Pacífico;
- es el segundo socio comercial de Estados Unidos;
- es la decimotercera economía mundial;
- es el octavo exportador mundial y primero en América Latina;
- es un país sumamente atractivo para las empresas europeas puesto que ofrece una mano de obra relativamente barata con altos niveles de productividad en sectores manufactureros y un mercado laboral flexible;
- está demostrando una sólida fortaleza en sus resultados económicos que la colocan como segunda potencia latinoamericana.

Para México, la Unión Europea resulta importante por:

- su poderío, no en vano es la primera potencia comercial del mundo;
- ser un mercado unificado que cuenta con más de 370 millones de consumidores con un alto nivel de poder adquisitivo;
- que el mercado europeo es un mercado en expansión, en los próximos años pueden adherirse a él hasta catorce nuevos estados;
- ser vía de acceso hacia los mercados emergentes de Europa Oriental y de la Cuenca del Mediterráneo;

- que el refuerzo de sus relaciones con ella puede actuar como contrapeso a su creciente dependencia de Estados Unidos de Norteamérica;
- que se percibe al mercado europeo como fuente de inversiones directas;
- que sin liberalización del comercio las exportaciones de bienes industriales mexicanos pueden perder competitividad y presencia en los mercados europeos y en los países que se integren en él próximamente.

En este contexto, una de las principales motivaciones que movieron a México a negociar el acuerdo es su creciente déficit comercial (más de 7.000 millones de dólares en 1998). Gran parte de este déficit es producto de la relación comercial con los países asiáticos y con la Unión Europea. En contraste, México mantiene un superávit comercial con la mayoría de los países con los que tiene establecidos acuerdos de libre comercio, en particular con Estados Unidos (cerca de diez mil millones de dólares en 1998).

TABLA 4. BALANZA COMERCIAL DE MÉXICO
(MILLONES DE DÓLARES)

PAÍS O REGIÓN	1993	1994	1995	1996	1997	1998
EE. UU.	-2.443,8	-3.145,4	12.444,2	13.037,9	12.182,6	9.776,9
Canadá	393,4	-191,8	613,1	428,5	188	-771,4
Suramérica	-564,2	-988,4	1.372,4	1.725,2	1.464,7	432,1
Centroamérica	469,6	509	613	991	1.260,4	1.098,9
Unión Europea	-5.006,5	-6.242,3	-3.378,7	-4.230,7	-5.929,7	-7.805
Japón	-3.242,3	-3.783	-2.972,8	-2.738,7	-3.177,3	-3.697,8
NIC	-1.924,4	-2.509,8	-1.125,5	-1.672,7	-2.801,2	-3.397,6
China	-341,7	-457,5	-483,5	-721,4	-1.201,5	-1.510,5
Resto del Mundo	-874,6	-1.719,5	5,3	-199	-299	-1.889,8
TOTAL	-13.534,5	-18.528,7	7.087,5	6.535	428,7	-7.800,3

Fuente: Comisión de la Unión Europea.

En virtud de estos datos, no extraña el interés despertado en los medios económicos mexicanos ante la perspectiva que ofrece el tratado de equilibrar las condiciones de acceso a los mercados de las empresas mexicanas y europeas.

El 23 de marzo de 2000, el Consejo Europeo de Lisboa fue sede de la firma entre el presidente mexicano, Ernesto Zedillo, y el presidente de la Unión Europea del Acuerdo de Libre Comercio.

El nuevo acuerdo incluye el libre comercio de mercancías, la contratación pública, la política de competencia y el mecanismo de consulta para problemas de propiedad intelectual.

El tratado establece una rápida eliminación de los aranceles que actualmente rigen en los intercambios entre ambas regiones. En la primera etapa establece que para el año 2003 el arancel máximo para los productos industriales será del 5%, en lugar del 23-35% al que han estado sujetos hasta ahora muchos productos, y, posteriormente, en el 2007 todos los aranceles para esta clase de productos habrán desaparecido.

El sector agrícola representa el 6,7% del comercio total entre ambas regiones; el tratado establece también un calendario progresivo de eliminación de los derechos arancelarios que hasta ahora han venido aplicando ambas partes. La Unión Europea eliminará estos derechos sobre el 73,8% de las importaciones agrícolas procedentes de México. En el marco del Acuerdo de Libre Comercio se han establecido diferentes listas de productos que mantendrán calendarios desgravatorios diferentes:

- 50,7% en el momento de la entrada en vigor (lista 1)
- 8,8% en 2003 (lista 2)

- 11,8% en 2008 (lista 3)
- 2,5% en 2010 (listas 4 y 4a)

En correspondencia, México establecerá el siguiente calendario de reducción arancelaria:

- 24,8% desde la entrada en vigor (lista 1)
- 6,4% en 2003 (lista 2)
- 1,7% en 2008 (lista 3)
- 2,3% en 2010 (listas 4 y 4a)

Esta reducción abarcará el 62% de los intercambios agrícolas bilaterales; el resto de productos figuran en una lista de espera (lista 5) que será sometida a una cláusula de revisión a los tres años de la entrada en vigor del tratado.

En este capítulo, la Unión ha conseguido que se liberalizaran totalmente los intercambios de productos de especial interés: vino, bebidas alcohólicas y aceite de oliva. En correspondencia a ello ciertos productos de gran interés para México también serán liberalizados, como por ejemplo el café.

En el sector pesquero se llega más lejos, pues quedará liberalizado el 99% del comercio, con sólo algunas limitaciones que tienen en cuenta la sensibilidad del mercado comunitario a ciertos productos como las conservas y el lomo de atún.

El tratado otorga acceso preferencial a los mercados del área de servicios de las dos partes e incrementa la certidumbre de los flujos de inversión. Desde el momento de su entrada en vigor, las empresas europeas tendrán un nivel de acceso al mercado mexicano al menos tan bueno como el que tienen sus competidoras estadounidenses y canadienses.

En los últimos años, las exportaciones de servicios de las dos partes han aumentado considerablemente: en 1998 las exportaciones de la Unión Europea hacia México se elevaron a 1.745 millones de dólares, mientras que las exportaciones mexicanas hacia aquélla alcanzaban la cifra de 1.573 millones.

En el tratado se establece un acuerdo de integración económica que cubre todos los sectores de servicios, excepto el audiovisual, el cabotaje marítimo y el transporte aéreo.

Se incluye una cláusula *standstill* (prohibición de adoptar nuevas medidas discriminatorias), que permitirá consolidar jurídicamente el nivel de liberalización que existe en la actualidad en México.

En lo que concierne a los servicios financieros, que han quedado excluidos de esa cláusula, se ha acordado la libertad de establecimiento de instituciones financieras de la Unión Europea en territorio mexicano. Las instituciones europeas podrán ser autorizadas a poseer hasta el 100% del capital de un establecimiento financiero mexicano, salvo disposición contraria establecida en el acuerdo.

En el período que va de 1994 a 1999, México recibió cerca de setenta mil millones de dólares, en concepto de inversiones extranjeras directas, de los cuales el 20,3% (catorce mil millones) procedieron de los estados miembros de la Unión Europea. El Reino Unido es el primer inversor europeo (34% del total de la UE), seguido de los Países Bajos (32%), Alemania es el tercero (20%) y España el cuarto (7%). Hay que señalar, sin embargo, que estas cifras son algo engañosas dado que una buena parte de las inversiones españolas se canalizan a través de empresas con sede en los Países Bajos.

TABLA 5. ORIGEN DE LA INVERSIÓN
EXTRANJERA DIRECTA, 1994-1999

PAÍS O REGIÓN	ESTRUCTURA EN %
EE. UU.	64,1
Unión Europea	20,3
España	*1,1*
Asia	9,7
Otros	5,9
TOTAL	100,0

Fuente: SECOFI.

El tratado prohíbe, por una parte, la creación de cualquier tipo de nuevas restricciones y la liberalización progresiva de los pagos, a la vez que promueve el establecimiento de mecanismos recíprocos de promoción de las inversiones. En este capítulo, el tratado establece una cláusula de revisión a los tres años de la entrada en vigor del mismo.

En lo que concierne a los mercados públicos, el tratado también otorga acceso a los respectivos mercados de compras del sector público. La oferta mexicana comprende principalmente el acceso a los mercados petroquímico (PEMEX), eléctrico (CFE) y de la construcción. Las condiciones establecidas son muy similares a las que México mantiene con Estados Unidos en el marco del NAFTA. En este sentido, México puede reservar de manera permanente contratos por un valor de 1,8 mil millones de dólares (mil millones durante los siete primeros años) y reservar durante siete años contratos de PEMEX y de CFE por un valor de 720 millones de dólares.

El tratado contiene también un capítulo dedicado a los derechos de la propiedad intelectual. Ambas partes se comprometen a ejercer una protección del nivel más elevado a nivel internacional. Para asegurar la eficacia de este acuerdo se prevé la creación de un comité conjunto de vigilancia.

Finalmente, el tratado contempla asimismo un mecanismo de resolución de controversias que debe permitir que cualquier disputa que pueda producirse sea resuelta de una manera rápida, efectiva e imparcial, lo que sin duda debe fortalecer la relación bilateral, a la vez que garantiza los derechos de ambas partes.

¿Cuáles son las diferentes expectativas que puede generar dicho acuerdo?

Según un informe del IRELA, publicado en diciembre de 1998, la liberalización del comercio de manufacturas no debe tener sensibles efectos adversos para la economía de la Unión Europea; tampoco sus beneficios serán muy importantes para el conjunto de países de la Unión.

Para México, sin embargo, hay que tener en cuenta dos consideraciones:

• México no ofrece a la Unión Europea la vecindad geográfica, ni el potencial para fortalecer los actuales vínculos comerciales del mismo modo que con otros países con los que la Unión ha firmado Acuerdos de Libre Comercio en los últimos años, como Israel o Polonia. En este sentido, recientemente se ha podido comprobar que la Unión Europea ha iniciado el desvío de parte de la ayuda presupuestada con destino a América Latina (fondos ECIP) hacia la reconstrucción de los países balcánicos.

• Los aranceles mexicanos son ya relativamente bajos, con un máximo del 20% y un nivel medio ponderado del 13%.

Por lo tanto, el principal beneficio a corto plazo para la Unión Europea consistirá seguramente en la corrección de los efectos de la desviación comercial del NAFTA, ampliando el acceso europeo al mercado mexicano de bienes y servicios.

También para México los resultados serán probablemente modestos. Las exportaciones hacia la Unión podrían aumentar en diversas categorías de productos, aunque en el mejor de los casos no superarán la situación existente antes de la entrada en vigor del NAFTA. Es probable que el acuerdo permita intensificar los flujos económicos bilaterales; sin embargo, el comercio exterior y las relaciones de inversión de México con el mundo no sufrirán modificación sustancial, ya que estarán condicionados por otros factores:

• Estados Unidos seguirá siendo el mercado natural de exportación para las empresas mexicanas.
• La sinergia económica y financiera generada por el NAFTA se sigue ampliando y reforzando con el paso del tiempo.
• Subsiste la necesidad de mejorar y abaratar las redes de transporte y comunicaciones entre México y la Unión Europea.
• El conjunto de interacciones sociales informales que debe acompañar a todo proceso de integración económica es aún relativamente limitado en el caso de las relaciones europeo-mexicanas.

Cabe señalar al respecto que, a pesar de que México ha firmado con otros países latinoamericanos seis acuerdos comerciales en los años noventa, la parte de Estados Unidos en el comercio exterior mexicano ha seguido creciendo del 76% en 1991 al 80% en 1997.

Es probable que los beneficios más tangibles a medio plazo que el acuerdo puede ofrecer a la Unión Europea se encuentren más vinculados a la inversión que al comercio mismo.

Los estados miembros de la Unión son, después de Estados Unidos, la segunda fuente de inversión extranjera directa (IED) en México; no obstante, el NAFTA también ha actuado negativamente para los países europeos desde que está vigente. En 1994, la Unión Europea proporcionó el 26,2% de los flujos netos de IED llegados a México; en 1996 este porcentaje ya había caído al 19%.

La liberalización del comercio y de la inversión entre la Unión Europea y México abrirá previsiblemente a las empresas europeas, que ya operan en el mercado estadounidense, interesantes oportunidades de inversión en México, puesto que:

• Un Acuerdo de Libre Comercio con México puede promover la creación de empresas conjuntas con compañías mexicanas, permitiendo a las firmas europeas cumplir las normas de origen del NAFTA y beneficiarse del libre acceso a sus mercados tradicionales en Estados Unidos.

• Las empresas europeas que utilicen México como plataforma de exportación podrían importar insumos y servicios libres de derechos desde Europa, fortaleciendo su competitividad frente a las empresas que producen en Estados Unidos.

Podemos, pues, concluir que el Tratado de Libre Comercio ofrece una magnífica oportunidad para todos aquellos inversionistas interesados en establecerse en un centro manufacturero estratégico, ya que establece el marco perfecto para promover una mayor integración entre México y la Unión Europea, lo que permitirá a las empresas localizadas a ambas partes del Atlántico capitalizar los beneficios de producir conjuntamente para abastecer los mercados de los continentes americano y europeo.

EL TRATADO DE LIBRE COMERCIO ENTRE MÉXICO Y LA UNIÓN EUROPEA

Carlos Mondragón Liévana

DESCRIPCIÓN GENERAL

México se escribe con *x* no por error ortográfico sino porque el origen del nombre proviene de la comunidad mexica —primeros pobladores de la Gran Tenochtitlán, hoy Ciudad de México— que hablaba náhuatl. México se pronuncia con j puesto que así suena la *x* combinada con dos vocales, para separar claramente ambos sonidos. La ortografía y la fonética de México son la resultante cultural de la fusión con el castellano.

La República mexicana es un extenso país con una superficie de 1.972 millones de km², que ocupa el decimocuarto lugar en el mundo y que está habitado por aproximadamente cien millones de personas. México es uno de los países más ricos del mundo y con mayor diversidad en cuanto a potencial en recursos naturales. Debido a su ubicación meridional posee zonas tropicales y áridas que, junto con la presencia de un relieve accidentado, posibilitan que el país cuente con gran cantidad de paisajes climático-vegetativos (INEGI, 1999).

México está situado en la porción media del continente americano. En rigor, la zona boreal de México corresponde a América del Norte y la zona meridional a América Central. Por este motivo se considera un puente de enlace entre la región del norte y el sur del continente que corresponde a América Latina, ámbito cultural al que pertenece México. La línea imaginaria del Trópico de Cáncer divide al país en dos regiones: las desérticas al norte y las tropicales al sur.

Por el norte, a lo largo de 3.110 km, México tiene frontera con Estados Unidos. Al suroeste limita con Guatemala (871 km), y al sureste linda con Belice (251 km). Geográficamente pertenece a la región norte del continente americano, ya que el Trópico de Cáncer atraviesa el país casi por el centro. La región centro de América o Centroamérica se localiza al sur de México, la cual abarca la zona comprendida desde el norte de Guatemala hasta el sur de Panamá. El llamado Cono Sur se inicia en los países de Colombia, Venezuela y Bolivia y termina en la Patagonia al sur de Argentina (BANAMEX, 1999; INE, 1995).

Los Estados Unidos Mexicanos, nombre oficial de México, están integrados en una república federal constituida por treinta y un estados y un distrito federal que es la sede de los poderes de la federación; en él se encuentran los tres poderes de la unión republicana: el ejecutivo, el legislativo y el federal. Debido al rápido crecimiento que ha tenido el Distrito Federal, se ha unido urbanamente a otras poblaciones que no corresponden a dicho distrito, y esta gran urbe recibe el nombre de Zona Metropolitana de la Ciudad de México, en la que se calcula que en 1999 habitaban veinte millones de personas (CONAPO, 1999; INEGI, 1996).

La Ciudad de México es un gran valle, situado sobre un altiplano a 2.440 metros de altitud sobre el nivel del mar y está rodeada de cadenas montañosas, entre las que sobresalen dos volcanes de más de cinco mil metros de altitud, el más alto e importante es el Popocatépetl (en náhuatl significa «montaña que humea»). Antiguamente, la Ciudad de México fue una zona lacustre, rodeada de grandes lagos, ríos y canales que se comunicaban a lo largo de grandes distancias, y en cuyo centro se estableció hacia el año 1300 d.C. la Gran Tenochtitlán. Al sur de la Ciudad se encuentra el lago de Xochimilco, que se comunicaba al norte con el lago de Texcoco, el cual llegaba hasta Zumpango de la Laguna, una comunidad indígena cercana a las pirámides de Teotihuacán y a Tula, Hidalgo.

En el año 2000, la Ciudad de México cuenta con enormes y sofisticadas obras de ingeniería hidráulica que se han realizado para canalizar el agua potable; como desagüe se construyó el llamado sistema de drenaje profundo, el cual ayudó a evitar las frecuentes inundaciones producidas a causa de las abundantes lluvias que tienen lugar en determinadas épocas del año. La Ciudad de México cuenta con un sistema de tren subterráneo —metro— que transporta diariamente más de cuatro millones de personas; y un sofisticado sistema de transportes urbanos (SNTCM, 1999).

La situación geográfica de México es estratégicamente privilegiada, ya que sus costas sur y poniente recorren el océano Pacífico durante casi 8.500 km; al oriente, sobre el golfo de México y el mar de las Antillas, su litoral alcanza un poco más de 3.000 km. En total, las costas mexicanas se extienden por más de 11.000 km. La comunicación marítima desde México se facilita tanto con los países de la cuenca del Pacífico como con los de las Antillas, los de la costa norte de América del Sur, la costa este de Estados Unidos y Canadá, y con Europa (BANAMEX, 1999; SEMARNAP, 1996).

SITUACIÓN SOCIOECONÓMICA

Entre 1970 y 1998 han emigrado más de dieciocho millones de mexicanos a Estados Unidos de América, los cuales tienen, en general, bajos niveles educativos y pocas habilidades técnicas. No obstante, la mayoría de los inmigrantes de origen campesino desempeñan con gran eficacia labores agrícolas en Estados Unidos. En los altos niveles científicos y tecnológicos, una minoría ha sido contratada por grandes corporaciones transnacionales, centros científicos y tecnológicos, centros universitarios o instituciones gubernamentales; este hecho ha provocado la llamada «fuga de cerebros».

La migración ilegal ha sido una especie de válvula de seguridad, ya que ha reducido la presión social y económica asociada a un rápido aumento de la población entre 1960 y 1990. Una vez asentados en Estados Unidos, los inmigrantes envían dinero a México, cuya cantidad se estima entre veinte y veintidós mil millones de dólares anuales (BANXICO, 2000).

La sociedad mexicana está fuertemente dividida por sus ingresos y su nivel educativo; sin embargo, existe una creciente clase media sobre todo en las ciudades; la principal división está entre el rico, una elite bien educada, y el pobre urbano y rural. Más del 50% de la población mexicana obtiene ingresos por debajo de los salarios mínimos establecidos, y menos del 10% de la población ostenta ingresos por encima del promedio de cualquier país del primer mundo. Se considera que uno de los principales problemas sociales y económicos en México es precisamente la desigual distribución de la riqueza (Martínez, 1997 y Bulner, 1997).

Hasta 1986 la actividad empresarial mexicana estaba constituida por una combinación de empresas privadas, estatales y del llamado capital mixto (privadas y estatales). Era notorio que los más altos índices de productividad se encontraban generalmente en las grandes corporaciones, la mayoría constituidas con capitales extranjeros. De 1986 a 1999 se ha presentado un plan de desarrollo y apertura al capital extranjero, y se han abierto permisos de inversión en empresas tradicionalmente de capital nacional (privado o estatal); esto atrajo elevadas inversiones extranjeras directas e indirectas (SECOFI, 1994).

A partir de 1976 se diseñó un plan de desarrollo industrial a largo plazo, y para 1999 las exportaciones no petroleras representaban una importante mayoría en comparación con las petroleras, lo cual ha significado un sano crecimiento en el comercio exterior mexicano. En 1999, la estructura de las exportaciones se representaba de la siguiente forma: a) manufacturas maquiladoras: 46,6%, b) manufacturas no maquiladoras: 42,7%, y c) petroleras 7,3%, agropecuarias 3% y minería 0,3%. Los principales productos exportados en 1999 fueron: automóviles y camiones, petróleo, prendas de vestir, autopartes, computadoras (ordenadores), arneses y cables eléctricos, aparatos eléctricos y motores (BANXICO, 2000).

El incremento de capitales, principalmente entre 1976 y 1988, creó trabajo y expandió el mercado de bienes y servicios. Sin embargo, la mayor parte del desarrollo fue financiado con deuda externa de bancos privados y de instituciones internacionales. La mayoría de estos préstamos fueron canalizados para comprar maquinaria, equipo y tecnología, además de nuevos desarrollos industriales. El resultado de un alto endeudamiento, aunado con la caída de los precios petroleros en el mercado mundial a principios de la década de los ochenta, provocó una crisis sin precedentes en México (BANXICO, 1990).

Fue necesario recurrir a planes de emergencia apoyados por el Banco Mundial y el Fondo Monetario Internacional para poder salir de la crisis. En 1999, México tenía una deuda pública extranjera de ciento cuarenta mil millones de dólares; el pago de intereses y amortizaciones de dichos créditos ha sido un freno para el sano desarrollo de la economía. A fines de 1994 se enfrentó una nueva crisis debido a problemas de deudas internas de préstamos bancarios vencidos y de falta de liquidez para cubrir los créditos bancarios. Esta situación se reflejó en un importante aumento en la tasa de inflación, que de 7,05% en 1994 pasó a 51,97% en 1995. A partir de 1995 se pusieron en práctica una serie de medidas drásticas en las políticas fiscal y monetaria para reducir rápidamente la inflación, lo cual se ha traducido en resultados positivos. En el mes de mayo del 2000 el índice anual inflacionario era del 10,11% y se estima que para diciembre del mismo año será del 7,5% (BANXICO, 1996).

TRATADO DE LIBRE COMERCIO DE NORTEAMÉRICA (TLCNA)

En 1993, después de numerosas reuniones entre Estados Unidos, Canadá y México, se firmó el Tratado de Libre Comercio de Norteamérica. Los resultados, después de seis años de aplicación, han sido las numerosas ventajas obtenidas por los tres países. El Gobierno de Estados Unidos ha declarado que dicho tratado ha servido para promover el libre comercio en la región bajo condiciones justas para los tres países miembros (Zuckerman y McLymont, 2000).

En 1993, las exportaciones totales de México ascendieron a cincuenta y dos mil millones de dólares (MMD); en 1999, las exportaciones totales fueron de 137 MMD y se estima que para finales del 2000 rebasen los 153 MMD, teniendo en cuenta el reciente acuerdo que México formalizará en el mes de julio del mismo año con la Unión Europea (Smith, 2000). En 1999, el principal socio comercial de México continúa siendo Estados Unidos con un 87,5%, seguido de Alemania con un 1,5%, lo cual indica una importante dependencia económica, que se estima disminuirá paulatinamente en la medida en que aumenten las negociaciones con la Unión Europea (BANXICO, 2000).

Por parte de Estados Unidos, entre los productos de mayor venta a sus socios comerciales se encuentran: domésticos, ropa, coches y partes o refacciones automotrices. Para México este tratado ha representado estabilidad en los mercados financieros, una tasa de inflación de un solo dígito para mediados del año 2000, creación de nuevos empleos y los más altos niveles de producción en su historia. La inversión extranjera ha aumentado de forma considerable, tanto la indirecta (bolsa de valores) como la directa (capitales para creación de nuevas empresas o sociedades con empresas ya establecidas). Se está consolidando una situación de estabilidad real desde hace varios años y, a pesar de las elecciones, los analistas estiman que dicha estabilidad continuará.

En los primeros días de junio del 2000, ha habido movimientos alcistas en el tipo de cambio, causados por la incertidumbre política de las próximas elecciones. Esta situación está generada, en gran parte, por una especulación de los intermediarios monetarios en el mercado de cambios. Una vez que se celebren las elecciones, los analistas económicos estiman que la situación del mercado cambiario regresará a la normalidad, a menos que se presente una situación sorpresiva, lo que se considera poco probable (Reforma, 2000).

En términos generales, México se está haciendo un país cada vez más competitivo y su desarrollo en el comercio exterior no sólo se apoya en este tratado, sino que ha firmado una serie de acuerdos comerciales con otros países como Chile y Costa Rica; es, asimismo, un socio activo en los países de la cuenca del Pacífico, lo cual le ha dado magníficas oportunidades de negociaciones con los países asiáticos (SECOFI, 2000).

Sin duda alguna, los efectos del TLCNA en el comercio exterior para México han sido dramáticos; al volumen de intercambio de bienes y servicios entre los tres países se suman los importantes cambios en el sector de transportes. Las diversas empresas de ferrocarriles, tradicionalmente propiedad del Estado y que reportaban importantes pérdidas anualmente, fueron puestas a la venta mediante licitaciones públicas, lo cual dio como resultado la participación de capital privado extranjero y mexicano, utilizado en la realización de importantes inversiones en investigación, tecnología, sistemas de información, mantenimiento de equipo, atención al público y despacho de mercancía (Sowinski, 2000).

En el transporte marítimo y viario también se han realizado cambios y mejoras significativas, al realizarse alianzas estratégicas entre compañías privadas extranjeras y mexicanas, que han dado lugar a un más rápido y eficiente transporte de mercancías. Todas las compañías de transporte han contratado personal bilingüe capacitado, a quienes han bautizado con el nombre de «embajadores fronterizos», cuyas funciones son realizar supervisiones permanentes para mejorar el servicio (Sowinski 2000).

La economía mexicana durante el primer cuatrimestre del año 2000 muestra signos favorables de dinamismo, tanto en el frente interno como en el externo. Por este motivo se han realizado avances importantes en la producción, cuya industria representa la cuarta parte de la producción de bienes y servicios y constituye el principal proveedor de divisas en concepto de exportación. La tendencia positiva se refleja en el avance generalizado en las industrias: a) de la transformación (10,1%), b) maquiladora de exportación (17%), y c) de la construcción y electricidad (7,2%). La producción de automóviles y camiones pesados y ligeros presenta un impresionante avance en el nivel de producción del 25%, y se estima que para fines de año será del 33%, impulsado principalmente por el componente de exportación (BANAMEX, 2000).

TRATADO DE LIBRE COMERCIO UNIÓN EUROPEA-MÉXICO (TLCUEM)

Una vez concluidas las negociaciones para un Tratado de Libre Comercio entre México y la Unión Europea (UE), se espera que éste entre en vigor el 1 de julio de 2000, una vez que haya sido ratificado por las autoridades correspondientes de cada parte. Es importante resaltar que México es el primer país de América Latina que firma un tratado con la UE (Smith y Malkin, 2000).

Independientemente de los logros en acceso a mercados, los beneficios para México podrían concretarse en mayores flujos de inversión extranjera. Aunque el comercio de bienes y servicios entre ambos sumó 15,6 MMD en 1998, apenas un 7,8% respecto a lo comerciado en Estados Unidos y Canadá, la UE es un socio comercial con alto potencial y una fuente importante de inversión extranjera directa que actualmente representa el 25% del total en México. Existe la esperanza de que las exportaciones mexicanas a esa región incrementen rápidamente su contribución y se logre una mayor diversificación.

La completa eliminación de tarifas entre ambas partes se conseguirá en un plazo de diez años. Para el caso de productos industriales, la UE eliminará aranceles al 82% del comercio mexicano a la entrada en vigor del acuerdo. La segunda fase del proceso comercial se logrará en el año 2003, en el que todos los productos mexicanos tendrán libre acceso a la UE y el 40% de las exportaciones europeas tendrán una reducción arancelaria al 5% (SECOFI, 2000). Esta desgravación es la más ambiciosa que jamás hayan recibido ambas partes y cabe mencionar que será mucho más rápida que la pactada en el TLCAN (EC, 1997).

El reto para la industria mexicana es realizar las transformaciones necesarias durante el período de transición para lograr el potencial exportador que tendrán las empresas europeas radicadas en México. El acuerdo no deberá ser considerado como circunscrito exclusivamente al flujo de mercancías; su importancia en materia de inversión es significativa (Ávila, 2000).

El acuerdo comercial con la UE ayudará a consolidar una estrategia de diversificación comercial, de mayor exigencia comercial y de más eficiencia productiva para competir ventajosamente en un mercado europeo de 370 millones de consumidores y un crecimiento previsto, para los próximos años, cercano al 3% (Granados, 1999).

Otras ventajas sobresalientes para México serán el generar crecimientos altos y sostenidos, empleos más tecnificados y productivos y, por consiguiente, mejor remunerados; en suma, mejorar los niveles de vida de la sociedad. Todo lo dicho anteriormente está basado en que en 1988 las empresas que exportaron el 80% o más de sus ventas pagaron salarios un 59% más altos que el resto de las industrias, mientras que en las que sólo enviaron al exterior el 60% de su producción, las remuneraciones fueron un 33% superiores a las demás. A partir del TLCNA, el número de empresas exportadoras se ha incrementado en casi un 70% hasta llegar en diciembre de 1999 a 35.000, en su mayoría empresas pequeñas. Se espera que, al entrar en vigor el tratado con la UE, las pequeñas y medianas empresas sigan siendo favorecidas (Granados, 1999 y Márquez, 2000).

En 1999, de los diez principales socios comerciales de México, cinco pertenecen a la UE; éstos son: Alemania (2), España (6), Reino Unido (8), Italia (9) y Francia (10). Las principales exportaciones de México a España han sido: petróleo y derivados, automotriz, productos químico-farmacéuticos, alimentos y bebidas, textiles y prendas de vestir y siderurgia. Por su parte España exporta a México principalmente: productos químico-farmacéuticos, eléctricos y electrónicos, papel, automotrices y textiles y prendas de vestir (Banco de México, Informe Anual, 1999). Las áreas de oportunidad para los países europeos estarán principalmente en la industria automotriz, la electrónica, agroindustrias, turismo y las ramas textil, de la confección y del calzado.

PERSPECTIVAS COMERCIALES

México representa a medio y largo plazo un atractivo mercado potencial, ya que para el año 2005 se estima que tendrá 103 millones de habitantes y 110 para el año 2015 (CONAPO, 1999). Las acciones que ha realizado el Gobierno mexicano después de la apertura económica, como por ejemplo los diversos acuerdos comerciales internacionales, le hacen aparecer como un país que ofrece seguridades a la inversión extranjera y privada, y se ha comprometido, también, en diferentes formas a no volver a realizar acciones de adquisición de empresas privadas para convertirlas en empresas públicas.

Las necesidades de una población como la mexicana, conformada en más del 50% por menores de 25 años, serán muchas y muy variadas, tales como vivienda, alimentos, ropa y calzado, servicios básicos de infraestructura —carreteras, energía eléctrica, agua potable, escuelas, hospitales, servicios financieros, centros comerciales— y una infinidad más de productos y servicios que hacen de México un país muy atractivo para el inversionista dispuesto a satisfacer cualquiera de estas necesidades.

Es importante para cualquier país miembro de la UE, antes de emprender una acción comercial, estudiar las necesidades, gustos y preferencias específicas de los mexicanos, que pueden llegar a ser diferentes a las de los europeos. Durante la década de los cincuenta y principios de la de los sesenta muchas compañías estadounidenses fracasaron en su intento de conquistar los mercados mexicanos, por no estudiar previamente las características del mercado. En el año 2000 existen numerosas agencias de investigación de mercados, agencias de publicidad y comunicación y despachos de firmas consultoras de alto nivel académico y profesional, tanto nacionales como extranjeros radicados en México, que pueden aportar información muy valiosa al inversionista de la UE para evitar fracasos en sus proyectos de desarrollo.

Las diferencias culturales y sociales pueden variar de un estado a otro y de una región a otra dentro del mismo país. No han sido pocas las empresas transnacionales que, desconociendo las costumbres de la población mexicana, han tenido problemas laborales por tratar de imponer las políticas y normas que les han funcionado adecuadamente en otros países. El mexicano, en términos generales, está arraigado a sus costumbres y estilo de vida, sin que signifique esto que no está dispuesto a aceptar cambios. Las poblaciones de las grandes ciudades han adoptado costumbres más cosmopolitas; sin embargo, hay principios sociales, morales y religiosos que conservan celosamente, aun cuando han aceptado cambios importantes en sus formas de vida.

Con el objeto de ilustrar esta afirmación, a continuación se presentan dos ejemplos de actitudes de consumidores y trabajadores mexicanos:

1) A pesar de las grandes campañas publicitarias que han realizado los bancos para que sus clientes realicen operaciones bancarias a través de los cajeros automáticos (buscar nombre) y no solamente hagan retiros de dinero en efectivo, han fracasado sistemáticamente por un sentimiento de desconfianza que surgió cuando estos servicios se empezaron a ofrecer y en algunos casos, muy aislados, se llegaron a tener problemas al no registrarse adecuadamente un depósito. Esto fue suficiente motivo para que se corriera la voz y hoy, a pesar de que los servicios actuales están altamente tecnificados, el usuario mexicano, en casi la totalidad de los casos, continúa haciendo solamente retiros de efectivo.

2) A fines de la década de los cincuenta se abrió una planta armadora de automóviles y camiones de Chrysler en la zona industrial de la ciudad de Toluca, que se encuentra a 60 km al suroeste del Distrito Federal. Uno de los propósitos de la empresa era promover la creación de empleos, por lo que procedieron a la contratación de obreros no cualificados, los cuales de forma inmediata y permanente recibieron cursos de formación y desarrollo en áreas muy diversas, tales como mecánica automotriz y desarrollo humano. Después de unos meses, los resultados en la empresa eran de altos niveles de productividad y un ambiente laboral sano, los trabajadores mostraban motivación en el trabajo y un alto espíritu de colaboración en equipo. Después de varios meses, llegó un trabajador ante el director de Recursos Humanos para

solicitar un permiso de ausencia por veinte días, el cual le fue negado. El trabajador presentó su renuncia argumentando que la causa de su ausencia era justificada. En los siguientes días se recibieron multitud de solicitudes similares, lo cual puso en alerta al director; la razón era que estaba próxima la época de la cosecha anual y, como la mayoría de los trabajadores era de origen campesino, no podían dejar de participar en una tradición tan arraigada en esa región como era la de acudir todos los miembros de la familia a lo que llamaban «el mes de la cosecha». La compañía decidió crear un programa anual de trabajo en el que se concedería a los trabajadores el permiso justificado para ausentarse durante esa celebración.

DISTRIBUCIÓN DE BIENES Y SERVICIOS

A pesar de su extensión territorial, la población en México se encuentra concentrada en las grandes urbes. En las veinte principales ciudades vive más del 40% de la población total; solamente las ciudades de México, Guadalajara y Monterrey representan casi el 26% de la población. Estas veinte ciudades cuentan con una extensa red de servicios de comunicación, tales como carreteras, aeropuertos y telefonía, y en lo referente a distribución y venta de productos y servicios de consumo básico, las principales tiendas, hipermercados y supermercados tienen sucursales en casi todas estas ciudades.

A pesar de los programas de desarrollo de infraestructura para el resto de las ciudades y comunidades que representan el 60% de la población restante, las condiciones climatológicas y de terreno en las que se encuentran ubicadas hacen más compleja la tarea de distribución de bienes y servicios. Descartando las primeras veinte ciudades más habitadas, y teniendo en cuenta las veintidós siguientes ciudades que concentran casi el 60% de la población, se puede considerar que el nivel de atención que reciben es adecuado, ya que de forma paulatina los principales oferentes de bienes y servicios han ampliado sus redes de distribución en estas plazas (INEGI, 1999).

El problema mayor se encuentra en las poblaciones alejadas, en las que el acceso es más dificultoso, ya sea por estar ubicadas en zonas montañosas, desérticas o selváticas. El apoyo que han recibido estas comunidades por parte de las autoridades ha sido menor. Sin embargo, en los últimos años, éste se ha intensificado a través de múltiples programas gubernamentales que tienen como finalidad mejorar su situación. En estas zonas se encuentra localizada en su mayoría la población indígena, que se estima en casi quince millones de habitantes, y en muchas de ellas las condiciones de vida llegan a ser de una pobreza calificada como extrema (Boltvinik y Hernández, 1999).

Una mención aparte merecen los centros turísticos, sobre todo los ubicados a lo largo de las costas mexicanas, los cuales tienen excelentes medios de comunicación y servicios generales.

EPÍLOGO

A partir del programa gubernamental de apertura a los mercados comerciales internacionales, México ha tenido cambios sustanciales, que se reflejan en aumentos en la producción de bienes y servicios tanto para consumo interno como para exportación. Un aspecto que se considera relevante es la reducción porcentual en las exportaciones petroleras en comparación con el resto de los productos. En 1994 representaron el 80% del total de las exportaciones, en tanto que en 1999 significaron el 13%, lo que implica que ha dejado de ser un país petrolizado.

A partir de la firma del Tratado de Libre Comercio con Estados Unidos y Canadá en 1993, se han obtenido aumentos en el comercio internacional de bienes y servicios, superávit en la balanza comercial con la mayoría de los países con los que se comercia, además de Estados Unidos y Canadá. En 1999 el índice inflacionario se ha reducido consistentemente, y se estima que para fines del 2000 será de un solo dígito.

México, durante la segunda mitad del siglo XX, ha sido un país de grandes contrastes, ha tenido un importante desarrollo industrial y de servicios, además de una sustancial mejoría en la calidad de vida en un reducido sector de la población.

El gran reto para las autoridades gubernamentales en los próximos años será el de mejorar los niveles de vida de la población en general, ya que cada día las demandas son más notorias y se han llegado a manifestar de diferentes formas, como es el caso del Ejército Zapatista de Liberación Nacional (EZLN), radicado en el estado de Chiapas en el sureste de México. Para aspirar a ser un país estable, en el sentido amplio de la palabra, se deberá hacer llegar a todos los habitantes los beneficios de las acciones de apertura y desarrollo comercial que se han emprendido en los últimos años. De otra manera seguirían existiendo contrastes muy fuertes entre una población minoritaria que goza de una situación similar a la de los países desarrollados, mientras que una gran masa de la población mexicana continuaría padeciendo carencias injustificables para un país que tiene enormes recursos naturales y que está en una etapa de pleno desarrollo comercial, industrial y tecnológico.

REFERENCIAS BIBLIOGRÁFICAS

ÁVILA, L. Graciela (2000): *México-Unión Europea*, Comercio Exterior, Estudios Económicos y sociales, BANAMEX, México, pp. 8-9.

BANAMEX (1999): *México social 1998*, División de Estudios Económicos y Sociales, México, pp. 3-5.

BANAMEX (2000): *Examen de la situación económica de México*, Indicadores Económicos, México, p. 208

BANXICO (1990): *Informe anual 1991*, Banco de México.

BANXICO (1996): *Informe anual 1997*, Banco de México.

BANXICO (2000): *Informe anual 1999*, Banco de México.

BOLTVINIK y HERNÁNDEZ LAGO (1999): *Pobreza y distribución del ingreso en México*, México, Siglo XXI.

BULNER THOMAS, Victor (1997): *El nuevo modelo económico en América Latina: Su efecto en la distribución del ingreso y en la pobreza*, México: Fondo de Cultura Económica, p. 92.

CONAPO (1999): *Proyecciones de la población en México*, Consejo Nacional de Población, México.

EC (1997): «Interim Agreement on Trade and Trade-Related Matters between The European Community and Mexico», European Community, Bruselas, (8 de diciembre), pp. 2-3-5.

GRANADOS, R. Otto (1999): «Hacia un Tratado de Libre Comercio. México y la Unión Europea», *El País*, Sección Económica, (22 de diciembre), p. 72.

INE (1995): *Programa de Medio Ambiente 1995-2000*, Instituto Nacional de Ecología, México.

INEGI (1992): *XI Censo General de Población y Vivienda 1990*, Instituto Nacional de Estadística, Geografía e Informática, México.

INEGI (1996): *Análisis del sector comercial en México*, Instituto Nacional de Estadística, Geografía e Informática, México.

INEGI (1999): *Censo de Población y Vivienda 1998. Integración Territorial*, Instituto Nacional de Estadística, Geografía e Informática, Datos preliminares, México.

MÁRQUEZ, Ricardo (2000): «El Tratado UE-México beneficia sobre todo a las pymes», *La Gaceta del Lunes*, Comercio Exterior, (13 de marzo), p. 56.

MARTÍNEZ, Gabriel (1997): *Pobreza y política social en México*, México, Fondo de Cultura Económica, p. 135.

Reforma (2000): «Rebasa el dólar los 10 pesos», *Negocios*, Mercados Financieros (9 de junio), pp. 1-2.

SECOFI (1994): *Plan Nacional de Desarrollo Comercial e Industrial 1994-2000*, Secretaría de Comercio y Fomento Industrial, México.

SECOFI (2000): *El Tratado de Libre Comercio entre México y la Unión Europea: Vinculo entre continentes*, Secretaría de Comercio y Fomento Industrial, México, p. 2.

SEMARNAP (1996): *México hacia el desarrollo sustentable*, Secretaría de Medio Ambiente, Recursos Naturales y Pesca, México.

SMITH, Geri y MALKIN Elisabeth (2000): «Mexico Pulls Off Another Trade Coup», *Business Week*, 3667 (7 de febrero), pp. 56-58.

SNTCM (2000): *El transporte de pasajeros*, Sistema Nacional de Transporte Colectivo Metro, Informe Preliminar de Actividades, México.

SOWINSKi, L. Lara (2000): «Moving Goods In and Out of Mexico», *World Trade*, 13 (4), pp. 67-68.

ZUCKERMAN, Amy y McLYMONT, Rosalind (2000): «Hear the News About NAFTA?», *World Trade*, 13 (4), pp. 22-24.

EL CASO DE COSTA RICA

José M. Tomás Ucedo

HITOS HISTÓRICOS

E l primer intercambio comercial de Costa Rica, de sus indígenas, con los europeos se efectuó en 1502, meses después de
que el 11 de mayo de ese año Cristóbal Colón partiera del puerto
de Cádiz en su cuarto viaje a tierras americanas. Llegó a Cariari,
cerca de lo que hoy es Puerto Limón, principal puerto del Caribe
costarricense y capital de la provincia atlántica de Costa Rica.
   La población de Costa Rica creció muy lentamente y así lo
hizo también su economía: por su pobreza relativa y lejanía
respecto a las otras provincias de la Capitanía General de Guatemala, por el azote de enfermedades tropicales y por la de-
predación de los piratas. Su incipiente comercio exterior se
realizaba con los vecinos, Nicaragua y Panamá. El primer y
principal producto de exportación fue el cacao, ya menciona-
do como tal en 1638.
   De la administración española durante la etapa colonial
podemos destacar lo que apunta el principal historiador econó-

mico costarricense —con notorias raíces catalanas—, Tomás
Soley Güell: «Ni en los momentos de mayores agobios de la
Hacienda de la Metrópoli, ni en las décadas de mayor severidad
fiscal, deja de ser moderadísima la exigencia hacendaria fiscal de
la Metrópoli hacia sus nuevos dominios [...] [las sumas recauda-
das] sorprenden por lo moderadas y no justifican las inculpacio-
nes de avaricia y extorsión lanzadas contra los colonizadores...».[1]

Asimismo, alaba la organización, en sus inicios, de la Casa de
Contratación de Sevilla, que incluía una sección de Registro de
Mar, «precursora y anterior del famoso Lloyd del que tanto se
ufana Inglaterra».[2] Sin embargo, reconoce que el monopolio del
tráfico comercial, que al principio sirvió para encauzarlo y orde-
narlo, atentó después contra un fluido desarrollo mercantil.[3]

En 1844, cuando aún la población costarricense era muy
exigua (el primer censo del que hay noticia, del año 1833,
arrojó 54.146 habitantes), se inicia la exportación de café a
Inglaterra, y con ello el despegue de la economía costarricense dada su ventaja comparativa en ese cultivo, denominado
comprensiblemente el «grano de oro».

Otras producciones —siempre agrícolas— «no alcanzaban
en el mercado mundial el precio necesario para cubrir los
fuertes gastos exigidos por la escasez de comunicaciones inte-
riores o por la lejanía de los centros consumidores. Aun para
el valioso café de tan fácil transporte era rémora de su desarrollo el costoso y lento viaje por el cabo de Hornos».[4]

1 Tomás Soley Güell: *Historia económica y hacendaria de Costa Rica*, Editorial
  Universitaria de la Universidad de Costa Rica, San José, 1947, tomo I,
  pp. 68-69.
2 *Ibid.*, p. 46.
3 *Ibid.*, p.102.
4 *Ibid.*, p. 43. El café se exportaba por el puerto del Pacífico, Puntarenas
  (105 km desde la capital, San José), pues «las 30 leguas entre San José y

Así pues, en la década de los cincuenta, del siglo XIX, se abre una época de gran progreso y se firman los primeros acuerdos comerciales, con Inglaterra, España, Francia y las ciudades hanseáticas.

En el Gobierno del general Tomás Guardia (1870-1882), se empieza a construir el ferrocarril, concretamente la línea al Atlántico. Esta obra magna era decisiva para el impulso del comercio exterior costarricense pues, además de agilizarse la exportación de café, se explotaron las tierras aledañas, muy propicias para la producción del banano (plátano), cuya primera exportación se realizó en 1883. Café y banano han representado durante décadas más de la mitad de las exportaciones costarricenses.[5]

Con la construcción de la vía férrea, comienza también para Costa Rica su endeudamiento externo, y en forma un tanto accidentada, ya que, nos explica Soley Güell, el país tuvo que «cubrir las pérdidas que nos obligaron a soportar los inescrupulosos banqueros con quienes iniciamos nuestra actividad financiera externa».[6] Se firmó el primer empréstito el 5 de mayo de 1871 por un millón de libras esterlinas. Hasta 1911 Costa Rica no se endeuda con otro acreedor externo que no sea Inglaterra; este país fue Francia y, en este caso, la operación resultó muy exitosa, hasta el punto de que «el Congreso [...] premió a quienes intervinieron en realizarla».[7]

Limón exigían un mes de viaje». *Ibid.*, p. 45. En cambio, a Puntarenas se necesitaban «sólo» entre 5 y 8 días, según la estación meteorológica.

5 No fue hasta 1980 cuando representaron menos de la mitad, 45,6%. En 1998, un 20%.

6 *Ibid.*, p. 277. Soley también achaca responsabilidades —como en todo acto corrupto son dos las partes implicadas— a las «*inexperiencias, torpezas e inescrupulosidades* de sus representantes» [destacado en negrita en el original], en referencia a la delegación costarricense en la negociación.

7 *Ibid.*, tomo II, p. 95.

Hasta mediados de la década de los veinte, ya en el siglo XX, la deuda externa de Costa Rica aparece contabilizada como «deuda inglesa» y «deuda francesa». Entonces entra en liza Alemania, con la electrificación del ferrocarril, a cargo de la legendaria AEG.

Como país pequeño era productor, hasta el inicio de su industrialización avanzada la década de los cincuenta (siglo XX), casi exclusivamente de «postres»: café, banano, azúcar y cacao. Costa Rica ha dependido mucho de su comercio exterior, como ya señalaba Soley Güell en la obra que venimos citando: «Los años buenos, económicamente hablando, coinciden en Costa Rica con los años de altos precios de nuestro café en el mercado mundial».[8]

MOMENTO ACTUAL

Costa Rica tiene una economía muy abierta cuyo comercio exterior representó en 1997 el 95,6% del PIB,[9] que ha diversificado su producción exportable, fundamentalmente a partir de los Planes de Ajuste Estructural, firmados con el FMI y el Banco Mundial como parte de la renegociación de la deuda externa que siguió a la «crisis de la deuda», con la que se inició la tristemente «década perdida» —para América Latina, no para sus acreedores, desde luego— tras la suspen-

8 *Ibid.*, tomo II, p. 267. En este sentido son elocuentes las cifras que el autor presenta sobre la prosperidad en la segunda mitad de los «felices veinte», y el fuerte impacto de la gran depresión posterior al *crack* de 1929. Tomo II, pp. 323 y ss.
9 Datos del Banco Central de Costa Rica (BCCR): exportaciones FOB, 44,6% e importaciones CIF, 51,6%.

sión de pagos decretada por México en el arranque de dicho decenio.[10]

Sin embargo, sigue siendo elevada la concentración de sus exportaciones en *Productos del Reino Vegetal*, como reza (con respecto a España) en la Sección II de la Balanza Comercial de la Secretaría de Comercio española:[11] el 81% de las exportaciones costarricenses a España durante 1998, a las que hay que añadir un 8,1% de productos alimenticios procesados (Sección IV).[12]

Las importaciones de España a Costa Rica muestran, obviamente, una mayor diversidad: nueve partidas superan al menos el 4% del total y suman, en conjunto, el 88%, destacando máquinas y aparatos eléctricos (30%), cerámica y vidrio (19%), metales y sus manufacturas (9%).

No es España ni ningún país de la Unión Europea el principal socio comercial e inversionista de Costa Rica. Lo es, con diferencia, Estados Unidos. Para el período 1985-1999, el Ministerio de Comercio Exterior estima en 2.510 millones de dólares la inversión directa estadounidense en Costa Rica, algo

10 En 1982, Costa Rica presentaba una deuda externa equivalente al 120,8% de su PIB. El servicio de dicha deuda, al año siguiente, representaba un 45% de sus exportaciones. Para 1999, esas cifras son, respectivamente, un 27% y un 8%. *Boletín Deuda Pública Externa de Costa Rica*, BCCR, n.º 17, marzo de 2000, p. 42.

11 Información de la Cámara Oficial Española de Comercio en Costa Rica.

12 Las cifras en los registros costarricenses, Ministerio de Comercio Exterior (COMEX), muestran una importante partida en la Sección I, *Productos del reino animal*, poco creíble, pues se ha descubierto un considerable fraude en el uso de un incentivo —subsidio— a las exportaciones no tradicionales a «terceros mercados» (fuera de Centroamérica), los *certificados de abono tributario* (CAT), mediante facturación falsa. Las primeras empresas investigadas y procesadas se dedicaban a la exportación de pescado y crustáceos.

más del 63% del total. La española se cifra en 39 millones (1%) y, para el conjunto de la UE, 355,6 millones de dólares (9%). La inversión española ha sido un 60,8% en el sector turístico y un 33,6% en la industria alimentaria. En cuanto a lo comercial, con cifras de 1998, el mercado de Estados Unidos representa el destino del 30% de las exportaciones (1.052 millones de dólares) y una cifra porcentual muy similar de las importaciones (1.749 millones de dólares). Alemania representa el principal mercado europeo con 188 millones de exportaciones, mientras que Costa Rica importó por valor de 122 millones, seguido de Italia, con 120,6 y 74,9, respectivamente.[13]

Las relaciones comerciales Costa Rica-Unión Europea (UE) se enmarcan en lo estipulado por el Reglamento CE n.º 2820/98 del Consejo de la UE, de 21 de diciembre de 1998, de preferencias arancelarias generalizadas, en vigor para el período establecido entre el 1/7/1999 y el 31/12/2001. Régimen que se aplica a los productos comprendidos en los capítulos 1 a 97 del arancel aduanero común, con excepción del 93. Para Costa Rica, resto de Centroamérica y países del grupo andino «quedan totalmente suspendidos los derechos del arancel aduanero».[14]

El punto más conflictivo de las relaciones Costa Rica-UE es el caso del banano.[15] El comercio bananero de la UE se rige por la Regulación 404/93 de 13 de febrero de 1993, que expira

---

13 Para una mayor información cuantitativa, recomendamos las dos siguientes direcciones de Internet: www.comex.go.cr y www.bccr.fi.cr.

14 *Diario Oficial de las Comunidades Europeas*, L 357 de 30/12/1998, sección 4, artículo 7 del reglamento citado.

15 La principal fuente consultada para describir el tema de la negociación bananera es la tesis: «Bananas: A topic of disagreement between The European Union, Latin America and the United States», cedida por su autora Doris Osterlof, «Master of International Politics» de la Universidad Libre de Bruselas, septiembre de 1997.

el 31 de diciembre del 2002. La normativa protege la producción propia de países como España (islas Canarias), Portugal (Madeira y las Azores) y Francia (Guadalupe y Martinica), así como a los productores bananeros de los países signatarios de la Convención de Lomé, ex colonias europeas.

El sistema de restricciones con cuotas y licencias atentaba contra las regulaciones del GATT (Acuerdo General sobre Aranceles Aduaneros y Comercio) y, obviamente, lo hace contra las de la nueva OMC (Organización Mundial del Comercio). Costa Rica y Colombia negociaron unas cuotas adicionales en un acuerdo marco en el contexto de la Ronda Uruguay; pero Estados Unidos, presionado por sus poderosos *traders*, Chiquita y Dole, y apoyado, entre otros, por Ecuador, principal exportador a la UE con una participación del 26% del mercado, se opuso a esta nueva medida unilateral e inequitativa. No sólo elevó su protesta a la OMC, sino que incluso amenazó a Costa Rica con privarle de los beneficios de la *Iniciativa para la Cuenca del Caribe*. La presión podría calificarse de moderada, pues la Administración Clinton no quería revivir la imagen de otros tiempos en que las compañías bananeras «gringas» constituían un «Estado dentro del Estado», lo que provocó que los países que sufrían esta tesitura fueran denominados, muy despectivamente, «repúblicas bananeras».

En consecuencia, la negociación se vislumbra muy compleja por este cruce inusual de intereses, con un disenso entre países latinoamericanos; Estados Unidos aliado con una de las partes latinoamericanas, y la Unión Europea, que también presenta fisuras en tanto en cuanto sus miembros más fuertes consumidores quieren acelerar la transición a un mercado libre. Finalmente, los países de la Convención de Lomé quieren mantener, en la ronda Lomé V prevista para este año, sus condiciones preferenciales que, además, tienen carácter contractual: la UE no puede modificarlas unilateralmente.

Aparte de la negociación bananera, no hay una meta prioritaria de corto o mediano plazo en la agenda del gobierno de Costa Rica con la UE. Las prioridades apuntan a proseguir las gestiones relativas a Tratados de Libre Comercio bilaterales: ya entró en vigor en 1995 el firmado con México; ya se negoció con Chile, sólo falta la ratificación de los respectivos congresos; la situación es similar con la República Dominicana; y están en fase negociadora los tratados con Canadá y Panamá. Esta estrategia permite crear oportunidades para que Costa Rica incremente sus mercados de exportación, sin afectar excesivamente a sus empresas locales por las importaciones a que se abre Costa Rica. Asimismo, constituye un entrenamiento y aprendizaje en procesos negociadores internacionales, ensayos de apertura e inserción en el nuevo e irreversible contexto del mundo globalizado del siglo XXI.

Los avances en este sentido van en la dirección que pretende la ambiciosa meta, proyectada para el 2005, del Área de Libre Comercio de las Américas (ALCA). Un acuerdo hemisférico para crear un mercado libre entre los 34 países americanos (todo el continente, excepto Cuba).

PERSPECTIVAS

La Unión Europea desea como interlocutor en negociaciones comerciales no a pequeñas naciones, sino a bloques de países. Costa Rica sostiene una postura reticente a la plena integración centroamericana más allá de una agenda económica, por la desconfianza en regímenes nuevos en democracia y que siguen muy influidos por el gran poder fáctico: las fuerzas armadas. Hasta la década de los noventa, nunca en la historia de América Central habían coincidido en todos los países Gobiernos electos democráticamente. En Centroamérica (CA), «se luchó un capítulo de la Guerra Fría con la mayor ferocidad [...] decir que esa etapa se terminó con el derrumbamiento del Muro de Berlín, no implica que esté de hecho erradicada, borrada y suprimida de la realidad centroamericana».[16] Los socios centroamericanos de Costa Rica son sociedades todavía con profundas heridas por las guerras civiles que las azotaron y que se encuentran en una triple transición:[17] de la guerra a la paz; de la dictadura militar a la democracia, y del desarrollo económico «hacia adentro» al desarrollo económico «hacia afuera».

En la esfera comercial, para la consolidación del Mercado Común Centroamericano quedan aún por eliminar restricciones al libre comercio regional de ciertos productos agropecuarios y de servicios tales como banca, seguros y transportes. Por otra parte, hay que establecer un procedimiento jurídico e institucional para dirimir las discrepancias.

El diálogo comercial CA-UE se circunscribe al Foro de Comercio, cuya primera edición se celebró en octubre de 1995 en Bruselas; la segunda, también en esa capital, tuvo lugar cuatro años después, en octubre de 1999. De la lectura del acta final se desprende una situación que calificaría, un tanto eufemísticamente, como poco dinámica en el avance de las relaciones comerciales, que podríamos quizá sintetizar en una muestra retórica como la que exhibe el punto 4: «El II Foro de

---

16 Eduardo Stein, en conferencia dictada, como ministro de Relaciones Exteriores de Guatemala, en la Secretaría Permanente del Sistema Económico Latinoamericano (SELA), en Caracas. *Revista Capítulos del SELA*, n.º 53, enero-junio 1998, p. 177.

17 Seguimos la línea diagnóstica que expone Eduardo Lizano, presidente del BCCR, en «Centroamérica en los umbrales del siglo XXI». «Enlace Mundial», *Revista de la Promotora de Comercio Exterior de Costa Rica* (PROCOMER), n.º 4, noviembre-diciembre de 1999, pp. 49-58.

Comercio tuvo por objeto facilitar un intercambio de puntos de vista sobre cuestiones de interés mutuo, sobre todo aquellas que pudieran repercutir en la evolución positiva de los intercambios entre ambas regiones».[18]

Sí es destacable la solicitud por parte centroamericana de que se dé un carácter permanente al sistema generalizado de preferencias, «con el objeto de dar a los inversionistas la certeza que requieren para estos fines [atraer la inversión directa europea a la región]».[19] Sin duda, la inversión europea en América Latina se está orientando muy marcadamente hacia mercados grandes como México, países del Mercosur y Chile.

Un escenario futuro óptimo podría conformarlo un Tratado de Libre Comercio Europa-América Central. Proyecto de muy largo plazo tanto por el avance lento de la integración centroamericana, como por la poca entidad de este mercado subregional, pequeño en población, nulo en recursos estratégicos y sin relevancia geopolítica, a excepción —para Estados Unidos— de su potencial como área de paso —y apeadero— del narcotráfico. Adicionalmente, por las complejidades que asoman en el horizonte de una Unión Europea de no menos de veinte miembros, en la medida en que se haga efectiva la incorporación de los países ex comunistas.

RECOMENDACIONES

Concordamos con lo que recomendaba meses atrás en *El País* Víctor Pérez-Díaz en cuanto a la importancia de saber ajustar

18 «Acta Final del II Foro de Comercio Unión Europea-Centroamérica», Bruselas, 28 de octubre de 1999. Versión facsímil suministrada por la Cámara de Exportadores de Costa Rica (CADEXCO), punto 4, p. 1.
19 *Ibid.*, punto 8, p. 2.

la cultura corporativa a las peculiaridades locales, de acuerdo con el —a mi juicio— aforismo insignia de la globalización: «Pensar global y actuar local».[20] Otro tanto argumentaba Enrique Iglesias, presidente del Banco Interamericano de Desarrollo, señalando que la inversión extranjera, refiriéndose a la española, «cuente con un ancho apoyo de la opinión pública de los países adonde van...».[21]

Estas diferencias culturales Europa-América Latina, desde mi perspectiva más ceñida en realidad a las diferencias España-Costa Rica, las situaría en las siguientes facetas: el costarricense tiene todavía un sentido laxo del tiempo; propende a un cierto «malgasto» por cuanto no tiene aún la percepción de «escasez» ya usual en Europa; tiene necesidad, por otra parte, de que el ambiente de trabajo sea relajado y amistoso; siente gran aversión por el lenguaje y los modos bruscos; le cuesta exteriorizar sus desacuerdos o malestares y es poco inclinado a las discusiones, pues fácilmente confunde las apreciaciones en disputa como críticas de índole personal. Su trato suele ser muy cálido y respetuoso, pero si no se sabe hacer emerger posibles desavenencias o resquemores, su conducta puede ser muy boicoteadora y pasivo-agresiva.

No se trata, claro está, de incorporar resignadamente las diferencias, sino de saber encontrar un ritmo gradual, prudente, de evolución en los aspectos que se consideren perjudiciales para la eficiencia organizacional.

20 Víctor Pérez-Díaz: «Oportunidad y riesgo de Latinoamérica para España», *El País*, 27/5/2000, p. 10.
21 Citado por Carles Comas en la lección inaugural del curso 1999-2000 de ESADE, Barcelona, 9/10/99. Versión escrita en la *Revista de la Asociación de Antiguos Alumnos de ESADE*, n.º 86, p. 153.

Costa Rica, como nación pequeña, inmersa en variadas y prolijas negociaciones, con un poder negociador muy escaso, debe mostrarse como un interlocutor muy claro en su visión de lo que quiere alcanzar, consistente en sus propuestas, confiable en sus compromisos, sólidamente respaldado por un consenso político a lo interno del país. Y, a este respecto, si bien Costa Rica es una democracia formalmente intachable en sus últimos cincuenta años de vida republicana, ha venido perdiendo profundidad y contenido más allá de los procesos estrictamente electorales. Hay desilusión y desconfianza en la clase política y, en consecuencia, desinterés y rechazo.[22] Debido a ello existe una erosión en la legitimidad y la representatividad del sistema político. Un fenómeno que, en otras latitudes continentales, se ha traducido en la llegada al poder de personajes como Fujimori, Chávez y Bucaram.

Afortunadamente, Costa Rica ostenta la providencial característica de no contar con fuerzas armadas, desde que, tras el último —y breve— conflicto civil acaecido en 1948, el presidente José Figueres, en una estratégica combinación de habilidad y visión, decretara su supresión.

Sin embargo, la falta de autoridad, real y moral, va entreabriendo las puertas al gobierno de fuerzas clandestinas globales: narcotráfico, blanqueo de capitales y otros tráficos abominables que desvertebran la sociedad y la salpican de una violencia creciente. Colombia sería el caso extremo —hasta la fecha— de este escenario.

Una última reflexión: ¿cambio de personas, cambio de leyes?... Puede haber una cierta renovación con cambios en la legislación electoral que posibiliten el acceso a puestos públi-

22 En las últimas elecciones presidenciales y legislativas, febrero de 1998, la abstención, generalmente un poco por encima del 20%, saltó casi al 33%. En sondeos de opinión recientes, la intención de abstención ronda ya el 40%.

cos de candidatos no necesariamente vinculados a las cúpulas de los partidos mayoritarios (uno democratacristiano y otro socialdemócrata, que suman en torno al 90% de los votos), igualmente que faciliten el surgimiento y fortalecimiento de nuevos partidos, y que modifiquen la actual legislación sobre «deuda política adelantada»; asimismo, la ampliación y fortalecimiento de la figura del referéndum.

Por otra parte, aunque en este mismo contexto propuesto sobre el binomio personas y leyes, una abrumadora mayoría de la población ha expresado, en acreditados sondeos de opinión, su deseo de que se reforme la Constitución en lo concerniente a la prohibición de la reelección presidencial. La figura política más relevante en Costa Rica en los últimos veinticinco años (desde la desaparición política del tres veces presidente, José Figueres), Óscar Arias, premio Nobel de la Paz por su excepcional tarea pacificadora en Centroamérica, arrasaría en unas futuras elecciones. El electorado considera que podría llenar el creciente vacío de liderazgo que experimenta el país y que, presiente, va a empeorar con los candidatos que se postulan para las próximas elecciones de febrero de 2002.

En todo caso, ya para terminar, no me resisto a citar a dos personajes que desde hace rato gravitan en mi pensamiento, separados por veinte siglos y unidos por un gran conocimiento de la naturaleza humana: «Corrupta es la república que necesita de muchas leyes» (Tácito); «No hay que reformar las leyes, sino los hombres; la más perfecta ley, en manos de tramposos, será ineficaz» (Indro Montanelli). Ambos nos recuerdan, por activa y por pasiva, que lo esencial para la convivencia en sociedad radica en el compromiso de cada uno de sus miembros de hacerla digna y merecedora de tal nombre.

ESPAÑA Y VENEZUELA: UNA RELACIÓN EFECTIVA

Juan Francisco Mejía Betancourt

INTRODUCCIÓN

A lo largo de las próximas páginas trataremos de dibujar el panorama del proceso inversor de España en América Latina, desde sus distintos ángulos, en particular en la última década, que nos permita no sólo conocer un esfuerzo que va más allá de lo que puedan haber hecho algunas empresas, sino también el significado que tiene para el futuro de las economías y de las sociedades de ambos lados del Atlántico.

América Latina ha finalizado la década de los noventa como la región de países en desarrollo más atractiva para invertir en el mundo, superando a Asia. Ha demostrado un apego fiel a los principios de la globalización y la apertura, y ha avanzado en la modernización de sus estructuras económicas y, en especial, en la seguridad jurídica con respecto al inversor. Cinco países de la región están entre los diez mayores receptores de inversiones del mundo durante el período 1992-1998. (Véase la Tabla 1.)

TABLA 1. LOS DIEZ PAÍSES MAYORES RECEPTORES
DE INVERSIÓN EXTRANJERA DIRECTA, 1992-1998
(MILES DE MILLONES DE DÓLARES)

PAÍS	1992	1993	1994	1995	1996	1997	1998
China	11,2	27,5	33,8	35,8	40,2	44,2	42,0
Brasil	2,1	1,3	3,1	4,9	11,2	19,7	24,0
México	4,4	4,4	11,0	9,5	9,2	12,5	10,0
Argentina	4,0	3,3	3,1	4,8	5,1	6,6	5,6
Polonia	0,7	1,7	1,9	3,7	4,5	4,9	5,5
Chile	0,9	1,0	2,6	3,0	4,7	5,4	5,0
Malasia	5,2	5,0	4,3	4,1	5,1	5,1	5,0
Venezuela	0,6	0,4	0,8	1,0	2,2	5,1	3,7
Federación de Rusia	0	0	0,6	2,0	2,5	6,2	3,0
Tailandia	2,1	1,4	1,4	2,3	2,3	3,7	4,8

Fuente: The World Bank Group, *Global Development Finance*, 1999, *op. cit.*, p. 51.

Las empresas españolas están introduciéndose en el Nuevo Continente con fuerza y decisión. Desde los procesos de liberalización comercial y, especialmente, desde que se inició el auge frenético de las privatizaciones, las empresas españolas han destacado en los primeros lugares. Hay entusiasmo e interés; los empresarios, ejecutivos y funcionarios se sienten cada vez más cómodos en una región que posee un alto potencial, y recorren el continente en busca de oportunidades que les permitan ampliar sus propios mercados, ya bastante angostos y con grandes competidores.

El crecimiento de la economía española ha sido constante desde mediados de la década de los ochenta, y ha tenido una recuperación espectacular tanto en términos del PIB, como en calidad de vida para sus ciudadanos. Hace apenas veinte años España tenía un PIB y un PIB *per cápita* equivalentes a los de Argentina o Venezuela, y lo mismo sucedía en ámbitos como la infraestructura o la tecnología. Sin embargo, el despegue de su economía, que coincide mucho con su entrada en la Comunidad Europea en 1985, inicia este período de auge económico, que le ha permitido no sólo desarrollarse internamente, sino situarse entre los diez países más desarrollados del planeta.

Paralelamente a este proceso vertiginoso, una visión, quizá no muy estudiada ni preparada, pero visión de futuro al fin y al cabo, le ha abierto a España un mundo amplísimo de oportunidades, que desde luego no se dejan pasar de largo, sino que, por el contrario, se aprovechan eficazmente.

CÓMO SE HA VENIDO DESENVOLVIENDO ESA INVERSIÓN

El crecimiento de la economía española y su esfuerzo inversor van en proporción directa. En 1990 España, con un flujo neto de inversiones en América Latina de 155 millones de dólares, era el quinto país dentro de los doce miembros de la Comunidad; en 1997 era el primero a mucha distancia de los siguientes. Así como el resto de los países ha ido declinando constantemente en el mismo período, en el caso español ha sucedido lo contrario. (Véase la Tabla 2.)

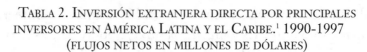

TABLA 2. INVERSIÓN EXTRANJERA DIRECTA POR PRINCIPALES
INVERSORES EN AMÉRICA LATINA Y EL CARIBE.[1] 1990-1997
(FLUJOS NETOS EN MILLONES DE DÓLARES)

PAÍS	1990	1991	1992	1993	1994	1995	1996	1997	TOTAL 1990-97
Austria	–	–	5	3	20	20	7	–	55
Bélgica	59	36	71	-91	-61	178	579	338	1.109
Dinamarca	15	2	–	25	3	43	49	–	137
Finlandia	27	37	34	15	17	52	25	8	215
Francia	283	-12	146	332	101	59	2.057	2.439	5.405
Alemania	322	549	256	36	873	1.898	-98	2.579	6.415
Italia	56	123	-48	-13	-2	111	183	398	808
P. Bajos	258	194	653	481	1.056	1.102	1.047	1.638	6.429
Portugal	7	1	2	-1	3	34	308	490	844
España	155	236	185	93	2.072	1.037	1.577	5.653	11.008
Suecia	38	-6	20	37	16	14	144	286	549
R. Unido	493	69	542	222	1.365	1.645	1.965	3.431	9.732
UE[2]	1.771	1.228	1.865	1.139	5.462	6.192	7.842	17.261	42.700
EE.UU.	3.217	4.970	5.444	8.525	11.831	15.283	9.918	17.814	77.002
Japón	399	561	270	132	568	492	780	1.091	4.293
TOTAL	5.327	6.759	7.579	9.796	17.861	21.967	18.540	36.166	123.995

Fuentes: IDB-IRELA, Foreing Direct Investment in Latin America: Perspectives of the
Major Investors, Madrid, 1998; The Inter-American Development Bank, Foreing Direct
Investment in Latin America: Perspectives of the Major Investors – An update, París, 1999,
y Cálculos de IRELA.
1. Excluido Panamá, considerado como un centro *offshore*.
2. Grecia e Irlanda excluidos.

Si comparamos estas cifras teniendo en cuenta el mismo período 1990-1997, a principios de la década de los noventa, la inversión española en América Latina representaba el 3% del total de las inversiones registradas en la región (incluye la Unión Europea, Estados Unidos y Japón), en 1997 fue del 16% con un crecimiento del 433%. En relación a la Unión Europea, en 1990 el total de la inversión en América Latina fue del 32%, siete años más tarde se situó en el 48% con un crecimiento del 50%. En relación a Estados Unidos, en 1990 representaba el 60%, pasando en el año 1997 al 49%, lo que representó una caída del 18%.

En su conjunto, la Unión Europea es hoy la primera región inversora en América Latina, ya que ha desplazado a Estados Unidos. En 1998 las grandes empresas multinacionales invirtieron 97.000 millones de dólares, un 33% más que el año anterior, y 13.000 millones de dólares más de lo que se desplazó a Asia; no hay duda de que este esfuerzo se ha realizado bajo la batuta de España.

Del total de la inversión española en el exterior, América Latina captó en 1998 el 72%, mientras que en 1990 sólo alcanzó el 29%.

La inversión de la Unión Europea ha estado muy concentrada en los cinco países más grandes: Brasil, México, Argentina, Venezuela y Chile; representando el 84% del total invertido en los veintidós países.

EN QUÉ SECTORES SE INVIERTE Y QUÉ IMPLICACIONES TIENE

Prácticamente en todos los sectores se ha generado una corriente de inversión. Lo importante que destacar es que ésta ha sido diversa y amplia. Los sectores donde más se ha manifestado la presencia española son, entre otros: telecomunicaciones, banca y servicios financieros, electricidad, petróleo y sus derivados, seguros, turismo, infraestructura básica, recolección y tratamiento de basura, obras sanitarias.

Esta diversidad es uno de los hechos más interesantes, porque no hay prácticamente sectores donde no exista flujo de capitales, y ahí estriba la principal diferencia con las inversiones de otros países en los últimos años. A diferencia de España, la inversión de otros países se ha dirigido principalmente a la manufactura (automotriz, consumo masivo, electrónica).

La inversión registrada hasta el año 1999 fue la siguiente: en energía y petróleo alcanzó cifras de 29 mil millones de dólares, en banca la suma llegó a 13 mil millones de dólares y en telecomunicaciones, 10 mil millones de dólares. Se trata de cifras altas que significan una apuesta a futuro y que tienen unas implicaciones muy relevantes.

En términos de acceso a la demanda, aún no explotada y, por lo tanto, cautiva, solamente en los tres sectores más grandes se atiende a 49 millones de personas en servicios de telecomunicaciones, se cuenta con 40 millones de suscriptores de servicios de electricidad y se mantiene a más de 20 millones de clientes en los distintos bancos propiedad de la banca española.

El hecho de que grandes corporaciones vayan ganando cuotas de mercado cada vez mayores, permite que se despliegue el abanico de posibilidades para que muchas otras empresas, ya sea vinculadas patrimonialmente, o proveedoras o clientes, pequeñas y medianas tengan un acceso más que privilegiado a un mercado potencial de 450 millones de habitantes, de la mano de sectores como telecomunicaciones, energía, petróleo y banca, que han ido abriendo espacios para que muchas empresas de menor tamaño se sientan cómodas y seguras de participar en la región. Se trata de una estrategia o dinámica económica que puede funcionar efectivamente; trasladar las mismas estructuras empresariales, cadenas productivas o redes de empresas, de España a América Latina, no suena nada descabellado.

A través del control del sistema financiero, se tiene acceso al control del capital, y esto significa tener acceso a la fuente de recursos para todas las actividades económicas; si a esto le sumamos lo que se ha venido haciendo en fondos de pensiones o empresas de seguros, se ha logrado establecer una sólida presencia en los mercados financieros y de capital.

Esto se ha traducido en algunos hechos importantes: si se analiza el comercio entre la Unión Europea y América Latina, se observa que España en el período 1992-1997 ha pasado de ser el quinto mayor exportador de productos al cuarto, pero mostrando el mayor aumento dentro de los países de la Unión con un 33%, frente a un 24% de Italia, que es el país que le sigue. Lo que indica que esa afluencia de inversiones ha abierto también un mercado para los productos españoles.

Otras implicaciones que se pueden detectar de ese flujo de capitales españoles a la región se reflejan en el campo de las telecomunicaciones. El futuro de las economías está cada vez más conectado a la difusión de las comunicaciones y la información. Parece ser que casi ningún negocio en los próximos años podrá permanecer ajeno a las tecnologías de la información.

El hecho de que las inversiones de las empresas de comunicaciones y de servicios de internet, que a su vez están íntimamente ligadas tecnológicamente, sean las mayores de toda la región, ofrece un panorama amplísimo de desarrollo de nuevos negocios y de nuevas tecnologías, ligadas al comercio electrónico en su conjunto.

La gerencia de los negocios tendrá en la financiación, las tecnologías, la internacionalización y la constante formación de los recursos humanos sus cuatro grandes pilares en los próximos años. No se puede eludir el hecho de que en todos ellos la presencia de intereses españoles es muy destacada.

POR QUÉ EL INTERÉS ESPAÑOL POR AMÉRICA LATINA

La verdad es que cualquiera podría decir que desde hace más de 500 años ha existido un interés de España por esta parte del mundo, que se ha manifestado de múltiples formas. Sin embargo, no sería exagerado apuntar que, desde los tiempos de la conquista y posesión de España de buena parte del continente americano, estamos en presencia de un desembarco tan amplio como el de hace cinco siglos.

Un listado muy extenso de razones se podría citar, por el cual la inversión española ha enfocado sus intereses hacia América Latina; algunas de ellas podrían servir para cualquier inversión extranjera que llega o tiene intenciones de penetrar estos mercados; sin embargo, otras sí son atribuibles especialmente a las españolas.

Mucho se ha hablado de los vínculos culturales, lingüísticos o incluso de pensamiento. No hay duda de que estos elementos, unidos al estilo peculiar español de hacer negocios, han abierto muchas puertas y han facilitado los negocios. Se trata de una relación fluida que ha penetrado sin inconvenientes a través de una comunicación que permite acelerar los procesos y generar mayor confianza. Mientras los ejecutivos americanos respetan sus horarios de 9 h a 5 h, los españoles no miden el tiempo ni los espacios sociales para cerrar operaciones.

·Al mismo tiempo, encontramos una región en pleno proceso de crecimiento y desarrollo, con enormes requerimientos de tecnología, formación y capital; es una zona con grandes posibilidades de negocios, muchos de ellos ya maduros en los países desarrollados. España es, para América Latina, lo que Alemania representa para la Europa occidental.

En otro sentido, mucho más estricto, la globalización obliga a la búsqueda de nuevos mercados para expandir las propias capacidades locales; la feroz competencia de empresas multinacionales por conquistar nichos de oportunidades es un estímulo constante para ampliar los horizontes de inversión. A estos elementos se le unen, en América Latina, un acelerado proceso de reformas económicas y de marcos regulatorios, así como una frenética venta de activos en manos de los estados, las privatizaciones.

A todo este conjunto de consideraciones hay que agregar dos elementos que sin duda han cautivado a los inversores de todas las latitudes: las tasas de retorno de la inversión en América Latina han sido bastante altas en los últimos quince años, destacándose el año 1996 con una tasa de 17,4%, en relación a las de otras regiones del mundo en desarrollo; como segunda razón se puede mencionar la gran necesidad de capitales disponibles para la inversión productiva. Estos dos elementos, sin duda alguna, han motivado a los analistas de proyectos de inversión a recomendar apuestas en la zona.

QUÉ DIFERENCIA LA INVERSION ESPAÑOLA DE LA DE OTROS PAÍSES

Los empresarios españoles han conseguido un nicho de oportunidad para las empresas multinacionales de su país, normalmente de menor tamaño que las de Estados Unidos, Alemania o Japón.

Los sectores de destino de las inversiones españolas están vinculados a proyectos de largo plazo; no se invierte para salir o vender a corto plazo. En electricidad, telecomunicaciones, manejo de acueductos o banca, las perspectivas son necesariamente, por su carácter de empresas de servicio público, a largo plazo.

Las multinacionales de otras latitudes destinan principalmente sus inversiones a la manufactura, y dentro de ella, en más de un 50%, al sector automotriz. La tendencia en la producción industrial es a la reducción de plantas y relocalizaciones territoriales; a este hecho se le ha llamado estrategias de concentración, que aprovechan la disminución de barreras comerciales y la reducción de costos de transporte, lo que hace que sea mucho más flexible y rentable tener plantas en pocos sitios y desde allí exportar a cualquier país. Esta circunstancia plantea un esquema completamente diferente a la hora de tomar una decisión u otra y, al mismo tiempo, genera un ambiente mucho menos favorable que la inversión que llega a un país para quedarse y desarrollarse con él.

La inversión española ha ido generando, paralelamente a las grandes operaciones, una oleada de pequeñas inversiones, asociaciones y alianzas; múltiples sectores, muchos de ellos de industrias pequeñas y medianas inspiradas por las otras y en búsqueda de nuevos mercados, se abren camino con facilidad en la región; no revisten importancia en volúmenes de capital invertido, sin embargo, sí la tienen en el desarrollo de un mayor vínculo de negocios, que van conformando un tejido empresarial binacional o multinacional. Esta circunstancia no la exhiben otros países inversores, donde la inversión ha estado marcada, principalmente, por empresas multinacionales grandes.

OTROS MECANISMOS DE RELACIÓN Y COOPERACIÓN

Nos encontramos también con otras formas de acceder a América Latina, que si bien no generan un esfuerzo de negocios y de inversión, sí se presentan como una dinámica poderosa de relaciones y vínculos, que sin duda han fortalecido y consolidado la presencia de España en América.

Sin entrar en muchos detalles, porque sería parte de otro trabajo, me refiero a la cooperación al desarrollo que promueve el Gobierno de España y los Gobiernos autonómicos. El monto de apoyo oficial destinado a América Latina, para el período 1990-1997, era el cuarto en volumen de recursos, y en 1999 ya se situó en primer lugar. Este hecho ha generado una amplísima red de relaciones y contactos entre innumerables organizaciones, públicas y privadas, que han involucrado a España de forma activa en el día a día de los países latinoamericanos.

A este hecho se le suma una amplia y variada gama de vínculos entre organizaciones académicas, culturales y empresariales, que generan poco a poco un ambiente propicio para la presencia española y una actitud muy favorable entre el viejo y el nuevo continente.

CONCLUSIONES

Estamos en presencia de una nueva etapa histórica en las relaciones entre España y América Latina, basadas en un interés comercial legítimo, pero que encierran un objetivo común y un ánimo implícito de cooperar con el desarrollo de la región. Se trata de una opción por un futuro compartido, entre un continente joven que está creciendo y tiene todo por hacer y otro que busca ampliar sus fronteras y oportunidades.

239

Todo este esfuerzo, de amplias proporciones en términos de recursos financieros, técnicos y humanos, debe tener un proceso de evaluación y control muy cuidadoso, papel importante que deben llevar a cabo los organismos iberoamericanos que se han venido fundando. La operación descrita a lo largo de este trabajo debe configurar un tipo de relación entre socios de un proyecto común, donde se debe propiciar la mejora continua de la competitividad de las organizaciones públicas o privadas, la transferencia de tecnología y la mejora de la calidad de los recursos humanos y, en fin, del desarrollo económico integral de los países y de sus ciudadanos. Hacerlo de otra manera no tendrá vigencia y solidez en el tiempo.

REFERENCIAS BIBLIOGRÁFICAS

La inversión en América Latina y el Caribe, 1999, CEPAL.
External and intra-European Union Trade: Year Book.
Inversión Directa en América Latina, 1998, BID. Year Book, World Bank.
Inversión en América Latina, 2000, SELA.

BRASIL: EL GRAN MERCADO DE IBEROAMÉRICA. LA EXPERIENCIA DE IBERDROLA

Esteban Serra Mont

LOS NUEVOS PROCESOS DE LIBERALIZACIÓN EN IBEROAMÉRICA

El año 1992 marcó el inicio de una nueva etapa para el sector energético en Iberoamérica. Tras la experiencia liberalizadora en Chile, Argentina inició un ambicioso programa de privatizaciones de todas las empresas energéticas de titularidad pública.

Para poder atraer a inversores privados, nacionales e internacionales, fue necesario crear todo el cuerpo legal que estableciera un marco de referencia, adecuado, estable y conocido tanto por los inversores, como por las empresas, los ciudadanos y la propia Administración.

A partir de los resultados obtenidos en la experiencia de Argentina —que, a falta de la privatización de algunas distribuidoras eléctricas provinciales, puede darse ya por finalizado— la mayoría de los países iberoamericanos siguieron el mismo camino de liberalización y de privatización o capitalización de sus empresas energéticas.

Perú, Bolivia, Colombia, Brasil, Guatemala, Salvador, Panamá ya han modificado sensiblemente los parámetros del entorno en que opera tanto el sector eléctrico como el gasista. Ecuador, Venezuela y el resto de los países centroamericanos y del Caribe están actualmente inmersos en este proceso. Paraguay y México son quizá los países más retrasados desde esta perspectiva, y Cuba, que, sin duda, es uno de los países que en la actualidad tiene mayores carencias de inversiones en generación y distribución eléctrica, no está dando aún ningún paso concreto que le permita recibir las inversiones necesarias para sustentar el desarrollo económico de la isla.

Sin energía en condiciones de calidad y precio es difícil que la industria de un país sea competitiva, que el sector de servicios pueda desarrollarse o que el ciudadano pueda alcanzar unos niveles de confort y calidad aceptables.

LA PARTICIPACIÓN ESPAÑOLA EN IBEROAMÉRICA

En los últimos ocho años las empresas españolas líderes en el sector energético han asumido el importante reto de la internacionalización y, aprovechando la corriente liberalizadora y de privatización en Iberoamérica, han tomado un gran protagonismo en la actividad económica de muchos de estos países, en abierta competencia con empresas líderes a nivel mundial. En este entorno, han sido los países iberoamericanos los que han captado el interés preferente de nuestras empresas en el momento de proyectarse hacia el exterior; y en pocos años Iberdrola, Unión Fenosa, Endesa, Repsol, Gas Natural, junto a otras empresas españolas del sector de servicios, Telefónica, Aguas de Barcelona, BBVA, BSCH, entre otras, se han convertido en los grandes motores de la proyección económica de España hacia Iberoamérica.

Gran parte de los servicios básicos en Argentina, Bolivia, Brasil, Colombia, Chile, Guatemala, Perú, etc. son hoy gestionados por empresas españolas.

Por su propia actividad de prestadoras de servicios públicos básicos —agua, electricidad, gas y teléfonos—, así como por su participación en servicios bancarios y de seguros, la actividad en estas empresas tiene una fuerte incidencia en amplias capas de la sociedad en los países en que han invertido.

Su gestión diaria tiene incidencia en la calidad de vida de las poblaciones a las que sirven y sus estilos de gestión marcan las líneas de conducta del resto de empresas de servicios del país.

En la mayoría de las empresas en las que se ha invertido, los grupos españoles han asumido la función de operador que lleva aparejada una transferencia tecnológica plena, de conocimientos y de procesos, desde España hacia las nuevas empresas controladas.

En el período 1990-1998, tal como se refleja en la tabla siguiente, América Latina y el Caribe han asumido el liderazgo absoluto en lo que a recepción de inversiones españolas se refiere.

TABLA 1. ESPAÑA: INVERSIÓN DIRECTA EN EL EXTERIOR, 1990-1998
(EN MILLONES DE DÓLARES)

PAÍS	1990	1991	1992	1993	1994	1995	1996	1997	1998
TOTAL	4.458	6.501	5.356	3.492	7.613	7.757	9.605	13.342	18.512
Unión Europea	2.397	4.079	3.029	1.988	2.813	2.247	3.156	3.153	4.201
América Latina y Caribe	1.289	1.838	780	1.043	4.163	4.766	5.652	9.141	13.246
Argentina	136	342	90	189	862	919	1.531	1.821	1.425
Brasil	79	82	13	24	63	108	359	1.429	6.886
Chile	22	42	27	173	47	57	806	1.894	1.483
Colombia	3	16	36	5	20	24	357	872	1.896
México	82	27	18	117	226	242	81	326	312
Perú	2	0	0	0	2.102	309	401	124	182
Puerto Rico	111	71	133	90	69	458	303	1.471	387
Venezuela	15	268	8	0	0	5	423	659	237
Centros Financieros	776	973	418	432	706	2.666	1325	432	223

Son de destacar varios hechos significativos:

- Desde 1990 hasta 1997 Argentina y Chile lideraron la captación de inversores españoles.
- Perú se incorporó al proceso en 1994 y aparece con la mayor cifra del año, gracias a la inversión de Telefónica.
- Brasil inicia su proceso en 1997 y en 1998 y 1999 capta más del 50% de las inversiones españolas en Iberoamérica.
- México sigue siendo el gran mercado de futuro, sólo es a partir de 1999 cuando se inicia el proceso de apertura en los sectores de distribución de gas, de la banca y de genera-

ción eléctrica. Las áreas de telefonía y de distribución eléctrica siguen estando a la espera de oportunidades de inversión.

EL DESARROLLO INTERNACIONAL DE IBERDROLA

Con la entrada en vigor de la Ley del Sector Eléctrico de noviembre de 1997, que liberaliza la actividad de suministro eléctrico en nuestro país, el negocio básico doméstico de Iberdrola debió afrontar un escenario completamente nuevo.

Este escenario implica nuevas oportunidades derivadas de las tradicionales ventajas competitivas de Iberdrola, pero también, indudablemente, nuevos riesgos por la mayor competencia. Si a ello unimos la mencionada madurez del mercado eléctrico español, nos encontramos con que la estrategia empresarial de Iberdrola de «creación de valor» a través del crecimiento rentable no puede garantizarse solamente a través de una mayor eficiencia en la actividad tradicional.

Así, esta estrategia debió dirigirse también hacia la internacionalización y la diversificación de las actividades, con el consiguiente reto de transformar una compañía eléctrica española en un operador global multiservicio.

La identificación de la internacionalización como un factor estratégico clave para Iberdrola se ha visto favorecido tanto interna como externamente. Internamente, porque los esfuerzos realizados en el ahorro de costes y el incremento de eficiencia, y la solución final a la deuda de la moratoria nuclear con la titulización de la misma en 1996, incrementaron sustancialmente nuestras capacidades.

Externamente, porque una región del mundo en donde por razones históricas y culturales creemos tener ventajas competitivas, América Latina, ha sido en los últimos años el escenario de un importante y profundo proceso de liberalización y privatización de sectores como los de la energía, las telecomunicaciones y el agua.

La expansión de las actividades de Iberdrola en Iberoamérica es, por tanto, una apuesta firme. No se trata de realizar inversiones a cualquier precio, ni en cualquier circunstancia, ni en cualquier lugar. El desarrollo de nuestras inversiones en la región obedece a unas bases estratégicas claramente definidas e integradas en la estrategia global del grupo Iberdrola. Estas bases son las siguientes:

- El horizonte de nuestras inversiones es el largo plazo, sin renunciar a beneficios a corto plazo.
- Invertimos en países, sectores y empresas en los que el grupo tiene ventajas competitivas diferenciales.
- Compartimos riesgos con socios estratégicos como Telefonica y Electricidade de Portugal (EDP), así como con aquellos socios específicos que localmente, proyecto a proyecto, aporten ventajas comparativas (Preví, Banco do Brasil, TECO, etc.).
- Asimismo, la actividad internacional de Iberdrola se enmarca dentro del objetivo de creación de valor de Iberdrola mediante la aplicación de la experiencia y del *know-how* en las distintas operaciones, tomando participaciones que permitan el control y nos den un papel activo como operadores de los negocios.
- A este principio estratégico obedecen las ofertas públicas de adquisición (OPAS) recientemente presentadas en nuestras participadas en telecomunicaciones en Brasil (Telebahía y Telergipe) y en las compañías de distribución eléctrica del Estado de Bahía (Coelba) y Río Grande do Norte (Cosern).

- En línea con el objetivo de constituirnos en operador global multiservicio, invertimos en negocios de distribución eléctrica, generación de electricidad, distribución de agua y de gas, y telecomunicaciones. En la actualidad, operamos ya empresas de la región que desarrollan su actividad en todos los sectores mencionados.

- En este mismo sentido, no realizamos inversiones aisladas sino que, una vez que hemos entrado en un país, buscamos sinergias con otras inversiones en los negocios básicos y en actividades de diversificación. Así, en el Estado de Bahía (Brasil) tenemos ya un claro perfil multiservicio por nuestra presencia simultánea en energía, en telecomunicaciones y en un grupo industrial.

- En una primera etapa, nos hemos concentrado en la distribución eléctrica, pues es un sector que ha presentado grandes oportunidades. Además, se trata de una actividad en la que tenemos ventajas competitivas con respecto a otros inversores, ofrece oportunidades de crear valor a través de la racionalización de plantillas, la reducción de pérdidas, la mejora de gestión comercial y técnica, etc., y, finalmente, permite desarrollar negocios relacionados: generación, servicios, etc.

- En esta línea, debemos conseguir una cartera equilibrada de negocios. Nuestro objetivo a medio plazo es pasar de una distribución de la cartera de negocios como la actual (40% distribución eléctrica, 30% telecomunicaciones, 17% generación de electricidad y 13% distribución de agua y gas) a una que responda a las siguientes proporciones: 55% distribución de electricidad, 25% generación de electricidad, 10% telecomunicaciones y 10% distribución de agua y gas.

- Asimismo, buscamos fortalecer financiera y económicamente cada una de las empresas para asegurar una aportación continua y creciente a los resultados del grupo.

- La identificación y la gestión de riesgos resultan primordiales, por lo que hemos definido una política de gestión de riesgos.

- Finalmente, la rentabilidad de nuestras inversiones debe ser superior al coste de financiación de los proyectos, incluido el riesgo-país, para crear valor, que es un objetivo esencial de estas actividades.

Además de todos estos elementos estratégicos, en nuestro caso resulta fundamental que la actividad internacional, por un lado, responda a una visión de grupo y, por otro, se encuentre plenamente integrada en las sociedades donde actuamos.

Efectivamente, la actividad internacional es un vector importantísimo para el crecimiento rentable del grupo y, como tal, debe responder a la estrategia y a las políticas corporativas. Esta integración es la que posibilita la obtención de sinergias con el conjunto de nuestras inversiones.

Nuestra presencia en los distintos países se caracteriza por la vocación de servir a las sociedades locales y por la integración cultural. Así, nos comprometemos, junto con nuestros socios locales (Banco do Brasil, Preví, E.E. Bogotá...) con el desarrollo económico-social de los países destino de nuestras inversiones, y desarrollamos equipos de dirección integrados en relación a las capacidades propias y las de las empresas en las que participamos. Esta cultura corporativa ha tenido como resultado la configuración de un importante grupo de empresas que no ha tenido, hasta la fecha, conflicto de ningún tipo con los empleados, con las instituciones o con otros agentes sociales de los países en donde desarrollan su actividad.

VOLUMEN Y NATURALEZA DE LAS INVERSIONES INTERNACIONALES

Con una inversión superior a los 521.000 millones de ptas., Iberdrola está presente en siete países: Bolivia, Brasil, Colombia, Chile, Guatemala, México y Uruguay, gestionando a 31 empresas y atendiendo de forma directa a 6,8 millones de clientes en Iberoamérica frente a 8,2 millones en España. En empresas participadas con otros operadores españoles (Teléfonica y Gas Natural) se atienden a 19,1 millones de clientes en Iberoamérica.

TABLA 2. VOLUMEN DE LAS INVERSIONES INTERNACIONALES

SECTOR ELÉCTRICO	TOTAL IBERDROLA + IBERENER	INVERSIONES OPERADAS POR IBERENER	%
Miles clientes	15.380	6.820	44,3
MW (inc. en constr.)	17.677	1.636	9,3
Ventas GWh	88.055	22.766	25,9
Ventas totales[1]	7.430	1.313	17,7

Clientes totales en Iberoamérica incluyendo Telecom. + Agua (operadas/controladas): 6,8 millones.
1. En millones de dólares.

En la tabla siguiente pueden apreciarse los parámetros corporativos más relevantes de la actividad empresarial del grupo Iberdrola en Iberoamérica a la fecha.

TABLA 3. NEGOCIOS CONTROLADOS POR IBERENER

	COELBA	COSERN	Electropa Elfeo	EEGSA	ESSAL	CELPE	TELE LESTE[1]	TOTAL	ESPAÑA
Clientes (miles)	2.704,5	651,8	320,1	576,3	124,6	1.910,0	535,0	6.822,3	8.559,4
Empleados	3.370	620	332	564	348	3.061	786	9.081,2	11.114
Facturación (MWh)	9,1	2,7	1,1	2,9	—	7,1	—	23,0	65,3
Ingresos netos (mil dólares)	517	142	82	264	17	358	174	1.554,1	6.288,5
Área concesión (mil km²)	559,9	53,2	187,6	6,2	60,0	98,3	40,1 559,9	1.005,3	196,3

1. Tele Leste Celular y Coelba comparten la concesión de Bahía

La Figura 1 muestra la distribución geográfica de las inversiones. A continuación efectuaremos una revisión cronológica de las mismas.

Las primeras inversiones internacionales de Iberdrola se realizaron en Argentina en 1992. Este país era, por aquel entonces, y junto con Chile, pionero en los procesos de liberalización y privatización del sector energético. Se adquirió una participación del 12% en la central térmica de Güemes y un 15,3% en la distribuidora de gas Litoral Gas, que han sido vendidas recientemente.

Tras un período de evaluación de oportunidades y dedicado a la resolución de problemas financieros domésticos como la deuda de la moratoria nuclear, en 1996 continuamos con nuestro proceso de inversiones extranjeras, entrando en los mercados chileno y boliviano.

En el primero, con la adquisición de una participación del 8,3% en Electroandina, compañía propietaria de la central tér-

FIGURA 1. INVERSIONES EN IBEROAMÉRICA

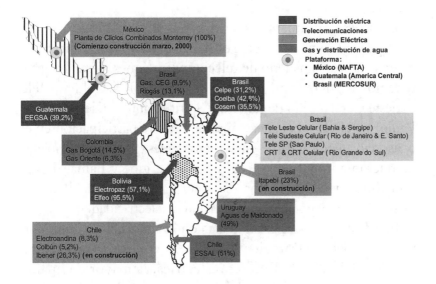

mica de Tocopilla; de un 5,2% de la generadora Colbún y, finalmente, de un 26,3% de Ibener, empresa adjudicataria de la concesión para la construcción de una central hidroeléctrica de 125 MW.

En el segundo, con la adquisición de un 57,1% de Electropaz y de un 95% de Elfeo, compañías distribuidoras de electricidad en las áreas de La Paz y Oruro respectivamente.

El año 1997 marcó el inicio de nuestra entrada en el que, hoy por hoy, es nuestro principal mercado en el exterior, Brasil. Así, en 1997, adquirimos el 28,11% de Coelba y el 25,59% de Cosern, compañías distribuidoras de electricidad en los Estados de Bahía y Río Grande Norte, respectivamente. Posteriormente, en 1999 se efectuaron dos OPAS para incrementar la participación en dichas empresas. Ese mismo año, 1997, entramos en las distribuidoras de gas de Río de

Janeiro, CEG y Riogás, con un 9,9% y un 13,1%, respectivamente.

En 1998 continuamos con nuestras inversiones en Brasil, acompañando a nuestro socio estratégico Telefónica en su entrada en el sector brasileño de telecomunicaciones. Actualmente, tenemos participación en las compañías CRT Celular, Tele Sudeste Celular (Río de Janeiro y Spíritu Santo), Telesp (en Sao Paulo) y Tele Leste. En esta última, nuestra participación en el consorcio adjudicatario es mayoritaria, pues cubre las actividades de telefonía móvil en las regiones de Sergipe y Bahía, donde Iberdrola puede aprovechar las sinergias que indudablemente existen con el negocio de distribución de electricidad.

Iberdrola entró en Guatemala con la adquisición, junto con nuestro socio estratégico EDP y la compañía americana TECO, del 80% de Empresa Eléctrica, la mayor compañía distribuidora de electricidad del país, con más de medio millón de clientes. Esta inversión otorga a Iberener una presencia importante y activa en Centroamérica, una región que cuenta con una creciente estabilidad social y política y grandes perspectivas de crecimiento y desarrollo económico.

En el campo de la generación eléctrica, un consorcio en el que Iberdrola cuenta con un 44,73% de participación, resultó adjudicatario de la concesión para la construcción de una central hidráulica de 450 MW en el Estado de Bahía.

Durante 1998, Iberener realizó asimismo inversiones en el sector del gas en Colombia, con la adquisición de participaciones del 14,5% y 6,3% en las compañías de distribución de gas de Bogotá, Gas Natural ESP y Gas Oriente, respectivamente.

En 1999 Iberener adquirió el 51% de ESSAL, Empresa de Servicios Sanitarios de Los Lagos en Chile, distribuidora de aguas, que en ese mismo año facturó más de 17 millones de dólares.

En México, Iberener se adjudicó la construcción y operación de la central térmica de Ciclo Combinado Monterrey III, con una potencia de 735 MW, así como un contrato de compra de parte de la energía producida (500 MW) que será adquirida por la Comisión Federal de Electricidad por un período de 25 años. La entrada en México con este proyecto tiene una especial relevancia, tanto por su alto nivel estratégico, al significar nuestra introducción en la zona NAFTA, como por las sólidas previsiones de crecimiento del país y, especialmente, del área de Monterrey.

Durante los primeros meses del año 2000 se ha producido la adjudicación favorable a Iberener de un contrato para el suministro de 388 MW a unas treinta empresas del área de Monterrey agrupadas en el consorcio ALFA y PEGI a raíz de esta adjudicación, Iberdrola ha decidido ampliar el tamaño de la central de Monterrey hasta los 1.000 MW, que, con una inversión del orden de los 100 millones de pesetas, ya supone el mayor proyecto de autogeneración realizado en México desde la promulgación de la Ley del Servicio Público de Energía Eléctrica de 1992.

En el año 2000 es de destacar también la adjudicación, junto a socios locales (Banco de Brasil y Preví), de la Compañía Energética de Pernambuco (Celpe), que permite situarnos como el mayor distribuidor eléctrico del Nordeste de Brasil, con más de 5,3 millones de clientes, lo que representa una cuota de mercado del 35% en la región y del 10,9% en el conjunto del país.

Finalmente, en Uruguay, junto con el Consorcio de Aguas de Bilbao Bizkaia y la BBK, se ha adquirido la Empresa Aguas de Maldonado, la segunda inversión en distribución de aguas en Iberoamérica, cuyos ingresos anuales se espera que superen los 4.000 millones de pesetas.

TABLA 3. EVOLUCIÓN CRONOLÓGICA DE LAS INVERSIONES
EN IBEROAMÉRICA

	1992	1995	1996	1997	1998	1999	2000
Distribución de gas	Litoral Gas			CEG Riogás Gas N. Bogotá	Gasoriente Cundiboyacense Transcogás	Metrogás	
Generación eléctrica	C.T. Guémes		Electroandina Colbún	Ibener	Itapebi	Monterrey	
Distribución eléctrica		Electropaz Elfeo		Coelba Cosern	EEGSA	TREEGSA	CELPE
Distribución de agua				Decosol	Ondagua	ESSAL	Maldonado
Telecomunicaciones					CRT Tele Leste TELESP Tele sudeste	CRT Celular Televías	Navegacom
Diversificación		Cadeb	Edeser E.C.S.	Cisesa		Serviconfort Atento Nordeste Comegsa Crediegsa Ibenbrasil Enérgica	

FIGURA 2. CRECIMIENTO INTERNACIONAL.
INVERSIÓN ANUAL EN MILLONES DE PTAS. (A 30-6-00)

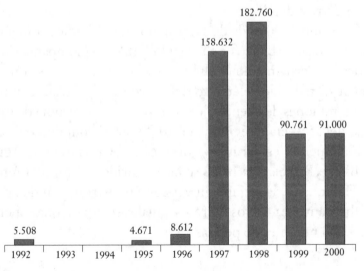

BRASIL: EL GRAN MERCADO DE IBEROAMÉRICA

Brasil es sin duda el gran mercado no sólo de Iberoamérica sino también a nivel mundial para las empresas españolas en la actualidad.

Por extensión, cifra de habitantes, capacidad de consumo y PIB generado, Brasil representa el 50% del mercado en América Latina, y ninguna estrategia empresarial con voluntad de futuro en aquellos mercados puede sostenerse sin una presencia sólida y estable en este país.

Para competir en Brasil son necesarios por lo menos tres requisitos:

- Capacidad económica para optar a una participación significativa del mercado y capacidad financiera para asumir el riesgo de oscilaciones coyunturales de la economía en la zona.
- Estrategia a largo plazo, con socios locales y capacidad de generar valores atractivos para el mercado bursátil.
- Capacidad de gestión de empresas a veces de mayor porte de las casas matrices en entornos desconocidos.

TABLA 4. PARTICIPACIÓN DE INVERSIÓN
EXTRANJERA EN BRASIL
(1991-2000)

NACIONALIDAD	SECTOR ENERGÉTICO E INDUSTRIAL	TELECOMUNICACIONES	TOTAL MILLONES DE DÓLARES
EE.UU.	7.374	3.692	11.066
España	3.730	5.042	8.772
Portugal	659	4.224	4.882
Italia	143	1.220	1.362
Chile	1.006	–	1.006
Bélgica	880	–	880
Inglaterra	694	21	715
Canadá	21	671	692
Suecia	-	599	599
Francia	570	10	580
Otros	1.153	788	1.941
Particip. extranj.	16.228	16.011	32.239

Fuente: CEPAL, Centro de Información de la Unidad de Inversiones y Estrategias Empresariales de la División de Desarrollo Productivo y Empresarial, sobre la base de datos provenientes de la Dirección General de Economía Internacional y Transacciones Exteriores (DGEITE) del Ministerio de Economía y Hacienda de España.

Como se puede apreciar en la tabla, España ocupa en Brasil al igual que en el conjunto Iberoamérica el segundo lugar en el ranking de inversores extranjeros, detrás de Estados Unidos y con una cifra equivalente a la suma del resto de países de la Unión Europea.

Esta posición es la que realmente ratifica sin ningún género de dudas, no sólo la voluntad de las empresas españolas de estar en Iberoamérica, sino la consolidación de una realidad que sin duda tendrá efectos muy positivos para la economía española en la próxima década.

Hoy España es, sin lugar a dudas, un puente obligado entre la Unión Europea e Iberoamérica, y las empresas como Telefónica, Repsol, Endesa, Iberdrola, BBVA y BCH han adquirido en la última década, a través de sus inversiones en Iberoamérica y especialmente en Brasil, un tamaño que les permite ocupar lugares de liderazgo en la economía europea y ser jugadores de tamaño mundial.

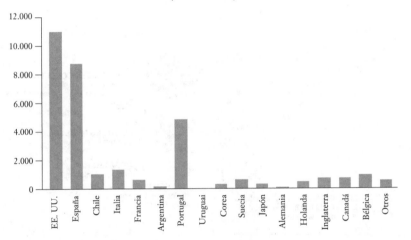

FIGURA 3. INVERSIÓN EXTRANJERA EN BRASIL
(1991-2000)

Iberdrola apostó claramente por la opción Brasil, no sólo en el sector eléctrico, sino que lo hizo en todas aquellas áreas de actividad que le permitían alcanzar el concepto de *multiutility* establecido en su estrategia empresarial.

Tal como se ha descrito antes, hoy Iberdrola ha materializado inversiones en Brasil en los sectores de distribución eléctrica (Coelba, Cosern, Celpe), distribución de gas (Ceg-Río Gas), telecomunicaciones (Telesp, Telesudeste, Teleleste y

CRT), sector industrial y sector servicios, y está construyendo tres centrales de generación eléctrica (Itapebí, Termoaçú, Termo Pernambuco).

En las figuras siguientes puede observarse que además se ha seguido una estrategia de ubicación geográfica, concentrando las inversiones en la costa atlántica y en especial en Río de Janeiro y el nordeste.

FIGURA 4. GRUPO IBERDROLA ENERGÍA EN BRASIL

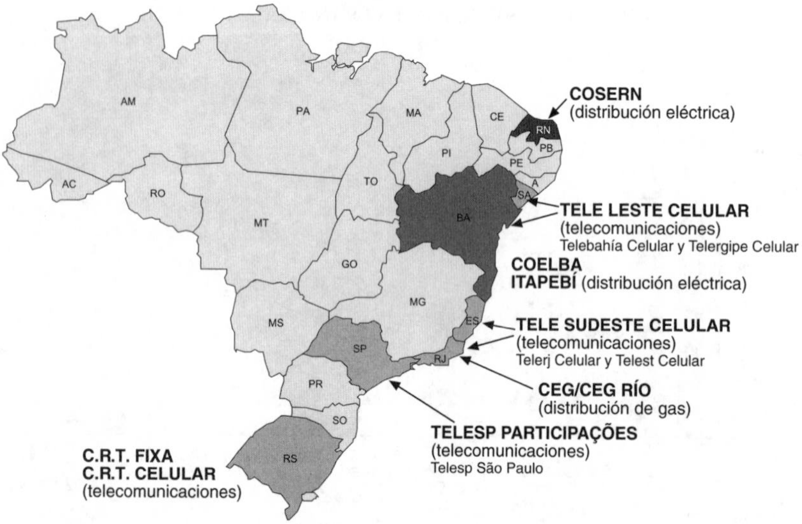

Como no podía ser de otra manera la distribución y generación eléctrica son los sectores en los que el grupo puede aportar la mayor capacidad de gestión y de optimización de los recursos invertidos. Por ello, su estrategia consistió en alcanzar el liderazgo del sector y, hoy, ya es el mayor operador eléctrico de Brasil en lo que a número de clientes se refiere, con el 10,86% del mercado y en un área, la del nordeste, que es actualmente una de las de mayor capacidad de crecimiento del país.

FIGURA 5. CLIENTES (INVERSORES EXTRANJEROS)

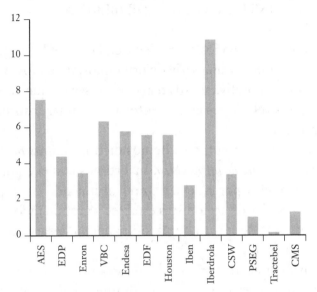

En el nordeste brasileño, el grupo ha alcanzado ya los límites de control de mercado que la regulación brasileña permite y nuestro crecimiento futuro en distribución eléctrica deberá estar en otras áreas geográficas. Pero, fiel al concepto estratégico *multiutility*, el grupo ha centrado en esta zona todos sus esfuerzos en estar presente en otros campos de actividad sinérgicos en el eléctrico.

Además de las distribuidoras Coelba, Cosern y Celpe, Iberdrola está presente a través de una amplia lista de empresas en los sectores de telecomunicaciónes (Telebahía, Telergipe y Televías), ingeniería y consultoría (Ibenbrasil), servicios (Tracol y Amara), generación eléctrica (Itapebí, Termoaçú y Termo Pernambuco) y está estudiando con el máximo interés la participación en los próximos procesos de privatización de los sectores de distribución de agua, distribución de gas y nuevas licencias de telecomunicaciones.

259

PRINCIPIOS RECTORES DE LA PRESENCIA
INTERNACIONAL DE IBERDROLA

Nuestra presencia en los mercados y en las sociedades de otros países se orienta por una serie de principios, fundados en nuestra cultura corporativa y estrategia empresarial, que condicionan nuestras relaciones con el entorno y con las instituciones de dichos países.

En primer lugar, como ya hemos dicho, *nuestras inversiones tienen un horizonte de largo plazo*. Invertimos con el compromiso de permanecer por mucho tiempo, asumiendo las responsabilidades propias de accionistas estables y gestionando con eficacia empresas de futuro que acompañen al desarrollo de los países en cuestión.

Esta primera característica de nuestra presencia internacional hizo que viésemos con una inquietud razonablemente moderada la grave crisis financiera por la que atravesó Brasil el pasado año. Al no buscar una rentabilidad inmediata, nuestros resultados como grupo no dependen a corto plazo de los ingresos por nuestra actividad internacional. Por otro lado, nuestras inversiones tienen carácter industrial, se encuentran respaldadas por activos materiales y mercados.

En todo caso, siempre creímos que la capacidad de respuesta de las instituciones brasileñas y las de los demás países de área era y es suficientemente sólida. Tras la crisis mexicana, el conjunto del sistema económico latinoamericano emprendió un programa de reformas estructurales que ha hecho que la región sea, ciertamente, un destino más seguro para las inversiones de lo que era hace cuatro años.

En segundo lugar, nuestro papel no es el de simples inversores, sino que *trabajamos en la aportación de conocimientos y en la transmisión de las experiencias* que vamos acumulando en numerosas actividades en distintos países, y en la mayor parte de los casos hacemos de operadores. Esta transmisión se realiza mediante la fusión de los equipos de Iberdrola y de los equipos locales.

En realidad, la transmisión y capitalización de conocimientos se hace en las dos direcciones, es decir, también desde la empresa local al grupo, enriqueciendo y desarrollando, de este modo, una cultura común. El objetivo es la consolidación de una identidad corporativa en los recursos humanos de los negocios internacionales que haga posible, en el medio plazo, tanto que éstos puedan ser gestionados enteramente por directivos locales como que el conjunto de directivos del grupo pueda fluir sin barreras por los distintos mercados y empresas.

En tercer lugar, *pretendemos integrarnos en las sociedades locales*, asumiendo desde el primer momento el papel que, como personas y como agentes económicos, debemos representar. El hecho de que nuestras actividades estén enmarcadas en el sector de servicios básicos o esenciales hace que nuestro compromiso con las sociedades que nos acogen sea muy profundo.

Como personas, tratamos de realizar el trabajo como lo hacemos en España, promoviendo actitudes —integridad, honradez— y aptitudes —competencia, capacidad— que nos resultan necesarias para garantizar el éxito de nuestras actividades, respetando la dignidad de las personas y facilitando la convivencia e integración.

Como agentes económicos, nos consideramos una parte más de la estrategia de desarrollo y crecimiento que el país decida llevar a término, y a ella servimos leal y responsablemente.

En la realización de la actividad de que se trate, buscamos la mayor creación de valor para nuestros clientes. La consecución óptima de este objetivo nos lleva, en nuestra relación con los poderes públicos locales, a solicitar de éstos, dentro de un escrupuloso respeto a las instituciones, garantías de estabilidad en los marcos reguladores o, en su caso, coherencia en el futuro desarrollo de los mismos con respecto a los principios normativos que hicieron tomar la decisión de invertir en el país. Además, nuestro compromiso con el desarrollo del país destino de nuestra inversión se materializa en otros ámbitos de acción, mediante la promoción del desarrollo económico-social por cauces no empresariales, siendo sensibles a la evolución de las necesidades de la sociedad, ofreciendo nuestras capacidades para contribuir a la solución de problemas y colaborando con las instituciones.

Finalmente, y en cuarto lugar, *pretendemos servir de puente para el establecimiento de unas mayores relaciones comerciales* entre agentes locales y empresas españolas de otros sectores, contribuyendo al desarrollo económico de países que reclaman fuertes inversiones extranjeras.

LAS RELACIONES INSTITUCIONALES

El desarrollo concreto de la presencia de Iberdrola en cada país, sobre la base de los principios que acabamos de revisar, no puede seguir un esquema homogéneo, puesto que cada país tiene su propia realidad socio-política. No es lo mismo gestionar las relaciones institucionales de un país de 11 millones de habitantes, con instituciones democráticas recién estrenadas y un cuerpo dirigente eficaz pero reducido como Guatemala, que la de un gran país con una estructura marcadamente federal y distintos niveles administrativos en constante tensión como Brasil.

Por ello, las relaciones con las instituciones locales, con los medios de comunicación y con la sociedad en su conjunto son actividades muy directamente gestionadas por las propias empresas locales. En una proyección de nuestra estructura organizativa, se han identificado dos funciones en el organigrama de las empresas locales participadas, la de relaciones institucionales y la de comunicación, que se procuran asignar a un directivo autóctono de la empresa local.

Su objetivo es, por un lado, asegurar que la presencia de Iberdrola ante las instituciones sociales y políticas del país, o en el seno de las organizaciones sectoriales y empresariales locales, se mantiene en un nivel adecuado; y, por otro lado, garantizar que la presencia e imagen de Iberdrola es percibida correctamente por los medios de comunicación y los distintos agentes sociales.

En una labor que tiene otra dimensión, pues se halla separada de la gestión de los negocios específicos, hemos establecido la figura de los *directores regionales* de Iberdrola en Mercosur, Brasil, Pacto Andino, Centroamérica y México. Se trata de directivos de la matriz que desarrollan funciones de prospección e identificación de nuevas oportunidades, además de asumir la coordinación estratégica de los distintos negocios, para lo cual se responsabilizan de las relaciones institucionales que afecten a cada área geográfica. Hemos establecido en Río de Janeiro la sede de la Delegación de Iberdrola en América Latina.

EL CAMBIO DE CULTURA EMPRESARIAL

Durante muchas décadas, y desde sus inicios, las características básicas del entorno económico-legal en que han actuado las empresas del sector eléctrico, han sido muy similares no sólo en los países iberoamericanos, sino también en la mayoría de los países más desarrollados.

En una etapa de subdesarrollo económico caracterizado por la necesidad de generar electricidad para abastecer el país nacen empresas de ciclo completo, con participación mayoritaria del Estado, tanto en la propiedad como en la gestión. Como consecuencia de ello, la estabilidad de las empresas se basa en dos principios: *el orden económico determinado por instancias superiores*: planificación energética, tarifas... (control y supervisión de la Administración Pública sobre el sector en forma paternalista) y *la actuación en mercados cautivos*.

En un entorno de estas características, el reto básico del directivo de una empresa eléctrica es la eficiencia técnica y administrativa. La capacidad de organizar y asignar adecuadamente los recursos dentro de la empresa se limita a administrar bien el presupuesto.

En los últimos años, el escenario ha variado totalmente y a una velocidad de vértigo.

Los grandes cambios en las organizaciones se producen en los momentos de crisis y, para muchas de las empresas en Iberoamérica, en las que los grupos españoles están invirtiendo, en el momento de su privatización o el de cambio de propietario se generan sin duda alguna las condiciones necesarias de crisis y de oportunidad, para introducir de forma rápida todos aquellos cambios que sean necesarios para mejorar su eficiencia y su rentabilidad.

En teoría, es el momento adecuado para plantear las nuevas organizaciones y todos los procesos operativos sobre la base de los conceptos y procesos de calidad experimentados en España. Sin embargo, esta tarea, que podría parecer que se resume a la simple aplicación y traslación de conocimientos, en la práctica se vuelve ardua y difícil, ya que en España estas grandes empresas de servicios también se están enfrentando a continuos cambios en su quehacer diario. Una serie de tendencias externas están impulsándolas a un proceso acelerado de adaptación, desconocido a lo largo de su historia:

• Cambios en los marcos regulatorios.
• Internacionalización y apertura de los mercados.
• Demandas crecientes de los consumidores.
• Competencia creciente.
• Demanda de nuevos servicios por parte de los usuarios.
• Incremento de las demandas sociales e institucionales.
• Incremento de las interrelaciones entre los negocios.
• Mayores exigencias de los accionistas.

Todo ello está generando una serie de nuevas necesidades internas que pasan a ser prioritarias para la supervivencia de las empresas:

• Consolidar la estructura financiera.
• Completar procesos de fusión e integración para absorber el impacto exterior.
• Mejorar los resultados corporativos.
• Conseguir eficiencia, productividad y reducción de costes.
• Desarrollar los recursos humanos en la nueva cultura empresarial, acorde con las necesidades de los negocios.
• Priorizar y coordinar las iniciativas de cambio.

Dado que muchos de estos escenarios se están dando simultáneamente en éste y en aquellos mercados, no hay duda de que se establece una comunicación bidireccional en la que no sólo se transmite desde España hacia aquellos mercados experiencias y procesos, sino que también se recibe una permanente retroalimentación que modificará, para mejorar, muchos de los procesos que hoy pueden parecer como consolidados en las empresas españolas.

No es posible pensar que cuando una empresa adquiere el control de otra, en otro país, otra cultura y otro entorno, y asume la responsabilidad de gestionarla, podrá implantar un estilo de gestión fotocopiado de la empresa matriz. Lo que realmente ocurre es que se crea una nueva cultura empresarial, que tiene que ser la conjunción de varias culturas: la que había en la empresa antes de ser privatizada y la de la nueva operadora o la de un consorcio en el que participan empresas o grupos empresariales de diferentes países y culturas, porque hay consorcios donde estamos belgas o españoles invirtiendo en Chile; o chilenos, portugueses y españoles invirtiendo en Brasil. Cuando alguien habla de cultura empresarial, ¿de qué cultura está hablando, de la portuguesa, de la chilena, de la española o de la brasileña? Es evidente que se crea un nuevo esquema que debe ser capaz de integrar un nuevo concepto de empresa, y eso no es nada fácil, pues todo el proceso de transformación de la cultura empresarial se produce simultáneamente con un cambio de cultura de mercado.

PROCESO DE AJUSTE DE LA ESTRUCTURA

Además de altas cifras de inversión, el proceso de ajuste pasa por un buen entendimiento con el personal de la compañía y con las fuerzas sindicales.

Para obtener la incorporación del personal actual al nuevo proyecto empresarial, reduciendo al mínimo necesario el coste social que implica este proceso es necesario establecer toda una estrategia de cambio en las organizaciones para reducir el número de niveles jerárquicos e incrementar el nivel de autonomía en la toma de decisiones, permitiendo una mayor flexibilidad frente a los deseos de los clientes en un entorno de mayor competencia.

Todo cambio de organización genera una inseguridad en el personal, a partir de la cual se estructura una resistencia interna al propio cambio. Para conseguir la evolución de las conductas y de los comportamientos de todo el colectivo, es necesario dinamizar la capacidad de acción de los trabajadores, venciendo las resistencias internas y el miedo al cambio. Para ello, la única solución es trabajar ordenadamente y de forma planificada en:

- Vencer la permanencia en ciertas conductas que se practican y que no son eficaces.
- Modificar los esquemas mentales aprendidos.
- Abandonar costumbres que dan «seguridad» y no son adecuados para el entorno actual.
- Superar la caída en el desorden, producto del abandono de creencias anteriores, que en la actualidad han perdido su sentido.
- Soportar etapas de ambigüedad.

El cambio no hay que enfocarlo sólo a la parte *hard* de la organización, como son los sistemas de gestión, la estructura organizativa y la estrategia, sino que hay que complementarlo con la parte *soft*, que es la que permitirá conseguir dar una mayor eficacia a los resultados. En las dimensiones *soft* están los valores en que se apoya la gestión, el estilo directivo y las habilidades que hemos de adquirir y que en definitiva actuarán de interfase entre las dimensiones *hard* y el personal, en quien descansa la buena o mala respuesta al cambio.

Para trabajar con el *soft*, la nueva dirección debe ser capaz de aterrizar en la cultura del territorio. Es necesario conocer las diversas culturas y comprender los motivos por los que las personas actúan para entender los valores que movilizan la acción. El proceso de transformación de la cultura empresarial puede producirse de forma gradual si se genera sin cambio en la propiedad de la empresa o de forma brusca si es consecuencia de un proceso privatizador o de capitalización, pero, en cualquier caso, la capacidad de comunicación de la cúpula de la empresa con el colectivo de trabajadores será el factor decisivo en el proceso de transformación.

Lo que nunca debemos olvidar, si no queremos asumir un coste social y empresarial que nos supere, es el hecho de que la cultura de una empresa es el resultado de la consolidación a través de los años del conjunto de principios y creencias básicas de una organización, que son compartidos por sus miembros y que la diferencian de otras organizaciones. Modificar estas ideas y esquemas que han sido asumidos por los trabajadores y se proyectan en sus formas de actuar diariamente, no es una labor fácil ni rápida. Requiere todo un proceso mental de largo recorrido.

Nadie puede hacer algo realmente bien, si no está plenamente convencido de que está bien, de acuerdo con su propio código de valores, y no se logra la incorporación plena del personal si no quitamos el miedo al cambio y se genera un clima de confianza en un grupo significativo del colectivo total que se constituya en motor del cambio.

En el área laboral, es donde resulta más necesario entender y adaptarse al nuevo entorno. Está claro que no podemos aplicar para cada empresa la misma filosofía, ni para cada país el mismo concepto de gestión. Las empresas que invierten se deben adaptar a ese entorno. No tendría ningún sentido una política laboral en Salta igual que en Buenos Aires, son dos mundos diferentes aunque pertenezcan a un mismo país, ni es lo mismo un modelo de relaciones en La Paz, que en Río de Janeiro; son cosas diferentes.

En el proceso de cambio el papel de los sindicatos es fundamental, ya que el cambio de cultura de la empresa debe hacerse con los trabajadores y, por definición, a través de sus representantes. Es absolutamente imposible plantearse un proceso de transformación del alcance que hemos comentado en una situación laboral de conflicto permanente, ni tampoco puede abordarse desde posiciones autoritarias de incomunicación total.

La transformación no la entendemos como parada para arrancar de nuevo, sino que se concibe como un proceso continuo y dinámico en el que, partiendo de lo que ahora somos y hacemos, vayamos evolucionando, con la adecuada agilidad y firme decisión, hacia los objetivos marcados, haciéndolos compatibles con la dinámica del día a día. Ello no es fácil, ya que junto a la buena gestión de lo que hacemos ahora tenemos que desarrollar, a veces cambiando profundamente, lo que tendremos que hacer en un próximo futuro.

Los agentes principales del cambio somos las personas. Todos sabemos que es mucho más facil cambiar y mover el *hard* de las empresas, como se dice ahora, que el *soft*. Esto es lo realmente difícil.

CONCLUSIONES

La globalización condiciona la naturaleza y el grado de influencia de cada uno de los distintos agentes de una sociedad internacional crecientemente compleja, al tiempo que replantea el equilibrio entre todos ellos.

Así, mientras los Estados van perdiendo peso, las empresas han pasado de ser un sujeto pasivo a constituirse en un auténtico sujeto activo de las relaciones internacionales.

Las empresas de los sectores hasta ahora llamados «públicos» —energía, telecomunicaciones, agua— han tardado más que otros sectores económicos en alcanzar una dimensión global. Fundamentalmente por su condición de estratégicos, han sido considerados un elemento básico de la soberanía de los Estados y se han desarrollado sobre una base nacional.

La financiación del desarrollo de las economías emergentes, la competitividad internacional y la apertura de los mercados en todos los órdenes, junto con la progresiva consideración de dichos sectores como susceptibles de ser regulados en libre competencia, han propiciado procesos de liberalización y privatización. Estos procesos, unidos a otros factores, han conducido finalmente a la globalización de los sectores de energía, telecomunicaciones y agua.

En este contexto, Iberdrola es una compañía que tiene vocación de consolidarse como una empresa global de servicios y, para ello, ha diseñado una estrategia de internacionalización que se encuentra en plena ejecución.

Nuestra presencia internacional se orienta por una serie de principios, fundados en nuestra cultura corporativa y estrategia empresarial, que condicionan nuestras relaciones con el entorno y con las instituciones de dichos países. Estos principios —estabilidad de las inversiones, aportación de conocimientos y transmisión de experiencias, integración humana e institucional en las sociedades y puente de relaciones comerciales— configuran el papel como agente de la sociedad internacional que, conscientes de nuestras limitaciones y sin estridencias de ningún tipo, entendemos nos corresponde.

Hoy, nuestra mayor satisfacción es ser valorados y apreciados en los distintos países que son destino de nuestras inversiones gracias a la forma en que operamos en nuestras empresas y al conjunto de nuestra aportación a las sociedades locales. Asimismo, estamos satisfechos por no tener hasta el presente ningún conflicto con las empresas, con las instituciones o con otros agentes de los Estados en donde desarrollamos nuestras actividades internacionales.

Por razones históricas y culturales, las empresas españolas gozan de evidentes ventajas competitivas en Iberoamérica que, ciertamente, se están intentando aprovechar a tenor de los más de seis billones y medio de pesetas que el conjunto de las empresas españolas hemos invertido durante la década de los noventa en la región.

El interés demostrado no es en absoluto desmesurado sino que responde a las grandes oportunidades que se presentan. En el caso de los servicios básicos, a la ocasión que ofrecen los programas de privatización y liberalización que hemos descrito y a la ventaja de la afinidad de cultura e idioma, debemos sumar los amplios márgenes de mejora de eficiencia que podemos aportar, los procesos de integración regional en marcha y, por encima de todo, el fuerte crecimiento de los mercados.

La crisis financiera, que ha repercutido especialmente en la economía brasileña, ha llevado a algunos analistas a poner en cuestión, como ya ocurrió con motivo de la crisis mexicana de 1995, la concentración de las inversiones en el área.

Ciertamente, existen riesgos monetarios y de tipo de cambio con los que no contamos en nuestro país y en los pertenecientes a la zona Euro, pero las apuestas a largo plazo y fundadas en inversiones en activos tangibles y en servicios esenciales, como son las nuestras, permiten amortiguar los efectos negativos de

271

las crisis financieras mientras, como ha sido el caso, no produzcan graves consecuencias en la economía real.

Por lo que se refiere a otros riesgos, los ligados estrictamente al negocio pueden y deben ser gestionados con los mismos instrumentos con los que se gestionan en cualquier otro mercado del mundo de similares características, incluido, en su caso, el español. En cuanto al riesgo político y el riesgo regulatorio, éstos son cada vez menores en la medida en que se consolida notoriamente la estabilidad sociopolítica de estos países. No obstante, es importante que continúen la gestión eficaz de la economía, los procesos transparentes de apertura y, en general, una regulación clara y objetiva.

Evidentemente, la región tiene riesgos; incluso, riesgos considerables. Pero ¿qué región o país del mundo no los tiene?

En el contexto global en el que nos movemos, nuestro mercado doméstico también los tiene. No podemos, por tanto, acercarnos a Iberoamérica con temor, sino con prudencia no exenta de decisión y, sobre todo, con la esperanza fundada en unas expectativas reales de negocio, como prueba el interés que el área despierta entre los inversores extranjeros.

Tengo el convencimiento de que, meses después de haber pasado lo peor de la crisis brasileña, los inversores somos conscientes de que, más allá de situaciones coyunturales de índole más financiera que económica, una estrategia de crecimiento prudente y de largo plazo en Iberoamérica es casi una necesidad para las empresas españolas. La ausencia de unos mercados de expansión natural para nosotros, como son los iberoamericanos, constituiría una penalización antes que una ventaja.

EL GRUPO AGBAR EN CHILE

Ángel Simón
Fernando Rayón

EL GRUPO AGBAR

E l grupo Agbar está integrado por un conglomerado de empresas que tienen como denominador común la prestación de servicios, y que han diversificado sus actividades a lo largo del tiempo a partir del negocio inicial de su empresa matriz, la Sociedad General de Aguas de Barcelona S.A., empresa con más de 130 años de experiencia dedicada a la provisión del servicio de distribución de agua potable a Barcelona y su entorno metropolitano, lo que representa una población servida de más de 2,6 millones de habitantes.

La cifra neta de negocios consolidada del grupo Agbar en el año 1999 fue de 283.297 millones de pesetas, y el total de ingresos de explotación consolidados ascendió en ese mismo año a 302.128 millones de pesetas. Sin embargo, la presencia real del grupo en la gestión queda mejor representada por la cifra de ingresos de explotación agregados, que en 1999 fue de 500.000 millones de pesetas. Esta diferencia se explica por la presencia minoritaria pero eficaz de Agbar en actividades o consorcios, principalmente en el ciclo integral del agua en Latinoamérica, proporcionando en conjunto servicio de agua a más de 38 millones de personas y asistencia sanitaria a un millón y medio de personas en España y a 70.000 en Argentina.

Por sectores de actividad, la cifra de negocios consolidada en 1999 se puede desagregar en el 34,4% para el sector de abastecimiento de agua y saneamiento de poblaciones; 30,4% para el sector de seguros de salud; 20,1% para el sector de recogida y tratamiento de residuos sólidos; 6,4% para el sector de informática y comunicaciones (que incluye las actividades de comercio electrónico); 4,2% para el sector de ingeniería y construcción; 3,4% para el sector de inspección técnica de vehículos; y 1,1% para el sector de mantenimiento de instalaciones (que incluye mantenimiento de contadores de agua, mantenimiento de sistemas contra incendios, sistemas de seguridad y jardinería).

FIGURA 1. GRUPO AGBAR. INGRESOS CONSOLIDADOS
POR SECTORES DE ACTIVIDAD

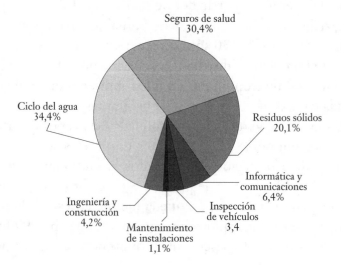

El *cash-flow* consolidado de explotación (EBITDA) fue de 46.488 millones de pesetas en 1999, valor que se ha duplicado respecto al alcanzado tres años antes. En el mismo año, el beneficio neto consolidado de las actividades ordinarias ascendió a 22.735 millones de pesetas.

En términos consolidados, las inversiones efectuadas por las empresas del grupo ascendieron en 1999 a 142.719 millones de pesetas, de los que 88.522 millones de pesetas corresponden íntegramente a la adquisición de la participación en la Empresa Metropolitana de Obras Sanitarias S.A. (EMOS), concesionaria de los servicios de producción y distribución de agua potable y de recolección y tratamiento de aguas residuales de la Región Metropolitana de Santiago de Chile, de la que se habla en detalle en apartados posteriores.

El grupo ha venido intensificando su expansión internacional en los últimos años, y se encuentra presente en la actualidad con diferente grado de participación en empresas en los siguientes países:

- Argentina (ciclo del agua, seguros de salud e inspección técnica de vehículos)
- Chile (ciclo del agua)
- Colombia (ciclo del agua)
- Cuba (ciclo del agua)
- Estados Unidos de Norteamérica (ciclo del agua)
- Marruecos (ciclo del agua y residuos sólidos)
- Portugal (ciclo del agua, residuos sólidos, jardinería e inspección técnica de vehículos)

Al cierre de 1999, la plantilla del conjunto de sociedades que constituyen el perímetro de consolidación del grupo era de 34.613 empleados, de los que 24.360 eran personas en plan-

275

tilla de las sociedades consolidadas por integración global y proporcional.

AGBAR EN CHILE

A pesar de que el grupo tiene una vasta presencia internacional, en este documento se va a tratar de forma exclusiva el caso de Chile. Este caso es especialmente significativo para el grupo, que hizo su mayor inversión en 1999 para entrar con una fuerte participación en la propiedad de EMOS, la empresa que abastece de agua y provee el saneamiento en la Región Metropolitana de Santiago de Chile, con unos cinco millones de habitantes servidos.

Las primeras actividades en Chile

Las primeras actividades del grupo en Chile se remontan a 1984, cuando un grupo de especialistas del grupo, con financiación del Banco Mundial, se desplazó a ese país para realizar una serie de asesorías a diferentes servicios de abastecimiento de agua potable, saneamiento y depuración de aguas residuales, entre los que destacaba ESVAL, la empresa encargada de la distribución de agua y el saneamiento de la Región V, con capital en Valparaíso.

A pesar de que los trabajos realizados (consultoría) no entraban en lo que era la actividad propia del grupo en aquel entonces (la gestión de empresas explotadoras de servicios de agua), lo cierto es que sirvieron para establecer unos estrechos lazos con las empresas homólogas en Chile y con el sector relacionado con ellas.

Las colaboraciones e intercambios de visitas técnicas siguieron después con intensidad variable durante toda una década, mientras en Chile se avanzaba buscando fórmulas para introducir la participación privada en el sector de la distribución de agua potable y el saneamiento urbano.

Así, en 1993 comenzaron las primeras actividades concretas para la incorporación de la iniciativa privada en ese sector, con la licitación para contratar una empresa que se responsabilizara de las inversiones necesarias y la gestión de la distribución de agua y el saneamiento de una serie de poblaciones situadas en el denominado *Litoral Sur* de Valparaíso. Esta licitación, a la que presentó oferta el grupo, fue adjudicada finalmente a la empresa Aguasquinta S.A., perteneciente a la empresa eléctrica chilena Chilquinta S.A.

Hubo algunas iniciativas más en ese tiempo para incorporar la gestión privada en algunas otras zonas del país, pero no llegaron a consolidarse por distintos motivos: a veces por falta de acuerdo político para materializar las correspondientes licitaciones, y otras por falta de atractivo o por excesivo riesgo económico para la iniciativa privada.

La entrada en el mercado chileno

No obstante, las circunstancias parecían favorables a medio plazo, y el grupo decidió implantarse directamente en el país para seguir más de cerca la evolución de los acontecimientos. Así, en octubre de 1994 se constituyó la sociedad Agbar Chile S.A., participada al 100% por Agbar con la finalidad de canalizar las inversiones y desarrollos del grupo Agbar en Chile.

Hasta ese momento, apenas existían en Chile empresas privadas con experiencia en la distribución de agua potable y el saneamiento urbano, y el nivel de desarrollo tecnológico y de gestión en este sector era muy limitado, ya que se encontraba prácticamente reducido al existente en el sector público.

En ese contexto, Agbar podía efectivamente aportar un elevado valor añadido a través de su tecnología y su experiencia en la gestión y operación de sistemas de abastecimiento y saneamiento. Pero a pesar de que —como ya se ha visto— ya había trabajado en el país, le faltaba un conocimiento más sólido del mercado local.

Por su parte, como también se ha indicado, el grupo Chilquinta acababa de ganar la licitación del *Litoral Sur*. Este grupo tenía el conocimiento local y la experiencia de los servicios públicos (electricidad) —lo que lo aproximaba en filosofía de gestión al grupo Agbar—, pero le faltaba la experiencia y la tecnología propias del sector agua.

En ese contexto, Agbar optó por la clásica fórmula de expansión internacional a través de la asociación con un socio local: a finales de 1994, Agbar Chile S.A. y Chilquinta S.A. constituyeron, al 50% cada una, la Compañía Hispano Americana de Servicios S.A. (CHAS), para conducir la expansión en el futuro mercado privado del sector agua.

Y así, en enero 1995, Agbar y Chilquinta participaron con éxito en el proceso de licitación internacional promovido por ESSAL (empresa sanitaria estatal de la Región X) para el traspaso de las concesiones sanitarias de la ciudad de Valdivia, en lo que fue la primera operación de privatización completa de una parte de una empresa sanitaria pública que incluía el traspaso de los activos afectos a la explotación a la nueva concesionaria.[1]

---

1 Mientras que en España la titularidad de las infraestructuras operadas por las concesionarias siempre permanece en el sector público, en el modelo chileno —más parecido al modelo inglés— las concesionarias son las propietarias de pleno derecho de las infraestructuras.

La empresa Aguas Décima S.A.[2] fue la adjudicataria de la licitación y la puesta en operación del acuerdo entre Agbar y Chilquinta, a través de la participación en su capital social que mantienen hoy día: CHAS (98%), Agbar Chile (1%) y Chilquinta (1%).

La buena marcha de esta empresa y el entendimiento logrado entre ambos socios condujeron a ampliar el marco de su colaboración, y en agosto de 1996 Chilquinta traspasó a Agbar Chile parte de su participación en Aguasquinta,[3] traspaso que se amplió de nuevo en febrero de 1998 hasta un 49%, porcentaje que mantiene en la actualidad.

Además de estas participaciones, Agbar Chile y CHAS han tomado en los últimos años otras participaciones en otras compañías menores que también prestan servicios auxiliares en el sector sanitario.

EL SECTOR SANITARIO EN CHILE

Históricamente, los servicios de agua potable y de alcantarillado han sido prestados por el Estado. Hasta el año 1990, la gran mayoría de los servicios sanitarios del país eran propiedad del Estado, siendo administrados centralizadamente por éste, recibiendo los servicios regionales aportes fiscales para su financiamiento. Su ámbito de acción era generalmente a nivel regional, con la única excepción de la capital, Santiago, en la que coexisten hasta hoy varias empresas sanitarias.

---

2 Aguas Décima, a 31 de diciembre de 1999: 120.000 habitantes servidos y 4,8 millones de dólares de facturación.

3 Aguasquinta, a 31 de diciembre de 1999: 250.000 habitantes servidos y 7,1 millones de dólares de facturación.

A final de la década de los ochenta se comienza a aprobar e implantar todo un cuerpo legislativo especialmente diseñado para modernizar el sector sanitario (bastante precario hasta ese momento por problemas de financiamiento), y permitir la incorporación activa del sector privado en la prestación de estos servicios. Así, se transformaron los servicios públicos sanitarios en empresas sanitarias (sociedades anónimas) propietarias de sus activos y a las que se les reconoce el derecho de obtener beneficios por los servicios entregados y de negociar tarifas con el organismo regulador, la Superintendencia de Servicios Sanitarios (SISS), creado en el año 1990 con el objeto de regular y fiscalizar a las empresas sanitarias en su desempeño operativo y en la fijación y aplicación de sus tarifas.

En el marco de la legislación aprobada, las empresas operan bajo concesiones de plazo indefinido, otorgadas por el Estado, con reconocimiento de exclusividad dentro de su área de concesión.[4] Sus niveles de eficiencia se miden a través de la comparación con una empresa modelo eficiente, lo cual permite a su vez fijar las tarifas. El concesionario puede transferir su concesión sin necesidad de autorización (aunque con su conocimiento) por parte de la autoridad reguladora, siempre que se cumplan los requisitos establecidos en la ley.

---

4 Con la excepción del 15% de los grandes clientes, que tienen el carácter de *libres* y pueden convenir ser suministrados por otros concesionarios.

TABLA 1. CONCESIONARIAS CON MÁS DE 500 CLIENTES EN CHILE

REGIÓN	EMPRESA	POBLACIÓN SERVIDA	
		ALCANTARILLADO	AGUA POTABLE
I	ESSAT S.A.	345.866	353.870
II	ESSAN S.A.	398.378	416.532
III	EMSSAT S.A.	197.892	219.757
IV	ESSCO S.A.	385.648	426.042
V	ESVAL S.A.	1.087.408	1.197.201
V	AGUAS QUINTA S.A.	83.699	108.743
V	COOPAGUA LTDA.	461	2.908
RM[1]	EMOS S.A.	4.841.307	4.969.207
RM	AGUAS CORDILLERA	309.425	317.693
RM	VILLA LOS DOMINICOS	10.855	11.541
RM	AGUAS MANQUEHUE S.A.	13.581	14.880
RM	SERVICOMUNAL S.A.	53.442	66.199
RM	SMAPA MAIPU	515.507	515.991
VI	ESSEL S.A.	414.354	517.925
VII	ESSAM S.A.	519.430	561.394
VIII	ESSBIO S.A.	1.215.676	1.458.056
IX	ESSAR S.A.	461.110	531.128
X	ESSAL S.A.	408.434	506.182
X	AGUAS DÉCIMA S.A.	109.684	122.239
XI	EMSSA S.A.	57.516	67.360
XII	ESMAG S.A.	136.733	140.813
TOTAL		11.566.406	12.525.661

Fuente: Superintendencia de Servicios Sanitarios. Población estimada a diciembre 1998.
1. RM = Región Metropolitana.

LA INCORPORACIÓN DEL CAPITAL
PRIVADO AL SECTOR SANITARIO

El objetivo principal del Estado al buscar la incorporación de capital privado a las empresas sanitarias era, de un lado, la aportación de los importantes recursos financieros necesarios para modernizar los servicios y el *know-how* requeridos para el cumplimiento de sus planes de inversión (sobre todo en lo referente a la depuración de las aguas residuales)[5] y para acercar la operación de estas empresas a los estándares de eficacia de las empresas privadas, y de otro lado (como en el resto de privatizaciones efectuadas en las últimas décadas por Gobiernos de todos los colores), conseguir recursos financieros para reducir el déficit público.

Sin embargo, las diferentes fuerzas políticas que integraban el Gobierno de la Concertación[6] no consiguieron llegar a un consenso suficientemente estable para acometer esta transformación. Efectivamente, para muchos, el servicio de distribución de agua potable era un servicio de primera necesidad, con un carácter eminentemente social que no podía ser confiado a los privados. Y a pesar de que la ley otorgaba a los privados el papel de gestores y al Estado el de la distribución de los subsidios que garantizaban el acceso de la población de menores

5 Las coberturas de distribución de agua potable y alcantarillado a la población urbana en Chile que mantenían las empresas sanitarias estatales eran próximas al 100% (situación especialmente notable en el contexto latinoamericano), siendo la depuración de las aguas residuales la gran asignatura pendiente y la que, junto a las inversiones necesarias para la renovación de redes, requería las mayores cifras de inversión.

6 Coalición de Gobierno en Chile que integra a partidos que van desde la derecha moderada (democracia cristiana) hasta la izquierda moderada (partidos socialistas).

recursos al servicio, la falta de consenso hizo que quedaran estancados los primeros pasos dados con la incorporación de capital privado en el Litoral Sur de Valparaíso (Aguasquinta) y en Valdivia (Aguas Décima) en los años 1993-1995. La búsqueda del consenso político continuó con no pocas dificultades. Pero el convencimiento y el tesón que tenía el Gobierno de Eduardo Frei sobre la necesidad de incorporar al capital privado consiguieron reemprender el camino a finales de 1998 con la privatización parcial de la empresa ESVAL, la titular de las concesiones de abastecimiento de agua y saneamiento en la Región V.

El modelo de privatización parcial estrenado con ESVAL se repitió con muy ligeras variantes en las privatizaciones siguientes: el Estado licita públicamente la venta de un bloque de las acciones que posee en la empresa que se privatiza. El ganador de la licitación (quien oferta el mejor precio por acción) debe acreditar una experiencia mínima en la gestión de servicios públicos y una situación de solvencia financiera acordes con el tamaño de la empresa que se privatiza. El adjudicatario, además, adquiere un paquete de acciones de nueva emisión.[7] El Estado queda, en todo caso, con una participación minoritaria, y el socio privado con una participación superior al 40%.

El programa de la licitación se completa con la suscripción de un pacto de accionistas entre el nuevo socio privado (el *socio estratégico*) y el Estado, por el que éste le cede a aquél el con-

---

7 Las acciones de nueva emisión tienen la finalidad de introducir en la empresa que se privatiza un aporte de capital para hacer frente directamente a los compromisos de inversión en infraestructura de esa empresa. Por su parte, las acciones que se compran directamente al Estado le permiten a éste mejorar su posición frente a sus propios compromisos de inversión o gasto público.

trol operativo de la empresa y se reserva el derecho de veto sobre importantes cuestiones societarias, pero que no afectan directamente a la operación. Además, en el marco de la misma operación de transferencia, el Estado garantiza la entrada en el capital de la empresa a sus trabajadores, en un porcentaje que puede llegar hasta el 10%.

Este modelo se utilizó para la ya mencionada privatización de ESVAL, EMOS (principal concesionaria en la Región Metropolitana de Santiago), ESSEL y ESSAL. Para septiembre de 2000 se procederá en un esquema similar a privatizar ESSBIO, la tercera empresa del país, después de EMOS y ESVAL.

En este contexto, el objetivo de Agbar era EMOS, la mayor empresa sanitaria del país, con cinco millones de habitantes servidos, dado que el marco legislativo establecía limitaciones, de modo que el ganador de la licitación de EMOS no podría simultáneamente participar en ESVAL ni en ESSBIO.

EMOS: LA LICITACIÓN

Las condiciones particulares de la licitación

La licitación se rigió por condiciones análogas a las ya comentadas para la incorporación del capital privado. Se licitaba la compra de un paquete de acciones en propiedad del Estado más otro paquete de nueva emisión, de forma que, una vez efectuada la operación, el *socio estratégico* quedaba con un 42% de las acciones,[8] y con un pacto de accionistas con el Estado por el que se le transfería el control operativo de la empresa, reservándose el Estado el derecho de veto para cuestiones

---

8 Como se dijo, se reservaba hasta un 10% para los empleados.

societarias relevantes pero sin incidencia directa en la operativa de la empresa.

La presentación de las ofertas se efectuó el 11 de junio de 1999, y a ella acudieron casi todos los grupos líderes mundiales en el sector.

El Consorcio

Habiendo manifestado Chilquinta su falta de interés en esta licitación, Agbar formó un consorcio integrado al 50% por su accionista Suez Lyonnaise des Eaux (SLDE) y al 50% por la Sociedad General de Aguas de Barcelona, empresa matriz del grupo Agbar, y en el que se estableció que en caso de adjudicación Agbar mantendría el papel de operador, es decir: en la operación de EMOS se seguirían sus criterios e instrucciones operativas.

Este consorcio se transformó en la empresa Inversiones Aguas Metropolitanas S.L., que resultó adjudicataria de la licitación y que entró efectivamente en la composición accionarial de EMOS el 14 de septiembre de 1999.

EMOS: LA EMPRESA

Historia y ámbito de actuación

Se tienen antecedentes históricos sobre el abastecimiento de agua a Santiago desde prácticamente el momento de la fundación de la ciudad, acaecido en 1541. Sin embargo, no es hasta 1861 cuando se crea la primera empresa encargada de la provisión de agua potable para la ciudad.

El desarrollo del país y el aumento de población contribuyeron a que en 1977 se creara la Empresa Metropolitana de Obras Sanitarias (EMOS), que se transformó en 1989 en sociedad anónima filial de la Corporación de Fomento de la Producción (CORFO), organismo controlador de las empresas estatales chilenas.

EMOS es titular de las cuatro concesiones del ciclo operacional del sector sanitario: a) producción, b) distribución de agua potable, c) recolección y d) tratamiento de las aguas residuales.

EMOS atiende en la actualidad aproximadamente a 1,1 millones de clientes, equivalentes a una población total de cinco millones de habitantes. Su participación en el mercado de las sanitarias es de un 35% a nivel nacional. El personal de la empresa era de 1.550 empleados a 31 de diciembre de 1999.

Actualmente, y dentro de su área de concesión, la cobertura de agua potable es de un 100%, mientras que la de alcantarillado es de un 97%. En cambio, la cobertura de tratamiento de aguas residuales es de solamente el 3%. Las inversiones que se proyectan pretenden alcanzar un 100% de cobertura de tratamiento de aguas residuales en los próximos años.

Cultura empresarial

Su larga historia como empresa pública hace que EMOS tenga el perfil típico de este tipo de organismos, en los que la burocracia y la falta de agilidad en la gestión son quizá los aspectos más relevantes.

En el momento de la entrada del *socio estratégico* (septiembre 1999), más del 39% del personal tenía una antigüedad en la empresa de más de veinte años. Con ello, los hábitos de funcionamiento eran ya completamente rutinarios y había escasa capacidad para la imaginación y la mejora.

En el caso particular de las empresas de servicios del sector de la distribución de agua, especialmente en las grandes poblaciones, estas circunstancias suelen ir acompañadas —y en el caso de EMOS así era también— de una orientación hacia las *obras*, más que hacia el servicio.[9]

Efectivamente, de las encuestas de opinión que se han realizado con los clientes de EMOS se ha podido observar que la imagen que éstos tienen de la empresa es la de un organismo grande y pesado, eficaz en la provisión del servicio (el agua siempre sale al abrir el grifo), pero desconsiderado en la atención a sus clientes y tecnológicamente obsoleto.

Además, como sucede en general en las empresas públicas, los trabajos que se efectuaban dentro de la empresa y con recursos propios eran los que tenían más componentes de *trámite*, mientras que los que implicaban conocimientos especializados o cierto nivel de tecnología se contrataban a consultores externos mediante licitación pública, con lo que el conocimiento técnico quedaba en general siempre fuera de la empresa.

Pese a ello, es preciso insistir en que esas circunstancias son en general típicas en todas las empresas públicas del tipo de EMOS, aunque en este caso es de justicia señalar que en el contexto latinoamericano y en su sector, EMOS era con diferencia la empresa más eficiente y mejor gestionada.

9 En ese sentido, el propio nombre, Empresa Metropolitana *de Obras* Sanitarias, es suficientemente indicativo.

Indicadores más relevantes

A título orientativo, se presenta a continuación una tabla comparativa de distintos indicadores de EMOS frente a la empresa matriz del grupo Agbar, la Sociedad General de Aguas de Barcelona S.A., y al conjunto del grupo.[10]

TABLA 2. INDICADORES FINANCIEROS (A 31 DE DICIEMBRE DE 1999)
(MILLONES DE DÓLARES)[1]

	EMOS	AGBAR	GRUPO AGBAR
ESTADO DE RESULTADO			
Ventas	140	226	1.824
Costos Operacionales	(72)	(170)	(1.549)
EBITDA	68	55	275
Resultado operativo (EBIT)	39	25	155
Resultado no operativo	(9)	17	(12)
Impuesto a las ganancias	(5)	(8)	(26)
Resultado neto	**25**	**50**	**117**
BALANCE			
Activos	**829**	**1.486**	**3.238**
Activo circulante	322	242	963
Activo fijo neto	473	1.243	2.041
Otros activos	34	1	234

... /...

10 Para un mejor análisis, cabe señalar que mientras la empresa Agbar matriz presta el servicio de producción y distribución de agua potable al entorno metropolitano de Barcelona (casi tres millones de habitantes servidos), EMOS, además de ese servicio presta el de alcantarillado a una población de casi cinco millones de habitantes, y el de tratamiento de aguas residuales a una población de unos 227.800 habitantes.

Pasivos	50	741	1.905
Pasivo circulante	28	171	888
Pasivo largo plazo	23	570	1.017
Patrimonio	**778**	**745**	**1.332**
OTROS INDICADORES			
Cantidad de clientes[2]	1.151.995	1.236.759	n/a
Dotación personal	1.550	1.145	25.730

1. El tipo de cambio considerado a 31 de diciembre de 1999 es de 1US$ = $530,07.
2. Se consideran sólo los clientes de Agua Potable para el caso de la Empresa EMOS.

EMOS: LA TOMA DE POSESIÓN Y LOS PRIMEROS 250 DÍAS DE GESTIÓN PRIVADA

La toma de posesión y la nueva estructura societaria

Como ya se indicó, la agrupación de Agbar (50%) y SLDE (50%) en la empresa Inversiones Aguas Metropolitanas S.L. resultó adjudicataria en el mes de junio de 1999 del 42% de EMOS, empresa concesionaria por tiempo ilimitado de los servicios del ciclo integral del agua en Santiago de Chile. Con posterioridad a esta adjudicación, pero inmediatamente antes de la toma de posesión y cumpliendo con lo establecido en las bases de la licitación, Inversiones Aguas Metropolitanas S.L. adquirió un paquete adicional en EMOS. Con ello, la estructura societaria de EMOS a partir del 14 de septiembre de 1999, día de la toma de posesión, quedó como se refleja en la figura adjunta:

FIGURA 2. ESTRUCTURA SOCIETARIA DE EMOS

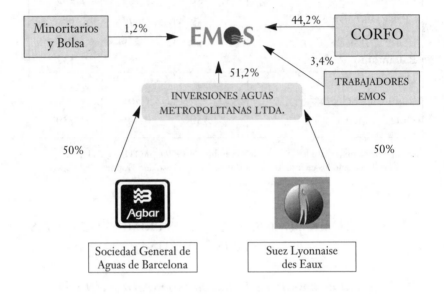

La inversión total que supuso para ambos socios la adquisición del 51,2% de EMOS ascendió a 177.044 millones de pesetas, de las que la mitad (88.522 millones de pesetas) correspondieron a Agbar por su 50% en Inversiones Aguas Metropolitanas S.L.

La entrada operativa en la empresa

Para materializar la nueva gestión de la empresa, y de acuerdo con el pacto establecido entre los dos componentes del *socio estratégico* (Agbar y SLDE) por el que Agbar mantendría el papel de *operador*, se nombró gerente general a don Ángel Simón Grimaldos, anterior director general internacional de la División Agua y Saneamiento del grupo Agbar. Igualmente, se nombró gerente general adjunto a don Ángel Salado Suárez, anterior gerente general de Aguas Provinciales de Santa Fe, empresa operada por SLDE y concesionaria de los servicios de agua de la provincia de Santa Fe (Argentina).

Además del gerente general y su adjunto, el equipo de personal que ambos socios incorporaron a EMOS, provenientes de sus respectivas empresas, estaba compuesto por otros quince ejecutivos (nueve procedían de Agbar y seis de SLDE), la mayoría de ellos con experiencia previa en el ámbito internacional.

Aparte de las circunstancias propias del entorno socioeconómico y político, que se comentan más adelante, la entrada operativa en la empresa estuvo marcada por el *choque cultural* propio de estos casos:

a) El *choque idiomático:* todos los nuevos ejecutivos hablaban con fluidez el español; los franceses, porque en su mayor parte tenían experiencia previa en Latinoamérica, y muchos de ellos tenían vínculos familiares estrechos con latinoamericanos, y los españoles, por razones obvias. Sin embargo, el español que se habla en cada país de Latinoamérica no es idéntico en todas partes, y muchas veces el chileno receptor de un mensaje de un español no entiende exactamente lo mismo que lo que cree haber transmitido el español, y viceversa. Esta circunstancia fue especialmente patente al principio, hasta que los recién llegados comenzaron a darse cuenta de las diferencias y a utilizar un lenguaje más próximo al local.

b) El *choque de culturas empresariales:* ya se ha comentado la cultura imperante en la EMOS estatal. Esa cultura era bastante diferente de la que traían los ejecutivos extranjeros, más habituados a la empresa privada, a una gestión más ágil, a dar una mayor consideración a los clientes, a un enfoque hacia los resultados más que hacia los trámites y a una tecnología más desarrollada.

291

c) El *choque cultural* propiamente dicho: el que deriva de las asunciones implícitas que toda persona tiene como consecuencia de haber vivido en un entorno culturalmente homogéneo y diferente del país de destino, que afecta tanto a la vida dentro de la empresa como a la vida familiar y social fuera de ella, y que requiere de un período de adaptación no sólo para los ejecutivos sino también para sus familias.

El entorno socioeconómico y político

Aparte del debate social que toda operación de privatización de una empresa de distribución de agua suele tener, el comienzo de la etapa de operación privada coincidió cronológicamente con una serie de circunstancias que dificultaron adicionalmente los primeros pasos de la nueva andadura:

a) En primer lugar, el comienzo de la operación privada se dio en un año en que la inversión española en Latinoamérica alcanzó los 20.000 millones de dólares (casi doblando la del año anterior), afianzando así lo que muchos han denominado *la segunda conquista de América*, o *la reconquista de América*. En particular, en Chile, Telefónica, Endesa y el BSCH controlaban en la práctica las telecomunicaciones, la energía y las finanzas.

La clase empresarial chilena (y buena parte de un sector del propio Gobierno de la Concertación) veía en estos nuevos inversores una fuerte competencia contra sus propios intereses, por lo que presionaban e introducían todo tipo de dificultades contra los recién llegados.

Además, según el parecer de algunos chilenos, estas empresas habían demostrado cierta prepotencia en sus actuaciones, lo que generó un rechazo popular hacia la llegada casi masiva de ejecutivos españoles que se estaba produciendo.

b) En segundo lugar, el clima político y social que vivía una parte de la sociedad chilena (la más vinculada con el sector empresarial y financiero local) como consecuencia de la detención en Londres del general retirado y senador vitalicio Augusto Pinochet a causa de la instrucción del juez español Baltasar Garzón, tampoco favorecía a los intereses españoles en Chile.[11]

c) En tercer lugar, la larga y reñida campaña electoral para la elección del presidente de la República, que tuvo que contar con una segunda vuelta y que arrojó como resultado definitivo un casi empate entre el vencedor candidato oficialista de la Concertación y miembro del Partido Socialista, Ricardo Lagos, y el candidato de la derecha opositora. Esta larga campaña mantuvo en un dilatado *impasse* toda la actividad del Estado y del sector económico-financiero en general, a la espera de la composición y el talante que mostraría el nuevo Gobierno que surgiera de las elecciones.

d) Finalmente, *last but not least*, el proceso de fijación tarifaria de EMOS —que se realiza cada cinco años según la legislación vigente— coincidió plenamente con el momento de la entrada del capital privado en EMOS, por lo que el proceso de negociación con el organismo regulador se veía fuertemente condicionado por las circunstancias anteriormente señaladas.

11 El ministro de Interior chileno llegó incluso a convocar a los más significados empresarios españoles para debatir sobre este tema, en una reunión que generó amplios y diversos comentarios en la prensa.

Las relaciones con el socio público

Además de las circunstancias del entorno señaladas anteriormente, en la propia empresa se daban otros elementos que frenaban la posibilidad de una toma de posesión efectiva y ágil: CORFO, el accionista público de EMOS, había decidido mantener en el Consejo de Administración de la EMOS privatizada a sus antiguos gestores, por lo cual los mayores esfuerzos de éstos iban dirigidos más a defender su anterior gestión que a apoyar la de la nueva etapa.

Afortunadamente, la cultura empresarial propia de las empresas de distribución de agua está muy impregnada de la necesidad que siempre existe de ganar con el esfuerzo diario la confianza de la Administración Pública (que de una forma u otra es siempre su entidad controladora). Por ello, esta dificultad fue superada con éxito en un plazo razonable, y en todo caso con un desgaste prácticamente inexistente y muy inferior al sufrido por los otros inversores extranjeros.

La negociación tarifaria

Como ya se ha avanzado, el proceso de fijación tarifaria de EMOS se realiza cada cinco años e involucra la realización de una serie de estudios de gran complejidad técnica y el seguimiento de una serie de etapas perfectamente regulados que tienen un plazo de ejecución de un año, previo al momento de la fijación tarifaria propiamente dicha.

Como es obvio, la fijación tarifaria para los próximos cinco años era una cuestión de la máxima importancia para los nuevos gestores de la empresa, por cuanto representaba la clave de la rentabilidad y la sostenibilidad de la inversión efectuada.

Todo proceso de discusión tarifaria es complejo y está lleno de dificultades. Pero aquí se añadía el hecho de que el proceso había comenzado casi un año antes y con los antiguos gestores (que a la sazón eran nombrados por la Administración Pública, es decir, por la misma instancia que nombra al ente regulador).

La regulación actual de la fijación tarifaria es un conjunto de instrucciones técnicas precisas que aparentemente no tiene ambigüedades. Sin embargo, en las circunstancias de entorno que se han comentado, el ente regulador responsable de la fijación tarifaria estaba muy interesado en enviar señales que satisficieran al mayor número de sectores locales involucrados, lo que indefectiblemente implicaba ir contra los intereses de la empresa.

En ese contexto, resultó imprescindible efectuar un *aterrizaje* rápido en el contexto local para llegar a comprender en el menor tiempo posible el funcionamiento de los mecanismos de decisión de aplicación al caso.

El proceso de negociación que así se mantuvo concluyó finalmente con unas tarifas que si bien no colmaban las expectativas iniciales de la empresa, resultaban suficientes para acometer los compromisos de inversión en infraestructuras que se comentan en el siguiente apartado.

El plan de inversiones

La inversión en infraestructura por parte de EMOS durante el período 1995-1999, es decir, el quinquenio anterior a la privatización, fue de 268 millones de dólares. En cambio, el programa de inversiones previsto para el quinquenio 2000/2004 asciende a 670 millones de dólares, lo que supone casi el triple.

La distribución de las inversiones es la siguiente: el 53% se destinará a la construcción de plantas depuradoras de aguas residuales (la primera de las cuales ya está en construcción) para pasar del 3% de cobertura actual al 100% en los próximos años; el 22% se destinará a infraestructuras de producción y distribución de agua potable, el 12% a infraestructuras de alcantarillado, el 9% a reposición de instalaciones, y el 4% restante en otras inversiones varias (informática, etc.).

La reorganización de la empresa y el cambio de imagen

Superado el proceso de fijación tarifaria, y asegurada la viabilidad económico-financiera del Plan de Inversiones, EMOS se dirige ahora a enfrentar un proceso de reorganización y cambio de imagen que alinee a toda la organización en la búsqueda de la eficacia, la orientación al cliente y la rentabilidad.

Para ello, en la primera etapa, se ha desarrollado un programa de retiro voluntario incentivado, culminado recientemente y que favorecerá la salida voluntaria y programada de la empresa de unos quinientos empleados durante el año 2000.

Este programa se ha desarrollado con toda normalidad sin provocar el más mínimo problema, lo que ha representado una novedad importante en el entorno chileno, en el que una de las acusaciones más persistentes que se hacen a los nuevos gestores de otras empresas recientemente privatizadas está relacionada con la aparente dureza de sus despidos masivos.

En la línea de la mejora de la eficiencia, se está acometiendo en estos momentos un proyecto que va a revisar los procesos que se desarrollan actualmente en la empresa y va a proponer los cambios adecuados para mejorarlos, no sólo en costes sino en calidad de productos.

Igualmente, se están sentando las bases para mejorar ostensiblemente la orientación al cliente, incorporando para ello la cultura empresarial necesaria y la tecnología más avanzada.

Todo ello va en la dirección de un cambio de imagen para la empresa, que pretendemos introducir a corto plazo como una consecuencia emergente naturalmente del proceso de reorganización y reorientación de la empresa.

EMOS: LA EXPANSIÓN DE LAS ACTIVIDADES

Durante estos primeros días de gestión privada, EMOS ha acometido diversas iniciativas de expansión, siempre dentro de los límites que la actual legislación establece, de las que se mencionan a continuación las más importantes.

Aguas Manquehue

A finales de marzo de 2000, EMOS adquiere el 50% de la empresa Aguas Manquehue. Esta empresa, de propiedad familiar, fue creada en 1981 y es una de las empresas que ha experimentado un mayor crecimiento en los últimos años. Abastece a unos 2.700 clientes —en su mayoría de altos ingresos— que habitan en una de las más cotizadas zonas residenciales de Santiago. La facturación en 1999 fue de 2,6 millones de dólares.

Aguas Cordillera

En junio de 2000, Enersis adjudicó mediante licitación pública a EMOS el 100% de la propiedad de su filial Aguas Cordillera.[12] La empresa presta servicios de agua potable y alcantarillado a unos 88.600 clientes, equivalente a una población servida de unas 268.000 personas, con una facturación de 21,5 millones de dólares durante 1999. Al igual que Aguas Manquehue, Aguas Cordillera abastece de agua a una cotizada zona residencial de Santiago.

Otras zonas de expansión

Al margen de las actividades de adquisición de participaciones en empresas concesionarias existentes, EMOS participa también en solicitudes de ampliación de su área actual de concesión, con el fin de extender sus servicios a las nuevas promociones inmobiliarias que se producen en terrenos aún no urbanizados y que por ello están fuera del área de concesión de EMOS.

EMOS: EL MAÑANA

Es intención de Agbar utilizar EMOS como plataforma de expansión en América Latina, tanto en su negocio tradicional de distribución de agua potable y saneamiento de poblaciones, como en otros negocios en que el grupo está interesado como parte de su estrategia de diversificación.

Sin embargo, existen hoy día restricciones legales que impiden que las empresas sanitarias puedan crecer más allá de ciertos límites dentro de su propio sector sanitario, y que puedan invertir en otras áreas no relacionadas con el sector.

---

12 A la fecha de este escrito, la transferencia efectiva de las acciones está a la espera del visto bueno de la Comisión Resolutiva Antimonopolio.

En lo que se refiere al sector sanitario, con las adquisiciones realizadas en Aguas Manquehue y Aguas Cordillera, y las ampliaciones de las zonas de concesión previstas, así como con las otras empresas relacionadas con Agbar en el sector sanitario en Chile, EMOS ha llegado prácticamente a su techo de crecimiento[13] permitido en este sector.[14]

Por tanto, de no haber cambios en la legislación sanitaria, Agbar podrá aprovechar el conocimiento local que le proporciona EMOS para efectuar su expansión, pero deberá utilizar vehículos societarios diferentes para poderla materializar.

13 Le queda únicamente un margen de un 8% aproximadamente en el número de clientes para seguir creciendo.
14 La misma restricción se aplica para las empresas vinculadas con EMOS, por lo que ni Agbar ni SLDE ni ninguna de sus empresas filiales o vinculadas podrán participar adicionalmente en este sector en Chile.

APÉNDICE

ESTADOS FINANCIEROS EMOS S.A. (MILLONES DE DÓLARES)
Valor del dólar observado a 31-12-1999: 1 US$ = $530,07

ESTADO DE RESULTADO	Real Dic. 1999	Pto. Anual 2000
Ventas netas	141,130	180,44
Gastos de explotación	72,41	70,82
Margen bruto	**68,89**	**109,62**
Otros costos	34,08	32,29
Resultado extraordinarios	9,79	1,06
Resultado neto	**25,01**	**78,39**
BALANCE		
Activo	**827,41**	**870,29**
Clientes brutos	41,18	47,67
Previsión incobrables	(7,40)	(5,55)
Inversiones financieras a corto plazo	247,16	191,72
Otros activos	73,64	49,84
Bienes de uso	472,83	586,61
Pasivo	**48,95**	**39,91**
Cuentas que pagar	43,85	41,13
Previsión contingencias	—	—
Deuda financiera neta	5,10	(1,23)
Patrimonio neto	**778,46**	**830,38**

ESADE Y LAS ESCUELAS DE NEGOCIOS EN AMÉRICA LATINA

Laura Lamolla

INTRODUCCIÓN

E s muy posible que uno de los hechos más destacables de entre los que han proporcionado las últimas décadas del siglo XX sea aquel que en la actualidad todo el mundo conoce con la denominación de *globalización*. Se trata de un fenómeno de raíz económica que, no obstante, está marcando la vida cotidiana e influyendo en ella. Vemos las mismas películas, los libros de éxito lo son en todo el mundo, los coches que circulan por Barcelona son idénticos a los que lo hacen por Singapur, algunos hemos cambiado el vino por la cerveza y los que bebían ésta toman ahora vino, trabajamos en una empresa cuyas principales materias primas proceden de una parte del mundo y cuyos productos van hacia otra. Nos relacionamos haciendo uso de una lengua que hace pocos años todavía nos resultaba extraña y formamos equipo con compañeros a los que no hace mucho hubiéramos considerado extranjeros. Y todo ello porque el fenómeno de la globalización llega a todos los rincones de las sociedades desarrolladas.

301

Para la OCDE, la globalización «es el resultado de cuatro factores fundamentales: el cambio tecnológico, el crecimiento continuo y a largo plazo de la inversión extranjera, el aprovisionamiento internacional y la creación reciente, y a gran escala, de nuevos tipos de relaciones internacionales entre países. La combinación de estos cuatro factores contribuye a una integración creciente de las economías nacionales y modifica la naturaleza de la competencia en el ámbito mundial» (OECD, 1992).[1]

Como consecuencia de la globalización, al crecimiento continuo, año tras año, del comercio internacional, se ha añadido el de las inversiones extranjeras, cuya tasa de crecimiento superaba, ya a principios de los años noventa, las del comercio y las de la producción mundial.

Para muchas personas, la globalización no sólo es la característica económica diferencial más acusada del paso del siglo XX al XXI, sino aquello que ha de permitir al mundo occidental mantener un crecimiento económico sostenido y contribuir a mejorar el nivel de vida de los ciudadanos. Para otros, no obstante, se trata de un fenómeno restringido en su alcance geográfico y social. Sólo unos cuantos países se beneficiarán de ella y, en ellos, sólo una parte de la población, en detrimento de otras regiones del planeta y de sectores sociales denominados ya marginales. Algunos interpretan la globalización como la consecuencia natural del progreso de la humanidad, imposible de detener, y consideran que, no sólo ha de aceptarse como llega, sino que se tiene que hacer un esfuerzo para asegurarse el privilegio de un lugar preferente en ella. Otros nos advierten de los peligros de creer en ella como si se tratara de uno de los primeros dogmas de una suerte

---

1 A. Fontrodona i Hernández, «Les multinacionals industrials catalanes», en *Papers d'Economia Industrial*, 1998.

de religión moderna que, lo hayamos querido o no, todos hemos abrazado; y nos alertan para que evitemos caer en el «papanatismo» que supondría renunciar a la crítica para no ser vistos como provincianos recién llegados a una gran capital.

Entusiastas unos, más críticos otros, todos coinciden, no obstante, en afirmar la gran importancia de un fenómeno del que resulta imposible olvidarse y que comporta, indisolublemente unidas a él, muchas de las amenazas y de las oportunidades que el mundo actual ofrece a los países, a las empresas y a los ciudadanos. Desde el punto de vista económico, la globalización supone el estadio más avanzado del proceso de internacionalización. En el mundo global, la internacionalidad dejaría de tener sentido al confundirse en uno solo todos los mercados domésticos y exteriores, con independencia de la naturaleza (financiera, laboral, de aprovisionamientos, etc.) de éstos.

Algunos datos nos muestran ya cómo este proceso se ha acelerado en los últimos veinticinco años. En este tiempo, la inversión directa europea ha pasado de 23.000 millones de euros a 275.000 millones, de los que el 60% se dirige hacia las actividades de servicios. Por lo que al intercambio internacional se refiere, las exportaciones ya representan hoy un 32% del PIB[2] en la Europa de los quince.

Cataluña y España, nuestro entorno más cercano, no han permanecido al margen de este proceso de internacionalización y globalización. De hecho, una gran parte del éxito del desarrollo catalán y español del último tercio de siglo se debe, precisamente, a la integración de su economía en la mundial.

En el caso de España, esta apertura al exterior se produjo muy recientemente e interrumpió lo que se había convertido en una constante de la historia moderna de nuestro país. Este

---

2 Fuente: *Économie Européenne*, n.º 68, 1999.

hecho se produjo a finales de los años cincuenta, cuando el Gobierno franquista tomó la decisión de abrir tímidamente la economía al exterior dejando a un lado la autarquía promovida por el mismo general Franco, pero que de hecho se había iniciado a finales del siglo pasado. En aquella época, la situación económica española era de un retraso considerable con respecto a Europa. Más concretamente, en el año 1960 la renta *per cápita* española representaba el 47,2% de la británica,[3] situación que reflejaba las consecuencias de una guerra civil ruinosa y el fracaso de una política industrial cerrada al exterior.

Esta situación cambió considerablemente a partir de los años sesenta cuando la economía española alcanzó, hasta 1974, unas tasas de crecimiento económico considerables. Después de Japón, España era el país que más crecía en el conjunto de la OCDE. Este crecimiento se debió principalmente a la reintegración de la economía española en el mercado internacional y también a la favorable coyuntura económica en que vivía Europa en aquellos momentos. Como consecuencia de todo ello, en el año 1973 España había reducido distancias con respecto a Gran Bretaña, y su PIB *per cápita* alcanzaba ya el 67% del británico.

Con la adhesión de España a la Comunidad Europea en 1986, se alcanzó su plena integración y, utilizando todavía el PIB como indicador, nos encontramos con que en 1998 el PIB español representaba el 79% del PIB británico.[4] Así pues, pertenecer a la Comunidad Europea no sólo ha significado la reintegración en la economía mundial, sino también en un sistema político y social que ha contribuido en gran manera a la modernización y el desarrollo económico del país.

3 Carlos Abad y José Antonio Alonso.
4 El 79% se obtiene utilizando la paridad del poder de compra ya que, si lo comparamos con los precios corrientes, España consigue el 61%. (Fuente: OECD, *Annual Report 1999.*)

Las empresas españolas y catalanas se han adaptado con éxito a este nuevo escenario, aunque esta adaptación haya significado realizar un gran esfuerzo que ha durado más de dos décadas.

Como podemos observar en la tabla siguiente, si desde 1975 el PIB español ha aumentado mucho, las inversiones extranjeras en España y las que realiza España en el extranjero lo han hecho de forma exponencial. Si en 25 años el PIB español se ha multiplicado por 4, las exportaciones lo han hecho por más de 5, las inversiones extranjeras por 40 y las españolas en el extranjero por más de 100. A esta internacionalización de la economía española habría que sumar otro dato que refleja el grado de relación de la economía de España con el exterior: el número de personas de otros países que nos visitan, que el año pasado alcanzaron una cifra de más de 76 millones.

Y este proceso no parece que vaya a detenerse. Al contrario, cada vez más la empresa española y los españoles se integrarán de forma más irreversible en el mundo internacional, global.

TABLA 1. INTERNACIONALIZACIÓN DE LA ECONOMÍA ESPAÑOLA

PIB	1975	1985	1998
PIB (mil millones de dólares)	152,1	304,3	649,1
PIB / habitante (PPA)	4.280	7.920	16.502
Inversiones[1]	1980	1990	1998
Inversiones extranjeras en España	85.415	1.819.851	3.195.956
Inversiones españolas en el extranjero	25.735	1.019.976	2.794.211

Fuente: *El estado del mundo 2000* y Anuario *El País* 2000.
1. En millones de pesetas.

305

LOS RETOS DE LAS ESCUELAS DE NEGOCIOS

Como instituciones cuyo principal objetivo es dar respuesta a las necesidades de las empresas, las escuelas de negocios también han tenido que adaptarse a este nuevo entorno. La globalización afecta a las escuelas de dos maneras principalmente. Por un lado, las escuelas de negocios que deseen estar en la vanguardia deben ser actores de este cambio y tratar de satisfacer proactivamente, con sus enseñanzas, las nuevas necesidades empresariales derivadas del cambio del marco competitivo, que de local ha pasado a global. Pero es que, por otro lado, las propias escuelas han pasado a ser sujetos pasivos de la nueva situación creada con la globalización. En su propio entorno se han producido transformaciones que implican una revolución en el tablero competitivo en el que juegan ellas mismas. Evidentemente, en este caso, este doble papel de sujeto y objeto está íntimamente relacionado el uno con el otro. Porque, entre otras cosas: ¿con qué credibilidad puede enseñar alguien una lección que él mismo no supo aprender?

Desde el punto de vista del funcionamiento de las escuelas de negocios, la globalización ha transformado absolutamente los parámetros por los que discurre su vida. Piénsese solamente en lo que significan las nuevas tecnologías aplicadas a la formación, la educación a distancia, las bibliotecas o, incluso, los campus virtuales, el acceso a bases de datos situadas en otros continentes, el que, con solo un clic, podamos acceder a la información actualizada de la empresa cuyo caso estamos estudiando... Cuando el idioma, el tiempo y el espacio dejan de ser una barrera, cualquier alumno puede acceder a cualquier escuela del mundo y mercado y competencia se transforman en globales. Y entre los retos de esta globalidad nítidamente aparece la comparación entre los estándares de internacionalización de escuelas que luchan entre si por ser reconocidas como líderes en este nuevo entorno.

En definitiva, una de las principales cuestiones a que han de hacer frente hoy en día las escuelas de negocios es a su propia internacionalización para poder competir con éxito. Ahora bien, ¿qué parámetros utilizaremos para medir el grado de internacionalización? ¿Son los mismos que se utilizan para las empresas? Una cuestión que en las empresas, posiblemente, no sea tan tenida en cuenta y que, en cambio, adquiere especial importancia en las escuelas de negocios es la internacionalización interna y lo que ello supone desde el punto de vista de la transformación cultural. En el mundo económico algunas empresas poseen este talante internacional aun actuando localmente. Y ello porque han sabido encontrar las materias que le son precisas en cualquier lugar del mundo, han incorporado en sus técnicas y procesos el mejor conocimiento yéndolo a buscar allí donde se hallase, etc.

Pero, para una escuela que tiene que producir enseñanza global, si es importante ser capaz de acceder a diferentes mercados, reclutando alumnos de muy distinta procedencia, y básico que los alumnos se encuentren cómodos trabajando en cualquier entorno, todo ello, con ser importante, no lo es todo. Para quien se empeñe en la formación de carácter global es imprescindible disponer de una cultura global y ello sólo es posible abriéndose internamente a los inputs exteriores.

Muy posiblemente, uno de los factores que siempre han sido más tenidos en cuenta para juzgar la internacionalización de una escuela haya sido el porcentaje que en ella existe de alumnos y profesores extranjeros. Efectivamente, la presencia de alumnos extranjeros y el intercambio de estudiantes con universidades extranjeras en los distintos programas docentes de éstas crea un clima multicultural, ayuda a enriquecer las mentes y mejora la capacidad de comprender la diversidad. Anualmente, ESADE recibe alrededor de doscientos cincuenta alumnos extranjeros y un número similar de sus estudiantes van al extranjero, a través de sus programas de intercambio.[5] Dado que se trata de programas que funcionan en un doble sentido, ESADE resulta beneficiada tanto por lo que se refiere a los alumnos que marchan al extranjero y conocen otros programas docentes y otras realidades como por lo que atañe al contacto con los alumnos extranjeros que vienen a ESADE.

El profesorado constituye otro elemento de internacionalización y, en este caso, actúa también en un doble sentido: la presencia en ESADE de profesores visitantes e invitados y las estancias en el extranjero del cuerpo docente de ESADE para participar en proyectos de investigación, en seminarios de especialización e intensificación... Todas estas relaciones promueven el espíritu de colaboración entre instituciones académicas y amplían los conocimientos técnicos, y también culturales, del capital intelectual de las escuelas. En este sentido, ESADE también participa de forma activa en «el intercambio» de profesores y en la realización de investigaciones conjuntas con universidades extranjeras.

Un factor de primer orden, y que ayuda en gran medida a conseguir los anteriores, es la pertenencia a redes académicas internacionales. De igual modo que en el mundo empresarial, en el académico la internacionalización y la globalización se consiguen por medio de redes de relaciones que ayudan a entrar en un determinado país o región. Así pues, las redes académicas permiten que sus miembros colaboren y realicen actividades conjuntas en diversos campos, y también conocer mejor entor-

---

5 ESADE tiene firmados ochenta y un acuerdos con instituciones de primer orden en los cinco continentes.

nos socioeconómicos diferentes al propio. Justo es señalar que no todas las redes académicas presentan el mismo nivel de compromiso. ESADE pertenece a redes de diferente ámbito pero también con diferentes compromisos y objetivos: CEMS, PIM, CLADEA, EFMD, EUDOKMA, EDAMBA, etc. La Community of European Management Schools (CEMS) agrupa a dieciséis escuelas de negocios de primer nivel de dieciséis países diferentes y el compromiso entre sus miembros es muy elevado. No sólo se trata de intercambio de alumnos, profesores y material docente, sino que incluso han homogeneizado sus programas docentes para poder expedir, una vez cumplidos ciertos requisitos concretos, un título común. En este sentido, la CEMS es, más que una red, una alianza estratégica.

La trayectoria profesional de los respectivos graduados constituye, también, un aspecto que demuestra la mayor o menor internacionalización de una escuela. Cabe destacar que un número significativo de los ex alumnos de ESADE han cursado carreras profesionales internacionales, lo que, en parte, manifiesta los resultados obtenidos en las acciones descritas anteriormente y demuestra de qué modo la formación impartida puede dar una respuesta adecuada a las necesidades de las empresas multinacionales y globales.

Los factores anteriormente descritos constituyen elementos claves para describir el grado de internacionalización interna de una escuela de negocios, pero, de forma similar a como sucede en el mundo de la empresa, cuando hablamos de globalización solemos dirigir nuestra mirada hacia los mercados exteriores y analizar cual es el grado de introducción en ellos. Es claro que para una escuela de negocios esta presencia en los mercados exteriores puede darse a través de una estrategia de atracción, por la que se intenta que alumnos de realidades geográficas y culturales distintas se integren a sus aulas. Pero alternativa o complementariamente a esta estrategia existe otra de actuación directa a través de programas de formación, investigaciones, seminarios o conferencias, consultorías, proyectos de asistencia técnica, etc.

En los últimos años, ESADE ha desarrollado una activa política de presencia exterior que la ha llevado a desarrollar —por si sola o en alianza con otras escuelas, particularmente de la CEMS— singulares actividades en toda la Unión Europea, Túnez, Marruecos, Kazajstán, Polonia, Bulgaria, Rusia, China, India, etc. Pero es en América Latina donde la actividad directa de ESADE ha tenido mayor impulso y donde se revela estratégicamente más importante.

AMÉRICA LATINA Y ESPAÑA

Desde la adhesión de España a la Comunidad Europea, el vector de internacionalización inicial de las empresas españolas y sobre todo catalanas se dirigió hacia los países europeos. Este hecho no causa extrañeza si se considera que se trata de un mercado natural por proximidad geográfica y porque constituía una unidad política en la que España deseaba integrarse plenamente. Europa constituye, por otra parte, el mayor mercado del mundo; tiene 376 millones de habitantes, con un PIB *per cápita* aproximado de 17.000.[6] No obstante, a partir de los años noventa, Europa da señales de desaceleración económica y las empresas españolas buscan la diversificación de su oferta hacia economías emergentes.

Esta situación coincide con el inicio en América Latina de una recuperación de la crisis de la deuda externa, crisis que se

6 Medida en unidades de poder adquisitivo.

había cernido sobre la zona durante la anterior década de los ochenta. América Latina presenta unas características singulares que la hacen muy atractiva para la inversión extranjera. Estas peculiaridades son principalmente su tamaño (421 millones de habitantes), su potencial de crecimiento (en los últimos veinticinco años América Latina ha crecido a un ritmo del 3,4% en tanto que la zona Euro lo ha hecho al 2,4% y Estados Unidos al 2,6%), sus abundantes recursos naturales, y los procesos de reforma estructural y de privatización en curso, muy importantes sobre todo en los sectores de la energía, las telecomunicaciones y las actividades financieras.

En la actualidad, América Latina constituye el segundo mercado para las exportaciones españolas y el principal destino de su inversión exterior. Ésta ha experimentado un crecimiento espectacular en los últimos años, de unos 4.500 millones de dólares en 1990, se ha pasado a más de 18.500 millones en 1998 (CEPAL, 1999). Su dinamismo se acentuó a partir de 1994, ya que se pasó del 55% del total de los flujos de inversión directos en la región en ese año al 70% en 1998.

TABLA 2. INVERSIÓN DIRECTA ESPAÑOLA POR BLOQUES ECONÓMICOS

	1986	1998
América Latina	34%	70%
Unión Europea	52%	23%
Otros	14%	7%

Fuente: BBV.

Además, las empresas españolas cuentan con unas ventajas comparativas que explican su diversificación hacia América Latina. Estas ventajas están estrechamente ligadas con la historia y la cultura que España y América Latina comparten desde la llegada de Colón, pero similitudes también con las que existen entre la estructura económica y empresarial de muchos países latinoamericanos y las de España. Sin embargo, sólo muy recientemente, todos hemos tomado conciencia de estas ventajas y las estamos explotando desde ambos lados del océano, de modo que hoy la presencia española en Latinoamérica, desde el punto de vista económico, constituye una realidad que hace solo diez años era absolutamente impensable.

Es cierto que América Latina presenta también riesgos, como todos los mercados emergentes: posibilidad de devaluaciones, volatilidad de los mercados y unas tasas de riesgo por país que en algunos países pueden ser muy elevadas. En este sentido, algunos economistas alertan sobre el peligro que representa para España estar demasiado concentrada en el mercado latinoamericano.

Desde nuestro punto de vista, esta concentración se produce solamente en el ámbito de las inversiones, no del comercio exterior, vertiente en la que España tiene los socios muy diversificados. Pero es que además, el debate «diversificación frente a concentración de negocios» se puede considerar, hoy en día, como prácticamente cerrado. Las empresas de mayor éxito no han sido las más diversificadas sino aquellas que han sabido mejor desarrollar, potenciar y aprovechar sus capacidades. Frente a la teoría de los huevos en distintos cestos prevalece la idea de fortalecer pocas hueveras y, por ello, parece que la actualidad premia a las empresas que tienen negocios concentrados pero fuertemente protegidos. Es cierto que en el caso de la inversión española en Latinoamérica la concentración (70%) supone un riesgo. Pero también es cierto que solo esta misma concentración de los recursos es la que puede permitir, al limitar el espacio de lucha, dotarse de ventajas competitivas sustanciales aprovechando mejor las propias capacidades.

La anterior reflexión puede resultar muy adecuada para las escuelas de negocios, que también han de plantearse cuáles son sus áreas de negocio y cuál es su ámbito de actuación. ESADE es plenamente consciente de que sus áreas geográficas principales, y en ello coincide con las empresas españolas y catalanas, deberían ser Europa y América latina, aunque tal planteamiento no implique necesariamente dejar de estar presente en otras zonas.

Decir que América Latina debe ser zona de actuación prioritaria para ESADE y para el conjunto de las empresas españoles, no implica considerar la zona como una sola unidad. Es necesario hacer hincapié en el hecho de que Latinoamérica no es, ni puede ser tratada, como un mercado homogéneo. En Latinoamérica se dan diferencias considerables de un país a otro, circunstancia que no resulta sorprendente si se considera que su superficie es seis veces la de Europa, una longitud similar a la existe entre Gran Bretaña y Sudáfrica, y que en su vasto territorio se suceden desiertos, selvas, enormes llanuras y altas montañas.

En Latinoamérica, no sólo la geografía es muy diversa sino que también lo son sus habitantes. La historia de América latina está escrita por numerosas civilizaciones, cada una de las cuales alcanzó estadios de desarrollo muy diferentes. En algunos países se han mantenido las raíces históricas con mayor firmeza que en otros, y las posteriores oleadas de conquistas e inmigraciones procedentes de todo el mundo también han alcanzado una muy desigual incidencia. Quien haya estado en Argentina y Bolivia habrá podido observar muchas diferencias. Pero parecidas diferencias, en magnitud, se manifiestan entre la costa este y la costa oeste de Nicaragua, separadas por no muchos kilómetros. Los europeos deberíamos ser capaces de comprender bien esta diversidad, en otros ámbitos tan presente en nuestro continente.

También encontramos diversidad en muchos de los indicadores económicos de los diferentes países latinoamericanos: el PIB está repartido de forma muy desigual. Brasil y México suman más de 60% del total de la región y, en cambio, Bolivia sólo aporta el 0,5%. Por lo que al crecimiento económico se refiere, también pueden observarse diferencias notables: si durante el período 1991-1998 Chile ha crecido a un ritmo del 7,7%, Venezuela en cambio lo ha hecho al 2,7%. La pobreza también afecta de forma desigual; en Ecuador, Bolivia y Venezuela más del 40% de las unidades familiares son pobres, en tanto que en Argentina este porcentaje se reduce hasta el 13%. Por lo que se refiere a la inflación, también se constatan diferencias significativas. Mientras que Chile, Perú y Uruguay han destacado por sus bajos niveles de inflación, en Venezuela y Ecuador se convive con altas tasas que en este último país alcanzaron el 43,4% en 1998. Las diferencias también pueden extenderse a los déficits fiscales de cada país, a los diferentes regímenes de tipo de cambio y a la deuda externa.

No obstante no todo son diferencias. Como se ha comentado al principio, existen muchos elementos comunes —sobre todo de índole histórica y cultural, pero también económica— que integran América latina. Un ejemplo de estos últimos puede ser la dependencia que todos los países latinoamericanos experimentan con respecto a la evolución de los precios de las materias primas, dado que son países exportadores de estas, o los programas de modernización y reestructuración económica que están en curso en todos ellos.

En cuanto a las inversiones españolas en la zona, podemos caracterizarlas a partir de su focalización en los mercados de servicios, principalmente en las actividades financieras, las telecomunicaciones y la electricidad, mercados estos que recientemente han sido desregulados. Estas inversiones han sido lideradas por un número muy reducido de empresas españolas que, también recientemente, han sido transferidas al sector privado. Quizá la excepción la marca México, donde las inversiones se realizan principalmente en el sector secundario, especialmente en alimentación y bebidas. Esto se debe, en parte, a su pertenencia al NAFTA, que permite que México disfrute de una posición económica singular en comparación con los restantes países latinoamericanos.

Los países destinatarios de la inversión están, a su vez, muy concentrados. Como podemos ver en la siguiente figura, la concentración es muy elevada en los países que forman el Mercosur, Chile, y también en los países andinos: Perú, Colombia y Venezuela. En cambio, en los países centroamericanos la presencia es prácticamente insignificante.

FIGURA 1. INVERSIÓN ESPAÑOLA EN AMÉRICA LATINA, 1998
(CEPAL)

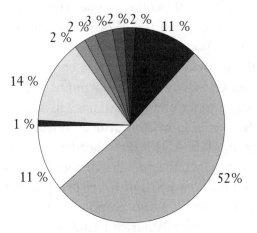

Argentina 11%
Brasil 52 %
Chile 11%
Perú 1%
Colombia 14%
Venezuela 2%
México 2%
Puerto Rico 3%
Centros financieros 2%
Otros 2%

Como hemos señalado anteriormente, la estrategia de ESADE en América Latina va muy ligada a la trayectoria empresarial en esta región. Ahora bien, como en el ámbito empresarial, también en el académico hubo que esperar hasta principios de los años noventa para que se formulara una estrategia clara de voluntad de contar con una presencia estable, profunda y a largo plazo en la zona.

Hasta ese momento la relación de ESADE con América Latina había sido más bien una relación de América Latina *con* ESADE, un vínculo que se estableció, en un principio, con la llegada de unos pocos estudiantes latinoamericanos a Barcelona para estudiar la licenciatura en Administración de Empresas. Más adelante se sumaron algunos estudiantes del programa Máster, que en aquella época sólo existía en la versión de medio tiempo.

Durante los años setenta se acentuó la presencia latinoamericana en ESADE con la incorporación de diversos profesores, sobre todo chilenos, pero también argentinos y cubanos. Algunos de ellos permanecen en ESADE, como Samuel Husenman o Roberto Quiroga. Otros, como Fred Wechsler o Sergio Barraza, marcaron toda una época.

Durante la década de los ochenta, y mientras continúa el flujo de alumnos latinoamericanos que se incorporan al programa MBA, ESADE pasa a tener una actitud más activa en la región. En 1977 se integra en el Consejo Latinoamericano de Escuelas de Administración (CLADEA), red académica formada por prestigiosas escuelas y universidades de toda América Latina. Esta red ha permitido a ESADE hacer prospección de posibles socios y colaboradores ya que, como veremos más adelante, la estrategia de entrada en América Latina se ha realizado mediante *joint ventures*.

A fines de los años ochenta, ESADE comienza a realizar actividades en el terreno, actividades caracterizadas por tratarse más bien de una respuesta a demandas concretas, que no de acciones proactivas, y de la voluntad explícita de querer entrar en aquel ámbito de manera más generalizada. No obstante, en estos primeros años, el contacto con estudiantes y profesores latinoamericanos y las acciones puntuales en el terreno proporcionan un *know-how* muy importante que ha servido para desplegar posteriores acciones en la zona. Seguramente, sin estas experiencias previas la trayectoria de ESADE no hubiera sido la misma.

Una de estas experiencias tuvo lugar en las universidades centroamericanas (UCAS) de El Salvador y Nicaragua, y se realizó conjuntamente con la Universidad de Córdoba (ETEA) y con financiación del Instituto de Cooperación Iberoamericana del Ministerio de Asuntos Exteriores. El objetivo de esta relación era contribuir al desarrollo de los dos países mediante la mejora de la calidad de la enseñanza de dos centros universitarios con gran repercusión nacional. No se trató solamente de una transferencia de conocimientos unidireccionales sino que, a partir de la presencia de un número considerable de profesores con experiencias vitales y profesionales muy enriquecedoras y con un mayor conocimiento de la realidad latinoamericana, comenzó a pensarse en contar con una presencia estable en la región.

De forma paralela a la presencia española en los mercados latinoamericanos, durante los años noventa se multiplicó la presencia de ESADE en América Latina. En 1993 la Unión Europea asignó a ESADE un programa de larga duración (cuatro años) y gran impacto, ya que tenía que incidir en todos los países del Grupo de Río.[7] El objetivo del programa era la

---

7 El Grupo de Río está formado por Brasil, Chile, México, Argentina, Colombia, Venezuela, Bolivia, Perú, Ecuador, Uruguay y Paraguay.

formación de formadores para pymes, de manera que se creara un cuadro de profesionales con metodologías docentes de origen europeo, adaptadas a este amplio segmento empresarial. La experiencia resultó muy innovadora en la región y se consiguió un efecto multiplicador muy significativo con la asistencia de ciento sesenta formadores de las principales escuelas de negocios latinoamericanas y una incidencia directa sobre un colectivo de más de cinco mil empresarios de todos los países miembros del Grupo de Río.

Así mismo, en el marco de los programas realizados con la Unión Europea, ESADE lidera desde 1995 el programa DEADE (Diploma Europeo en Administración y Dirección de empresas) en Cuba, que ha contado con la participación de más de treinta profesores de ESADE, la École des Hautes Études Commerciales (HEC) de París, la London School of Economics (LSE) de Londres, la Universidade Nova de Lisboa (UNL) y la Universidad Politécnica de Madrid (UPM). El curso va dirigido a profesionales cubanos: profesores, directivos de primer nivel y jóvenes licenciados. Hoy han pasado ya por el programa más de 50 profesores y 250 altos ejecutivos de empresas cubanas y mixtas.

El programa ha tenido un fuerte impacto en Cuba y en la Unión Europea, sobre todo por lo que representa en la arena política internacional.

Quizá lo más característico de estos años ha sido la búsqueda de una presencia permanente en todos los países de peso económico y volumen de población de la región, países que coinciden con los destinos de la inversión española.

La estrategia de entrada se ha organizado mediante *joint ventures* con las mejores escuelas de negocios o universidades de cada país. ESADE ha apostado por esta estrategia por todas las ventajas que supone: facilidad de implantación, mejor conocimiento del entorno, reducción de costes, y aprovechamiento de sinergias y complementariedades.

Así pues, desde 1995 ESADE imparte un MBA en colaboración con la Facultad de Ciencias Físicas y Matemáticas de la Universidad de Chile. El programa tiene una duración de dos años, de los que tres cuartas partes se realizan en Chile y la cuarta parte en Barcelona. Anualmente, ESADE recibe a alrededor de treinta estudiantes chilenos que aprenden y conocen de primera mano el entorno catalán y europeo.

En Argentina, ESADE ha asesorado a la Universidad Argentina de la Empresa (UADE) en el diseño y puesta en marcha de su MBA. El programa también tiene una duración de dos años y existe la posibilidad de que, en el último trimestre, sus alumnos viajen a Barcelona para especializarse.

Con la Universidad Externado de Colombia y la Escuela de Administración de Negocios para Graduados (ESAN) de Lima (Perú), ESADE tiene suscritos unos convenios de colaboración, con el objetivo de mejorar las condiciones mutuas de enseñanza del *management*, que se basan en el reconocimiento de ambos MBA y en la expedición de un doble título.

En otras actividades, también con la fórmula de *joint ventures*, la transferencia de conocimientos es más unidireccional. Éste sería el caso del programa MBA destinado a la formación de dirigentes, ejecutivos y profesionales de alto nivel que se realiza en la Facultade Católica de Administraçao e Economia de Curitiba (Brasil), impartido en su totalidad por profesores de ESADE. Igualmente en Argentina se ha realizado un MBA dirigido a los docentes del Instituto de Ciencias de la Administración de la Universidad Católica de Córdoba (ICDA) y a un reducido grupo de empresarios, del que esta previsto que se inicie pronto una nueva edición. Con ICDA existen planes para ampliar de forma sustancial la colaboración emprendida.

Por último, ESADE tiene presencia en la región mediante convenios de colaboración más generales —intercambios de profesores, alumnos, material docente, investigaciones conjuntas—, concretamente con el IESA de Venezuela, el ITAM y el ITESM de México. No obstante, la tendencia es la de reforzar estos vínculos con proyectos concretos y de larga duración. ITAM e ITESM constituyen los socios de referencia de ESADE en México, y con ellos se están fraguando convenios que podrán ser muy importantes en el futuro.

Como hemos podido observar, ESADE mantiene una actividad diversa en América Latina. El denominador común es la alianza con un socio local de prestigio, pero las actividades varían, ya que las realidades socioeconómicas son muy diferentes. No es lo mismo Cuba que Chile, ni Brasil que Perú. En cada país es preciso valorar qué actividad realizar y cuáles son las infraestructuras disponibles.

De cara al futuro, ESADE quiere consolidar sus relaciones con todos los países e instituciones antes mencionados mediante la creación de productos y servicios innovadores. Una muestra de las nuevas actividades que se llevarán a cabo en el futuro más inmediato es la realización de un programa de doctorado para toda América Latina.

El fenómeno de la globalización es ya una realidad, y afecta de manera muy directa a las escuelas de negocios. Éstas han de tomar posiciones en el mercado internacional, pero siempre contando con una estrategia muy clara y concreta. ESADE ha realizado una gran apuesta por América Latina al dar respuesta a las necesidades de las empresas españolas, pero también como resultado del análisis de sus propios puntos fuertes y débiles a la hora de plantearse la presencia en el extranjero.

LOS AUTORES

José Alejandro Bernhardt

Director general del Instituto de Ciencias de la Administración de la Universidad Católica de Córdoba, Argentina.

Laura Lamolla

Colaboradora del Centro de Estudios Europa-América Latina de ESADE.

Carlos Losada

Director general de ESADE y profesor del departamento de Política de Empresa de ESADE. Experto del Banco Interamericano de Desarrollo.

Josep M. Lozano

Director y profesor del departamento de Ciencias Sociales de ESADE.

JUAN FRANCISCO MEJÍA BETANCOURT

Presidente ejecutivo de la Confederación Venezolana de Industriales CONINDUSTRIA y director de la Comisión Nacional de Valores de Venezuela.

CARLOS MONDRAGÓN LIÉVANA

Profesor del departamento académico de Administración en el Instituto Tecnológico Autónomo de México.

MARK PAYNE

Consultor del Banco Interamericano de Desarrollo.

JAVIER PÉREZ FARGUELL

Presidente de la Asociación de Antiguos Alumnos de ESADE.

FERNANDO RAYÓN

Gerente de planificación de EMOS, grupo Agbar, Chile.

LUIS DE SEBASTIÁN

Director y profesor del departamento de Economía de ESADE.

ESTEBAN SERRA MONT

Delegado de Iberdrola para Iberoamérica.

ANGEL SIMÓN

Gerente general de EMOS, grupo Agbar, Chile.

José M. Tomás Ucedo

Presidente y director general de Consultoría y Asesoría Ampurias, S.A., Costa Rica.

Agustí Ulied i Martínez

Director del Centro de Estudios Europa-América Latina de ESADE.

Josep-Francesc Valls

Director del Centro de Dirección Turística de ESADE y profesor del departamento de Marketing.

Esteban Zárate

Colaborador académico del Centro de Dirección Turística de ESADE.

LOS COORDINADORES

Antoni M. Güell

Profesor del departamento de Ciencias Sociales de ESADE.

Mar Vila

Colaboradora de la Asociación de Antiguos Alumnos y colaboradora académica de ESADE.